비즈니스
인도네시아어 한국어

아울리아 주내디
지음

문예림

http://www.bookmoon.co.kr

비즈니스 인도네시아어-한국어

초판 2쇄 인쇄   2022년 10월 15일
초판 2쇄 발행   2022년 10월 30일

지은이 아울리아 주내디
발행인 서덕일
펴낸곳 문예림
주소 경기도 파주시 회동길 366 (10881)
전화 (02)499-1281~2
팩스 (02)499-1283
E-mail info@bookmoon.co.kr

출판등록 1962.7.12 (제406-1962-1호)
ISBN 978-89-7482-863-9 (13730)

잘못된 책은 구입하신 서점에서 교환하여 드립니다.
본 책은 저작권법에 의해 보호를 받는 저작물이므로 무단 전제와 복제를 금합니다.

머리말

Buku ini diterbitkan untuk membantu baik dalam berbisnis dengan orang Indonesia maupun di tempat kerja. Setiap babnya dibagi dalam situasi yang berbeda yang berhubungan dengan bisnis. Hal ini berhubungan dengan situasi-situasi yang berhubungan dengan uang, membuat janji, berbisnis melalui telepon dan lainnya. Selain itu, buku ini juga dilengkapi dengan situasi berbisnis dan di tempat kerja di Indonesia.

Saya harap buku ini dapat berguna dalam melakukan bisnis di Indonesia maupun bergaul dengan teman-teman kerja Indonesia. Begitu pula dengan orang Indonesia yang sedang belajar bahasa Korea dan akan bekerja di perusahaan Korea maupun berdagang dengan orang Korea, buku ini sangat berguna bagi kelancaran bisnis dan pergaulan Anda di kantor.

이 책은 인도네시아인들과 비즈니스를 하거나 인도네시아인들과 같은 근무지에서 근무를 할 때 필요한 의사소통에 도움을 드리기 위해 집필되었습니다. 책의 모든 장은 금전 문제, 약속하기, 전화 업무 등 실제 업무 상황과 관련된 내용들로 구성되어 있습니다. 또한 인도네시아에서 근무할 때 벌어질 수 있는 다양한 상황들도 수록하였습니다.

한국인들이 인도네시아에서 사업을 할 때 그리고 인도네시아인들과 관계를 맺을 때 이 책이 도움이 되기를 바랍니다. 그리고 이 책은 한국어를 배우고 있는 인도네시아인, 그리고 앞으로 한국 기업에서 일을 하거나 한국인과 비즈니스를 하고자 하는 인도네시아인들에게도 유용하게 쓰일 수 있으리라 생각합니다.

2016년 3월 저자

차 례

책머리에 ··· 3

Bab 01	만남 ···	8
	Pertemuan	
Bab 02	면접 ···	16
	Wawancara	
Bab 03	첫날 근무 ···	22
	Hari pertama di tempat kerja	
Bab 04	사무실에서 사내 에티켓 & 저녁 회식 ·····································	27
	Basa basi di tempat kerja & makan bersama	
Bab 05	만찬 ···	32
	Makan Malam	
Bab 06	회사에서 근무할 때 ···	41
	Di Tempat Kerja	
Bab 07	퇴근 ···	46
	Pulang Kerja	
Bab 08	점심 때 ···	50
	Waktu Makan Siang	
Bab 09	휴식 ···	55
	Waktu Istirahat	
Bab 10	야근 ···	59
	Lembur	
Bab 11	상품 문의 ···	64
	Permintaan Barang	

Bab 12	가격 제공 ··· 72
	Pemberian harga
Bab 13	가격 상담 ··· 80
	Berkonsultasi Mengenai Harga
Bab 14	주문 ·· 90
	Pemesanan
Bab 15	할인 ·· 97
	Pemotongan Harga
Bab 16	커미션(수수료) ································ 105
	Komisi (Pajak)
Bab 17	지불 방법 ······································· 114
	Cara Pembayaran
Bab 18	납품 기한 ······································· 121
	Jangka Pengiriman
Bab 19	선적 조건 ······································· 130
	Persyaratan Pengiriman
Bab 20	포장 ·· 141
	Pengepakan
Bab 21	보험 ·· 151
	Asuransi
Bab 22	계약 체결 ······································· 158
	Keputusan Kontrak
Bab 23	무역 합작 ······································· 173
	Kerjasama Perdagangan

차 례

Bab 24	사무실 문건 Peralatan di Kantor	185
Bab 25	휴가 Liburan	190
Bab 26	보고서를 만들기 Membuat Laporan	194
Bab 27	회의 Rapat	200
Bab 28	전화 Telepon	205
Bab 29	컴퓨터 문제 Masalah Komputer	215
Bab 30	손님 활용하다 Menjamu tamu	220
Bab 31	월급 Gaji	224
Bab 32	감사 표시 Berterimakasih	228
부 록	연습문제_정답	234

비즈니스
인도네시아어-한국어

Bab 01 만남
Pertemuan
쁘르뜨무안

✱ **C1. 문장**
Kalimat

1. 실례지만 사이공에서 오신 도니 선생님이신가요?
   Permisi, apakah ini Bapak guru Doni dari Saigong?
   쁘르미시, 아빠까ㅎ 이니 바빡 구루 도니 다리 사이공?

2. 접니다.
   Ya, saya sendiri.
   야, 사야 슨디리.

3. 저는 써니 그룹에서 일하고 있습니다.
   Saya bekerja di Grup Soni.
   사야 브끄르자 디 그룹 소니.

4. 실례지만 성함이 어떻게 되십니까?
   Permisi, siapa nama Anda?
   쁘르미시, 시아빠 나마 안다?

5. 제 이름은 마리아입니다.
   Nama saya Maria.
   나마 사야 마리아.

6. 여기까지 찾아오시느라 많이 힘드셨지요?
   Saudara sudah datang sampai di sini, apakah tidak capai?
   사우다라 수다ㅎ 다땅 삼빠이 디 시니, 아빠까ㅎ 띠닥 짜빠이?

7. 괜찮습니다.
   Tidak apa apa.
   띠닥 아빠 아빠.

8. 오늘 좀 쉬시고 업무는 내일 논의합시다.
   Hari ini beristirahatlah, besok kita bicarakan tentang
   하리 이니 브리스띠라핫라ㅎ, 베속 끼따 비짜라깐 뜬땅
   pekerjaannya.
   쁘끄르자안냐.

9. 알겠습니다.
   Saya mengerti.
   사야 믕으르띠

 새로운 단어

- 분
  orang/menit
  오랑/ 므닛

- 일하다, 근무하다
  Bekerja
  브끄르자

- 그룹
  Grup
  그룹

- 성함/성명
  Nama
  나마

- 길
  Jalan
  잘란

- 힘들다, 고생하다
  Capek/Capai
  짜뻭/ 짜빠

- 직업
  Pekerjaan
  쁘끄르자안

- 쉬다, 휴식
  Istirahat
  이스띠라핫

10. 인도네시아에서 오신 산띠씨이지요?
    Ini Santi dari Indonesia, kan?
    이니 산띠 다리 인도네시아, 깐?

11. 맞습니다.
    Benar.
    브나르.

12. 저는 씨씨 그룹의 수출입 과장입니다.
    Saya kepala impor ekspor grup SISI.
    사야 끄빨라 인뽀르 엑스뽀르 그룹 시시.

13. 선생님께 이 분을 소개해 드리겠습니다. 이 분은 주내디 씨입니다.
    Saya akan memperkenalkan saudara ini kepada guru saya.
    사야 아깐 음쁘르끄날깐 사우다라 이니 끄빠다 구루 사야.
    Saudara ini adalah Bapak Junaedi.
    사우다라 이니 아달라ㅎ 바빡 주내디.

14. 한국에 오신 것을 환영합니다.
    Selamat datang di Korea.
    슬라맛 다땅 디 코레아.

15. 어제 저한테 전화해 주신 분은 선생님이시지요?
    Kemarin yang telepon ke sini adalah Bapak/Ibu guru, bukan?
    끄마린 양 뜰레뽄 끄 시니 아달라ㅎ 바빡/이부 구루, 부깐?

16. 예, 맞습니다.
    Ya, benar.
    야, 브나르.

17. 만나뵙게 되어서 반갑습니다.
    Senang bertemu dengan Anda.
    스낭 브르뜨무 등안 안다.

18. 오늘 당신과 만나게 되어서 영광입니다.
    Merupakan suatu kehormatan dapat bertemu dengan Anda.
    므루빠깐 수아뚜 끄호르마딴 다빳 브르뜨무 등안 안다.

19. 예전에 선생님 성함을 들어 본 적이 있습니다.
    Saya pernah mendengar nama Anda.
    사야 쁘르나ㅎ 믄등아르 나마 안다.

20. 우리 함께 의논할 시간을 정해볼까요?
    Bagaimana kalau kita bersama menentukan kapan
    바가이마나 깔라우 끼따 브르사마 므는뚜깐 까빤

 새로운 단어

- 괜찮다
  tidak apa apa
  띠닥 아빠 아빠

- 쉬다
  Istirahat
  이ㅅ띠라핫

- 일, 업무
  Pekerjaan
  쁘끄르자안

- 논의하다, 토론하다
  Berdiskusi
  브르디ㅅ꾸시

- 과장
  kepala/presiden
  끄빨라/쁘레시덴

- 수출입
  impor dan ekspor
  임뽀르 단 엑스뽀르

- 소개하다
  Memperkenalkan
  음쁘르끄날깐

- 만나다/ 뵙다
  Bertemu
  브르뜨무

- 존경
  Kehormatan
  끄호르마딴

- 함께하다/같이
  Bersama
  브르사마

- 듣다
  Mendengar
  믄등아르

- 확정하다; 결정하다
  Menentukan
  므는뚜깐

Bab 01 만남 • 9

새로운 단어

- 위임하다
  Mempercayai
  음쁘ㄹ짜야이

- 상담하다
  Berkonsultasi
  브ㄹ꼰술따시

- 구체적, 구체적으로
  secara spesifik/detil
  스짜라 스뻬시픽/ 드띨

- 환영하다
  menyambut
  믄얌붓
  kedatangan
  끄다땅안

- 전화하다
  Menelepon
  므늘레뽄

- 연락하다; 말하려고 만나다
  Menghubungi
  믕후붕이

- 회의
  Rapat
  라빳

✽ **C2. 회화**
      Percakapan

waktu untuk berdiskusi?
왁뚜 운뚝 브ㄹ디ㅅ꾸시?

21. 네, 좋아요.
    Ya, ayo/mari/ok/baiklah.
    야, 아요/마리/오케이/바익라ㅎ.

22. 선생님과 어떻게 연락합니까?
    Bagaimana cara menghubungi guru?
    바가이마나 짜라 믕후붕이 구루?

23. 저는 물리아 호텔 1008호에 있습니다. 무슨 일이 있으면 저한테 전화해 주세요.
    Saya di Hotel Mulia no 1008.
    사야 디 호텔 물리아 노 스리부 들라빤(1008).
    Kalau ada masalah silahkan hubungi saya.
    깔라우 아다 마살라ㅎ 시라ㅎ깐 후붕이 사야.

24. 이것은 제 명함입니다.
    Ini kartu nama saya.
    이니 까ㄹ뚜 나마 사야.

25. 실례지만 성함이 어떻게 됩니까?
    Permisi, siapa nama Anda?
    쁘ㄹ미시, 시아바 나마 안다?

26. 제 이름은 박소영입니다.
    Nama saya Park So Young.
    나마 사야 박 소 영.

27. 어느 분이 서울에서 오셨어요?
    Orang mana yang datang dari Seoul?
    오랑 마나 양 다땅 다리 서울?

28. 오전 10시부터 중요한 모임이 있어요.
    Jam 10 pagi ada rapat penting.
    잠 스뽈루ㅎ 빠기 아다 라빳 쁜띵.

1. 아디씨가 서울에서 오신 리 선생님을 마중하러 공항에 나갔다.
   Adi keluar menjemput Bapak guru Lee yang datang
   아디 끌루아ㄹ 믄젬뿟 바빡 구루 리 양 다땅
   dari Seoul.
   다리 서울.

A: 실례지만 서울에서 오신 리 선생님이신가요?
Permisi apakah ini Bapak guru Lee dari Seoul?
쁘르미시 아빠까ㅎ 이니 바빡 구루 리 다리 서울?

B: 예. 접니다.
Ya, saya sendiri.
야. 사야 슨디리.

A: 저는 시시 그룹에서 일하고 있습니다
Saya bekerja di grup SISI.
사야 브끄르자 디 그룹 시시.

회사에서 저에게 선생님을 마중하러 공항에 나오라고 했습니다.
Perusahaan menyuruh saya untuk pergi menjemput
쁘루사하안 믄유루ㅎ 사야 운뚝 쁘르기 믄즘뿟
guru di bandara.
구루 디 반다라.

B: 감사합니다.
Terima kasih.
뜨리마 까시ㅎ.

2. 아디씨는 호텔에서 마리오씨, 마리아씨 그리고 또또씨를 만났다.
Adi bertemu dengan Mario, Maria, dan Toto di hotel.
아디 브르떼무 등안 마리오. 마리아. 단 또또 디 호텔.

A: 실례지만 성함이 어떻게 되십니까?
Permisi, nama Anda siapa?
쁘르미시. 나마 안다 시아빠?

B: 제 이름은 아디 입니다.
Nama saya Adi.
나마 사야 아디.

A: 여기까지 찾아오시느라 많이 힘드셨지요?
Sudah datang ke sini, apakah tidak capai?
수다ㅎ 다땅 끄 시니. 아빠까ㅎ 띠닥 짜빠이?

B: 괜찮습니다/ 지금 피곤해요.
Tidak apa-apa/ Sedikit capck.
띠닥 아빠 아빠/ 스다낏 짜뻭.

A: 차가 밖에 있는데 Seoul 호텔로 가시지요.
Di luar ada mobil, pakailah ke Seoul hotel.
디 루아르 아다 모빌. 빠까일라ㅎ 끄 서울 호텔.

새로운 단어

- 영광스럽다
  Kehormatan
  꼬호르마딴

- 연락하다
  Mengkontak
  뭉꼰딱

- 명함
  Kartu nama
  까르뚜 나마

- 아침/오전 인사
  Selamat Pagi
  슬라맛 빠기

- 시키다
  Menyuruh
  믄유루ㅎ

- 마중하다
  Menjemput
  믄젬뿟

선생님 방을 미리 예약했습니다.
Kamar untuk guru sudah dipesan.
까마ㄹ 운뚝 구루 수다ㅎ 디쁘산.

B: 감사합니다.
Terima kasih.
뜨리마 까시ㅎ.

A: 제가 한국에 처음 왔기 때문에 모르는 게 많습니다. 잘 부탁합니다.
Ini pertama kali saya datang ke Korea, banyak hal
이니 쁘ㄹ따마 깔리 사야 다땅 끄 꼬레아, 반약 할
yang saya tidak tahu. Mohon bantuannya.
양   사야 띠닥 따후. 모혼   반뚜안냐.

3. 업무를 협의하기 위해서 이번에 저와 같이 한국에 왔습니다.
Beliau-beliau ini datang ke Korea bersama saya untuk
블리아우–블리아우 이니 다땅 끄 꼬레아 브르사마 사야 운뚝
berdiskusi mengenai pekerjaan.
브르디ㅅ꾸시 믕으나이   쁘꺼르자안.

A: 선생님께 이 분을 소개해 드리겠습니다.
Saya akan memperkenalkan orang ini kepada Anda,
사야 아깐 믐쁘ㄹ끄날깐   오랑 이니 끄빠다 안다.
Bapak Guru.
바빡   구루.

이 분은 조꼬씨입니다.
Beliau Bapak Joko.
블리아우 바빡   조꼬.

그리고 이 분은 보워씨입니다.
Dan beliau ini adalah Bapak Bowo.
단   블리아우 이니 아달라ㅎ 바빡 보워.

모두 저희 회사 직원입니다.
Mereka semuanya pekerja di perusahaan kami.
므레까   스무아냐   쁘꺼르자 디 쁘루사하안   까미.

업무를 협의하기 위해서 이번에 저와 같이 한국에 왔습니다.
Beliau-beliau ini datang ke Korea bersama saya untuk
블리아우–블리아우 이니 다땅 끄 꼬레아 브르사마 사야 운뚝
berdiskusi mengenai pekerjaan.
브르디ㅅ꾸시 믕으나이   쁘꺼르자안.

새로운 단어

- 이름이 뭐해요?/성함이 어떻게 되세요?
  Siapa nama Anda?
  시아빠 나마 안다?

- 저의 이름이 디아 이나와티
  Nama saya Diah
  나마 사야 디아
  Inawati
  이나와티

- 처음
  Pertama kali
  쁘ㄹ따마 깔리

- ~에 대해/~관해
  Mengenai
  믕으나이

- -을 소개하다
  Memperkenalkan
  믐쁘ㄹ끄날깐

- 부탁하다
  Mohon/meminta
  모혼/미민따

- 그 분/ 그 사람 [대명사] 그분 3인칭 존칭어
  Beliau
  블리아우

우리 두 회사가 서로 여러 해 동안 거래해 왔습니다만 이번 건에 있어서는 더욱 좋은 협조 부탁드립니다.
Kami, 2 perusahaan mempunyai hubungan kerjasama,
까미. 두아 쁘루사하안 믐뿐애이 후붕안 끄르자사마.
pada kesempatan ini saya harap kerjasama yang lebih
빠따 끄슴빠딴 이니 사야 하랖 끄르자사마 양 르비ㅎ
baik.
바익.

B: 저도 원하는 바입니다.
Ya, saya juga ingin.
야. 사야 주가 잉인.

4. 두 사람은 무역상담회에서 만났다.
Dua orang bertemu di rapat perdagangan.
두아 오랑 브르뜨무 디 라빳 쁘르다강안.

A: 안녕하세요?
Selamat pagi/siang/sore
슬라맛 바기/시앙/ 소레

B: 안녕하세요?
이렇게 무역상담회에서 만나뵙게 되어서 반갑습니다.
Selamat pagi/siang/sore
슬라맛 바기/시앙/ 소레
Senang bisa bertemu di rapat perdagangan ini.
스낭 비사 브르드무 디 라밧 브르다강안 이니.

A: 오래 전부터 오실 것을 알고 있지만 여기서 만나는 것은 상상도 못 했어요.
Saya tahu kalau kita akan bertemu setelah sekian waktu,
사야 따후 깔라우 끼따 아깐 브르뜨무 스뜰라ㅎ 스끼안 왁뚜.
tapi sampai bisa bertemu Anda disini betul-betul di luar
따삐 삼빠이 비사 브르뜨무 안다 디시니 브뚤-부뚤 디 루아르
dugaan.
두가안.

B: 저도 당신을 만나고 싶었습니다.
Saya juga ingin bertemu dengan Anda.
사야 주가 잉인 브르드무 등안 안다.

A: 무슨 일로 저를 만나고 싶으셨어요?
Ada yang bisa saya bantu?
아다 양 비사 사야 반뚜?

새로운 단어

- 관계
Hubungan
후붕안

- 협력하다; 협동
Kerjasama
끄르자사마

- 기회
Kesempatan
끄슴빠딴

- 무역
Perdagangan
쁘르다강안

- 오래
Sekian waktu
스끼안 왁뚜

- ~을/를 것 같다
Sepertinya
스쁘르띠냐

- 구하다/찾다
Mencari
믄짜리

B: 우리 함께 의논할 시간을 정해볼까요?
Bagaimana kalau kita bersama menentukan waktu untuk berdiskusi?
바가이마나 깔라우 끼따 브르사마 므는뚜깐 왁뚜 운뚝 브르디ㅅ꾸시?

A: 네, 알겠습니다.
Ya, baik.
야, 바익.

그렇지만 지금은 안 될 것 같아요.
Tetapi sepertinya sekarang tidak bisa.
뜨따삐 스쁘ㄹ띠냐 스까랑 띠닥 비사.

B: 그렇게 합시다. 오늘 오후에 선생님을 찾아 뵙겠습니다.
Baiklah. Siang ini saya akan mencari guru.
바익라ㅎ. 시앙 이니 사야 아깐 믄짜리 구루.

A: 네, 그렇게 하세요.
OK, kalau begitu.
오께 깔라우 브기뚜.

꼭 알아둘 POINT

Peraturan memakai tangan kanan (오른손 법칙)

비즈니스를 하는 환경에서는 악수를 하며 자신을 소개할 수 있습니다. 그러나 왼손을 사용하지는 마십시오. 왼손을 사용하는 것은 깨끗하지 못하다고 생각됩니다. 이것은 화장실에서 우리가 하는 어떤 행위 때문이라고 생각합니다. 사람과 소통할 때, 어떤 것을 주거나 받을 때는 꼭 오른손을 사용하는 것을 기억해 주세요. 굳은 악수가 될 것입니다. 하지만 무슬림은 서로 다른 성별의 사람끼리는 악수하지 않습니다.

Sungkem (숭끔)

이 단어는 왕족이 참석했을 때 두 손을 움켜잡고 그 엄지를 코에 맞대고 무릎을 굽혀 가족이나 웃어른께 깊게 절하는 인사를 뜻하는 인도네시아의 지역 언어(방언) 입니다.

Jangan pegang kepala orang (남의 머리를 쓰다듬지 말 것)

제가 읽은 거의 모든 인도네시아 에티켓에는 다른 사람의 머리를 쓰다듬지 말라고 말하고 있습니다. 만약 머리를 쓰다듬는 다면 어린 아이나 동생 정도만 아마 예상될 수 있을 것입니다. 만약 당신이 누군가의 머리를 쓰다듬어야만 했을 경우에는 어떤 이유에서건 꼭 오른손을 사용하는 것을 기억하십시오. (위에 '오른손 법칙'을 보세요).

판차실라

   판차실라는 인도네시아의 건국이념입니다. 판차실라는 두 개의 오래된 자바 단어(산스크리트어에서 온)로 이루어진 단어입니다. 판차는 '다섯'을 의미하고 '실라'는 이념(신조)을 의미합니다. 이것은 밀접하고 뗄 수 없는 다섯 개의 원칙들로 구성됩니다.

1. 하나이고 유일한 신의 대한 믿음 (인도네시아로 Ketuhanan Yang Maha Esa)
2. 정의와 문명화 된 인간성
3. 인도네시아의 통일
4. 대표자들의 숙고를 통한 만장일치와 그 내면의 지혜에서 지도되는 민주주의
5. 인도네시아의 모든 사람들 위한 사회 정의

   그리고 가장 중요한 모토는 Bhinneka Tunggal Ika입니다. 이것은 오래된 자바어에서 나온 말입니다. 인도네시아에는 17000개의 섬이 있고 약 300여 민족이 살고 있습니다. 그러므로 인도네시아를 하나로 느끼는 것은 중요합니다. 그래서 Bhinneka Tunggal Ika'는 다양성 안의 통일을 의미합니다.
(Referensi: Wikipedia Indonesia)

연습문제

1. 아침 인사
   a. Selamat pagi
   b. Selamat sore
   c. Selamat Datang

2. 오후 인사
   a. Selamat sore
   b. Selamat siang
   c. Selamat malam

3. 잘 지내세요?
   a. Baik-baik saja
   b. Selamat siang
   c. Apa kabar?

4. 만나뵙게 되어서 반갑습니다.
   a. Senang bertemu dengan Anda.
   b. Siapa nama Anda?
   c. Nama saya Indah.

5. A: Terima kasih.
   B: _____.

   a. Mengenalkan
   b. Sama-sama
   c. Senang bertemu dengan Anda

Bab 02

면접
Wawancara
와완짜라

✽ C1. 문장
Kalimat

1. 대학에서 뭘 전공했습니까?
   Apa jurusan Anda sewaktu kuliah?
   아빠 주루산 안다 스왁뚜 꿀리아ㅎ?

2. 경영학과를 나왔습니다.
   Saya lulusan jurusan manajemen.
   사야 루루산 주루산 마나제멘.

3. 경영학을 전공했습니다.
   Saya dulu ambil mata kuliah manajemen.
   사야 둘루 암빌 마따 꿀리아ㅎ 마나제멘.

4. 우리 회사에서 일하고 싶은 이유가 있습니까?
   Apa alasan Anda ingin bekerja di perusahaan kami?
   아빠 알라산 안다 잉인 브끄르자 디 쁘루사하안 까미?

5. 자신의 성격은 어떻다고 생각합니까?
   Bagaimana karakter/sifat Anda?
   바가이마나 까락떠/시팟 안다?

6. 저는 성격이 털털하다는 말을 많이 듣습니다.
   Saya sering dengar bahwa saya orangnya supel.
   사야 스링 등아르 바ㅎ와 사야 오랑냐 수뻴.

7. 자신의 장점과 단점에 대해 말해 보세요.
   Apa kelebihan dan kekurangan Anda?
   아빠 끌르비한 단 끄꾸랑안 안다?

8. 저는 성격이 꼼꼼해서 실수를 잘 안 하는 편입니다.
   Karakter/sifat saya sangat teliti karena itu saya jarang
   까락떠르/시팟 사야 상앗 뜰리띠 까르나 이뚜 사야 자랑
   membuat kesalahan.
   음부앗 끄살라한.

9. 책임감이 강한 편입니다.
   Saya sangat bertanggung jawab.
   사야 상앗 브르땅궁 자왑.

 새로운 단어

- 성심성의껏
  Sepenuh hati
  스쁘누ㅎ 하띠

- 책임의무를 지다
  bertanggung jawab
  브르땅궁 자왑

- 대학교에 다니다
  Kuliah
  꿀리아ㅎ

- 전공
  Jurusan
  주루산

- 과목
  Mata kuliah
  마따 꿀리아ㅎ

- 책임을 지다
  Bertanggung jawab
  브르땅궁 자왑

- 거의 없다
  Jarang
  자랑

- 잘못
  Kesalahan
  끄살라한

10. 어떤 일이든지 맡겨 주신다면 최선을 다하겠습니다.
    Pekerjaan apa saja yang diserahkan pada saya akan saya
    쁘끄ㄹ자안 아빠 사자 양 디스라ㅎ간 빠다 사야 아깐 사야
    kerjakan sebaiknya.
    끄ㄹ자깐 스바익냐.

11. 주어진 일에 최선을 다하는 사람이 되고 싶습니다.
    Saya ingin menjadi seseorang yang mengerjakan pekerjaan
    사야 잉인 믄자디 스스오랑 양 믕으ㄹ자깐 쁘끄ㄹ자안
    dengan sepenuh hati.
    등안 스쁘누ㅎ 하띠.

12. 연락드리겠습니다.
    Saya akan menghubungi Anda.
    사야 아깐 믕후붕이 안다.

C2. 회화
Percakapan

1. "직업 박람회"에서 인터뷰. 줄을 서서.
   Wawancara di "Pameran Bursa Kerja".
   와완짜라   디 "빠메란 부ㄹ사 끄ㄹ자".
   Dalam antrian.
   달람 안뜨리안.

   A: 네, 다음이요. 앉으세요.
      Ya berikutnya. Silahkan duduk.
      야 브리꿋냐.   시라ㅎ깐 두둑.

   B: 소개할께요, 제 이름은 에블린이에요.
      Perkenalkan nama saya Evelyn.
      쁘ㄹ끄날깐   나마 사야 에벨린.

   A: 네, 에벨린. 자기 소개 해주시겠어요?
      Ya, Evelyn. Bisa perkenalkan diri Anda?
      야, 에벨린. 비사 쁘ㄹ끄날깐   디리 안다?

   B: 네, 제 이름은 에블린이에요. 저는 수라바야에서 왔고요.
      UBAYA에서 경제경영학과에서 학사를 졸업하고 한국의 숙
      명대학교 대학원 국제무역학과에서 석사를 졸업했습니다.
      저는 막 2주 전에 자카르타로 귀국했습니다.
      Ya. Nama saya Evelyn. Saya dari Surabaya. Saya
      야. 나마 사야 에벨린. 사야 다리 수라바야. 사야
      lulusan S1 dari UBAYA jurusan ekonomi manajemen
      룰루산   에ㅅ 사뚜(1) 다리 우바야 주루산 에꼬노미 매네즈멘
      dan S2 dari universitas Sukmyeong Korea jurusan
      단   에ㅅ 두아(2) 다리 우니베ㄹ시따ㅅ 숙명 꼬레아 주루산

새로운 단어

- 성격
  Karakter/sifat
  까락떼ㄹ/ 시팟

- 각점
  Kelebihan
  끌르비한

- 단점
  Kekurangan/
  끄꾸랑안/
  kelemahan
  끌르마한

- (동사)-은/는 것이 좋다
  Sebaiknya
  스바익냐

- 진심
  Sepenuh hati
  스쁘누ㅎ 하띠

- 졸업자
  Lulusan
  루루산

International Trading.
인터나시오날 뜨레딩.
Saya baru kembali ke Jakarta 2 minggu yang lalu.
사야 바루 끔발리 끄 자카르타 두아 밍구 양 랄루.

A: 알겠습니다. 그러면 에블리 한국어를 할 수 있나요?
OK. Jadi Evelyn bisa berbahasa Korea?
오케이. 자디 에벨린 비사 브르바하사 꼬레아?

B: 네, 저는 한국어와 영어 그리고 약간의 중국어를 할 수 있습니다.
Ya. Saya bisa berbahasa Korea dan Inggris serta sedikit
야. 사야 비사 브르바하사 꼬레아 단 잉그리ㅅ 세르따 스디낏
bahasa Cina.
바하사 찌나.

A: 인도네시아로 다시 돌아온 이유는 무엇인가요?
Apa alasannya kembali ke Indonesia?
아빠 알라산냐 끔발리 끄 인도네시아?

B: 사실 개인적인 이유 때문입니다. 전 부모님 건강 문제 때문에 부모님과 가까이 있고 싶어서입니다.
Sebenarnya karena alasan pribadi. Saya ingin dekat
스브나르냐 까르나 알라산 쁘리바디. 사야 잉인 드깟
dengan orangtua karena masalah kesehatan mereka.
등안 오랑뚜아 까르나 마살라ㅎ 끄세하딴 므레까.

A: 알겠습니다. 제가 그렇게 질문해서 미안합니다. 하지만 만일 당신이 여기에 합격한다면 한국으로 자주 보내질 가능성이 있어요, 준비되셨나요?
Ok. Maaf saya bertanya begitu. Tetapi jika Anda
오케이. 마앞 사야 브르딴야 브기뚜. 뜨따삐 지까 안다
diterima di sini, ada kemungkinan Anda sering untuk
디뜨리마 디 시니. 아다 끄뭉끼난 안다 스링 운뚝
dikirim ke Korea, apakah Anda siap?
디끼림 끄 꼬레아. 아빠까ㅎ 안다 시앞?

B: 네, 전 준비됐습니다.
Ya. Saya siap.
야. 사야 시앞.

A: 알겠습니다. 여기에 당신의 이력서를 두고 가주세요. 나중에 두번째 면접을 위해서 인사팀장으로부터 전화가 있을 겁니다.
Ok tolong tinggalkan daftar riwayat hidup Anda di sini.
오케이 똘롱 띵갈깐 닾따르 리와얏 히둡 안다 디 시니.

새로운 단어

- 이유
  Alasan
  알라산

- 전공, 분야
  Jurusan
  주루산

- ~와/과 ~랑/이랑
  Serta
  스르따

- 적다
  Sedikit
  스디낏

- 준비되다
  Siap
  시앞

- 이력서
  Daftar riwayat
  닾따르 리와얏

Nanti ada panggilan dari kepala HRD untuk wawancara
난띠 아다 빵길란 다리 끄빨라 하에ㄹ데 운뚝 와완짜라
yang ke dua.
양 끄 두아.

2. 인도네시아 패스트푸드 대기업에서 두 번째 면접
   두 명의 지원자가 있음(구직자)
   Wawancara ke dua di perusahaan raksasa cepat saji
   와완짜라 끄 두아 디 쁘루사하안 락사사 쯔빳 사지
   Indonesia
   인도네시아
   Ada 2 pelamar (pencari kerja)
   아다 두아(2) 쁠라마ㄹ(쁜자리 끄ㄹ자)

A: 네, 좋은 점심입니다. 저는 먼저 데디 씨에게 첫 번째 질문을 던지도록 할께요. 데디 씨는 우리 회사에 대해서 알고 있는 것이 무엇이죠?
   OK, selamat siang. Saya akan melontarkan pertanyaan
   오케이 슬라맛 시앙. 사야 아깐 믈론따ㄹ깐 쁘ㄹ따냐안
   pertama pada Bapak Dedi dahulu. Bapak Dedi apa yang
   쁘ㄹ따마 빠다 바빡 데디 다훌루. 바빡 데디 아빠 양
   anda ketahui mengenai perusahaan kami?
   안다 끄따후이 믕으나이 쁘루사하안 까미?

D: CS회사는 패스트 푸드 분야에서 리더회사입니다. 보고르 시에 1980년에 처음 세워졌고 현재 이미 크게 증가해서 여러 국가에 200개가 넘는 지점을 두고 있습니다.
   Perusahaan CS merupakan leader company dalam
   쁘루사하안 쩨에스 므루빠깐 리더 꼼빼니 달람
   bidang makanan cepat saji.
   비당 마까난 쯔빳 사지.
   Pertama kali berdiri pada tahun 1980
   쁘ㄹ따마 깔리 브ㄹ디리 빠다 따훈 슴빌란 블라ㅅ 들라빤 뿔루ㅎ(1980)
   di kota Bogor sekarang sudah meraja rela ke manca
   디 꼬따 보고르 스까랑 수다ㅎ 므라자 렐라 끄 만짜
   negara dengan cabangnya lebih dari 200 cabang.
   느가라 등안 짜방냐 르비ㅎ 다리 두아 (200) 라뚜ㅅ 짜방.

A: 매우 좋습니다. 이 번에는 토니 씨, 왜 우리가 당신을 고용해야 하죠?
   Bagus sekali. Sekarang Bapak Toni, mengapa kami
   바구ㅅ 스깔리. 스까랑 바빡 또니. 믕아빠 까미
   harus memperkerjakan Anda?
   하루ㅅ 음쁘ㄹ끄ㄹ자깐 안다?

 새로운 단어

- 졸업자, 합격자
  Lulusan
  루루산

- 대학의 강의
  Mata kuliah
  마따 꿀리아ㅎ

- 별명
  Panggilan
  빵길란

- 대기업
  Perusahaan raksasa
  쁘루사한 락사사

- 패스트푸드
  Cepat saji
  쯔빳 사지

- 마음대로 행동하다
  Meraja rela/
  므라자 렐라/
  Sesuka hati
  스수까 하띠

- 해외
  Manca Negara/
  만짜 느가라/
  Luar negri
  루아ㄹ 느그리

- 지점
  Cabang
  짜방

Bab 02 면접 ● 19

새로운 단어

- 소비자
  Pengkonsumsi
  뻥꼰숨시

- 암기력이 좋다
  Hafal
  하팔

- 추가하다
  Menambah
  므남바ㅎ

- 청년
  Anak muda
  아낙 무다

- 변하다
  Berubah
  브루바ㅎ

- 전문가
  Ahli
  알리

- ~에 전문하다; 평면, 평지
  Bidang
  비당

- 받다
  Mendapat
  믄다빳

- ~을/를 놀라게 하다
  Mengagumkan
  믕아굼깐

- 도착
  Kedatangan
  끄다땅안

- 결과/성과
  Hasil
  하실

- 알려주다
  memberitahukan
  믐브리따후깐

- ~을/를 통해
  Melalui/lewat
  믈랄루이/ 레왓

T: 첫 번째 이유는 CS회사 제품의 충성스러운 소비자이기 때문이다. 저는 CS의 모든 제품을 좋아하고 외우고 있습니다. 하지만 저는 CS회사는 몇몇의 맛을 가미해야 하고 새로운 제품은 자주 바뀌는 어린 아이들의 유행을 봐야 한다고 생각합니다.

Alasan pertama karena saya adalah pengkonsumsi
알라산 쁘르따마 까르나 사야 아달라ㅎ 뻥꼰숨시

produk perusahaan CS yang setia. Saya suka dan hafal
쁘로둑 쁘루사하안 쩨에ㅅ 양 스띠아. 사야 수까 단 하팔

semua produk CS, tetapi saya pikir perusahaan CS
스무아 쁘로둑 쩨에ㅅ, 뜨따삐 사야 삐끼르 쁘루사하안 쩨에ㅅ

harus menambah beberapa rasa dan produk baru melihat
하루ㅅ 므남바ㅎ 브브라빠 라사 단 쁘로둑 바루 믈리핫

tren anak muda yang sering berubah.
뜨렌 아낙 무다 양 스링 브루바ㅎ.

저는 이 분야에서 전문가입니다. 왜냐하면 제 네트워킹(인맥)은 넓고 저는 5년 간 외국에서 교육을 받았기 때문입니다.

Saya ahlinya dalam bidang ini karena networking saya
사야 아ㅎ리냐 달람 비당 이니 까르나 넷워킹 사야

luas dan saya pernah mendapat pendidikan di luar
루아ㅅ 단 사야 쁘르나ㅎ 믄다빳 쁜디디깐 디 루아르

negri selama 5 tahun.
느그리 슬라마 리마 (5)따훈.

A: 정말 놀랍군요. 데디 씨 안똔 씨 와 주셔서 감사합니다. 저희가 이메일을 통해서 결과를 말씀드리겠습니다.

Sangat mengagumkan. Bapak Dedi Bapak Anton
상앗 믕아굼깐. 바빡 데디 바빡 안똔

terimakasih atas kedatangan anda. Kami akan
뜨리마까시ㅎ 아따ㅅ 끄다땅안 안다. 까미 아깐

beritahukan hasilnya melalui email.
브리따후깐 하실냐 믈랄루이 이메일.

꼭 알아둘 POINT

　인도네시아의 취직 면접시험은 주로 구직자가 회사에 이력서를 송부한 후 3주 또는 그 이후에 진행된다. 그리고 몇 가지 테스트는 면접시험 전이나 후에 진행된다. 구직자는 매니저나 인사담당자와 직접 면접을 본다. 회사의 경우에 회사 사장에게 직접 말할 수도 있으며 내 생각에 이 방법은 더 도전적이다. 일반적으로, 면접관은 구직자의 나이, 종교, 주소, 가족 같은 기본적인 정보에 대해 물을 것이다. 그리고 직장, 조직에 대해서, 다른 경험에 대한 질문도 던질 것이다. 더불어 면접관은 구직자가 제출한 어떤 분야의 활동 수료증과 같은 다른 첨부 서류를 확인할 것이다. 면접관은 우리가 구직자로서 준비가 되었는지 다른 도시나 지점에서 불미스러운 일이 있었는지 여부에 대해 물어올 것이다. 그리고 봉급으로는 얼마나 예상하는지 물을 것이다.

연습문제

A: Apa (1) _____.(장점) dan (2) _____.(단점) Anda?

B: Saya sering dengar bahwa saya orangnya (3) _____(책임감이 강한). Saya juga sangat teliti.

A: Apa yang anda ketahui mengenai (4) _____(회사) kami?

B: Perusahaan anda merupakan leader company dalam bidang (5) _____(패스트 푸드).

| sangat bertanggung jawab | perusahaan | kekurangan |
| Kelebihan | Fast food | perusahaan |

Bab 03

첫날 근무
Hari pertama di tempat kerja
하리 쁘르따마 디 뜸빳 끄르자

 C1. 문장
Kalimat

1. 안녕하세요? 신입사원 로라입니다. 앞으로 잘 부탁합니다.
   Apa kabar? Perkenalkan saya pegawai baru, Laura.
   아빠 까바르? 쁘르끄날깐 사야 쁘가와이 바루, 라우라.
   Saya minta pengarahannya.
   사야 민따 쁭아라한냐

2. 궁금한 것 있으시면 언제든지 저를 찾으면 되요.
   Jika ada yang ingin ditanyakan kapan saja datang mencari saya.
   지까 아다 양 잉인 디딴야깐 까빤 사자 다땅 믄짜리 사야.

3. 안녕하세요? 마케팅부 신입사원 올리아 입니다.
   Apa kabar? Perkenalkan nama saya Olia, saya karyawan baru bagian pemasaran.
   아빠 까바르? 쁘르끄날깐 나마 사야 올리아, 사야 까르야완 바루 바기안 쁘마사란.

4. 선배님들께 많은 지도 부탁드립니다.
   Mohon pengarahannya dari para senior.
   모혼 쁭아라한냐 다리 빠라 세니오르.

5. 편하게 대해 주세요.
   Nyamankan diri Anda.
   냐만깐 디리 안다.

6. 제 자리는 어디입니까?
   Di manakah tempat duduk saya?
   디 바나까ㅎ 뜸빳 두둑 사야?

7. 홍긍정씨 책상은 이 대리님 옆자리입니다.
   Meja Hong Geung Jeong terletak di sebelah tempat duduk Asisten Manajer Bapak/Ibu Lee.
   메자 홍 긍 정 뜨르르딱 디 스블라ㅎ 뜸빳 두둑 아시ㅅ뗀 마나제르 바빡/이부 리.

새로운 단어

- 출근
  Masuk kerja
  마숙 끄르자

- 퇴근
  Pulang kerja
  뿔랑 끄르자

- 야근
  Lembur
  름부르

- ~을/를 주세요
  Minta
  민따

- 지도
  Pengarahan/Peta
  쁭아라한/뻬따

- 마케팅
  Pemasaran
  쁘마사란

- 편하다
  Nyaman
  냐만

- 편하게 해 준다
  Nyamankan/ menyamankan
  냐만깐/ 믄야만깐

8. 이분은 저희 회사 기획실 저면순 실장님이십니다.
   Beliau ini adalah Kepala Departemen Perencanaan Bapak
   블리아우 이니 아달라ㅎ 끄빨라 데빠ㄹ뜨멘   쁘른짜나안   바빡
   Jeo Myeon Sun.
   저 면   순.

9. 만나뵙게 돼서 반갑습니다.
   Senang bertemu dengan Anda.
   스낭   브ㄹ뜨무 등안   안다.

10. 이분은 저희 부장님이십니다.
    Saudara ini adalah Kepala Departemen kami.
    사우다라 이니 아달라ㅎ 끄빨라 데빠ㄹ뜨멘   까미.

11. 안녕하세요 여러분. 앞으로 잘 부탁드립니다.
    Apa kabar saudara sekalian. Semoga kita dapat bekerja
    아빠 까바ㄹ 사우다라 스깔리안. 스모가   끼따 다빳 브끄ㄹ자
    dengan baik.
    등안   바익.

12. 반갑습니다.
    Senang bertemu dengan Anda.
    스낭   브ㄹ뜨무 등안   안다.

새로운 단어

- 과
  Departemen
  데빠ㄹ뜨멘
- 계획
  Perencanaan
  쁘른짜나안
- 친척
  Saudara
  사우다라
- ~기를 바라다
  Semoga
  스모가
- 아르바이트
  Bekerja sambilan
  브끄ㄹ자 삼빌란
- 일부분
  Bagian
  바기안
- 멋있다/잘 생기다
  Cakep/Keren
  짜껩/ 끄렌

✱ C2. 회화
Percakapan

1. 사무실에서 첫 날
   Hari pertama di kantor
   하리 쁘ㄹ따마 디 깐또ㄹ

   A: 좋은 아침입니다, 여기 소개할께요. 영관 씨. 그는 한국 출신의 학생이고, 그는 동시에 여기에서 근무할 겁니다. 마케팅 부서에서요.
   Selamat pagi perkenalkan ini Saudara Young Kwan.
   슬라맛 빠기 쁘ㄹ끄날깐   이니 사우다라 영   관.
   Dia pelajar asal Korea, ia akan bekerja sambilan disini.
   디아 쁠라자ㄹ 아살 꼬레아. 이아 아깐 브끄ㄹ자 삼빌란   디시니.
   Di bagian marketing.
   디 바기안   마ㄹ끄띵.

   B: 오, 환영합니다 영관. 와 잘 생겼는데요. 슈주(슈퍼주니어) 팀원 중 한 명처럼 생겼어요.
   Oh selamat datang Young Kwan. Wah cakep sekali ya
   오ㅎ 슬라맛 다땅   영   관.   와ㅎ 짜껩 스깔리 야
   seperti salah satu anggota SUJU.
   스쁘ㄹ띠 살라ㅎ 사뚜 앙고따   수주.

새로운 단어

- 신입자
  Karyawan/
  까르야완/
  Pegawai baru
  쁘가와이 바루

- 부서
  Bagian/Departemen
  바기안/ 데빠르떼멘

- 인턴십
  Magang
  마강

- 시도 기간, 수습 기간, 유예 기간
  Masa percobaan
  마사 쁘르쪼바안

- 비슷하다/유사하다
  Mirip
  미립

- 가입하다
  Bergabung
  브르가붕

- 가입하는 것을 축하하다
  Selamat bergabung
  슬라맛 브르가붕

- 지원/도움
  Bantuan
  반뚜안

- 첫날
  Hari pertama
  하리 쁘르따마

- 식당; 집에서 이방에 가족들 함께 식사를 먹는
  Ruang makan
  루앙 마깐

- (동사)~기를 바라다
  Berharap
  브르하랍

- 즐거워하다
  Menikmati
  므닉마띠

- 주말
  Akhir pekan/
  아키르 쁘깐/
  Akhir minggu
  아키르 밍구

C: 맞아요. 맞아요. 닮았어요. 정말 슈퍼스타 같아요. 우리 회사에 들어온 것을 환영해요. 도와줄 수 있는 게 있다면 나에게 물어봐요.
Betul..betul mirip ya benar-benar seperti super star.
브뚤-브뚤 미립 야 브나르-브나르 스쁘르띠 스뻬르 쓰따르.
Selamat bergabung di perusahaan kami, kalau ada yang
슬라맛 브르가붕 디 쁘루사하안 까미, 깔라우 아다 양
bisa dibantu tanyakan saya.
비사 디반뚜 딴야깐 사야.

Y: 감사합니다. 감사합니다. 도움 부탁드릴께요. 저는 최선을 다해서 일하겠습니다.
Terimakasih. Terimakasih. Mohon bantuannya.
뜨리마까시ㅎ. 뜨리마까시ㅎ. 모혼 반뚜안냐.
Saya akan bekerja sebaik mungkin.
사야 아깐 브끄르자 스바익 뭉낀.

B: 와, 인도네시아어 정말 잘하는 데요.
Wah bahasa Indonesianya bagus sekali.
와ㅎ 바하사 인도네시아냐 바구ㅅ 스깔리.

Y: 감사합니다. 감사합니다.
Terimakasih…terimakasih.
뜨리마까시ㅎ…. 뜨리마까시ㅎ.

2. 사무실 회의실에서 첫 날
Hari pertama di kantor di ruang rapat
하리 쁘르따마 디 깐또르 디 루앙 라빳

A: 좋은 아침입니다. 존경하는 레이디 골디 모든 직원 여러분. 전 여러분이 여러분의 주말을 모두 즐기셨기를 바랍니다.
Selamat Pagi semua karyawan PT. Lady Goldie yang
슬라맛 빠기 스무아 까르야완 뻬떼. 레디 골디 양
saya hormati. Saya harap Anda semua menikmati akhir
사야 호르마띠. 사야 하랍 안다 스무아 므닉마띠 아키르
pekan Anda.
뻬깐 안다.

박수
Tepuk Tangan 뜨뿍 땅안

A: 오늘은 특별한 날입니다. 저는 우리의 새로운 직원을 소개하고 싶습니다. 최명훈 씨입니다. 그는 한국인이지만 인도네시아 대학교에서 인도네시아 문학과를 졸업했습니다. 그는 마케팅 홍보부의 해외특별 부문에 배치될 것입니다. 저는 여러분 모두 그를 돕기 위해 함께 협력했으면 좋겠습니다.

Hari ini hari spesial, saya ingin memperkenalkan
하리 이니 하리 스뻬시알, 사야 잉인 음쁘르끄날깐
karyawan baru kami Bapak Choi Myeong Hun.
까르야완 바루 까미 바빡 최 명   훈.
Ia orang Korea tetapi ia lulusan sastra Indonesia dan
이아 오랑 꼬렝아 뜨따삐 이아 루루산 사스뜨라 인도네시아 단
Universitas Indonesia. Ia akan ditempatkan di bagian
우니베르시따스 인도네시아. 이아 아깐 디뜸빳깐 디 바기안
pemasaran dan promosi khususnya untuk luar negri.
쁘마사란   단 쁘로모시 쿠수스냐   운뚝 루아르 느그리.
Saya harap kerjasama dari Anda-Anda sekalian untuk
사야 하랖 끄르자사마 다리 안다-안다 스깔리안 운뚝
membantu dia.
음반뚜   디아.

박수 Tepuk Tangan 뜨뿍 땅안

C: 소개하겠습니다. 제 이름은 최 입니다. 레이시 골디 회사에 들어오게 되어서 기쁩니다. 제가 할 수 있는 한 열심히 노력하여 일하겠습니다. 협력 부탁드리겠습니다. 감사합니다.
Perkenalkan nama saya Bapak Choi. Senang bisa
쁘르끄날깐   나마 사야 바빡 최. 스낭 비사
bergabung di PT. Lady Goldie, saya akan berusaha
브르가붕 디 뻬떼 레디 골디, 사야 아깐 브루사하
sebisa mungkin dan bekerja sebaik mungkin.
스비사 뭉낀   단 브끄르자 스바익 뭉낀.
Mohon kerjasamanya. Terimakasih
모혼   끄르자사마냐.   뜨리마까시ㅎ

새로운 단어

- 직원
  Karyawan; Pegawai
  까르야완; 쁘가와이

- 문학
  Sastra
  사스뜨라

- 자리잡다; 주둔하다
  Ditempatkan
  디뜸빳깐

- 마케팅
  Pemasaran
  쁘마사란

- 촉진/승진
  Promosi
  쁘로모시

- 할 수 있는 대로
  Sebisanya
  스비사냐

꼭 알아둘 POINT

주로 사무실에서 근무 첫 날은 각 부서에 자신을 소개하고 인사팀장이나 총무팀장이 일할 장소와 일에 대한 구체적인 부분을 설명해 주는 것으로 시작한다. 인사팀장은 우리를 (신입사원으로서) 각 부서에 데리고 가서 매니저나 팀장, 팀원들에게 소개시킨다. 그들은 악수를 하고 좋은 충고를 해주며 새로운 동료에게 축하를 건넨다. 그리고 그들은 우리에게 회사 이곳 저곳을 구경시켜 준다.

근무 첫 날은 아직 실질적인 일을 하는 하루라고 할 수는 없고, 인사팀장은 주로 신입사원의 프로필에 대해 물어본다. 그들은 우리가 매일 우리가 해야 하는 일과 그곳의 모든 일들이 어떻게 돌아가고 있는지에 대해 설명한다. 주로 신입사원은 기존사원이 떠나거나 사임하기 1달 전에 회사에 입사한다. 그래서 근무 첫날 기존사원은 사용자보다 더 많은 것을 신입사원에게 알려 준다. 한국에서는 새로 입사한 사원에게 명함을 준다. 하지만 인도네시아에서는 그렇지 않다.

연습문제

1. Jam berapa jam masuk kerja di Korea?
   한국에서 몇시에 출근 시간이에요?

2. Jam berapa jam pulang kerja di Korea?
   한국에서 몇시에 퇴근 시간이에요?

3. Jam berapa jam waktu makan siang di Korea?
   한국에서는 식사 시간은 어떻게 됩니까?

4. Apakah mudah mencari kerja di Indonesia?
   인도네시아에서는 일자리 찾기가 쉬어요?

5. Apakah sering lembur di Jakarta?
   자카르타에서 야근 자주 합니까?

Bab 04　사무실에서 사내 에티켓 & 저녁 회식
Basa basi di tempat kerja & makan bersama
바사　바시　디 뜸빳　끄르자 단 마깐　브르사미

1. 오늘 날씨 참 좋죠?
   Hari ini cuacanya sangat bagus ya?
   하리 이니 쭈아짜냐 상앗 바구ㅅ 야?

2. 네, 날씨가 많이 풀렸어요.
   Ya. Cuacanya menjadi sangat bagus.
   야. 쭈아짜냐   믄자디   상앗   바구ㅅ.

3. 헤어스타일 바뀌셨네요.
   Ganti gaya rambut ya.
   간띠 가야 람붓   야.

4. 넥타이가 잘 어울리십니다.
   Dasi Anda sangat cocok ya.
   다시 안다 상앗 쪼쪽 야.

5. 오늘 무슨 안좋은 일 있으세요?
   Hari ini tampaknya Anda ada masalah?
   하리 이니 땀빡냐   안다 아다 마살라ㅎ?

6. 아니에요···. 저 괜찮아요.
   Tidak. Saya tidak apa-apa.
   띠닥. 사야 띠닥 아빠-아빠.

7. 요즘 뭐 안 좋은 일 있으세요?
   Akhir-akhir ini Anda tampaknya ada masalah?
   아키르-아키르 이니 안다 땀빡냐   아다 마살라ㅎ?

8. 아, 네, 집 사람 때문에요.
   Ah, Ya, karena istri.
   아ㅎ, 야, 까르나 이ㅅ뜨리.

9. 주말 잘 보냈어요?
   Bagaimana akhir pekan Anda?
   바가이마나 아키르 쁘깐 안다?

 C1. 문장
Kalimat

새로운 단어

- 헤어 스타일
  Gaya rambut
  가야 람붓

- 어울리다
  Cocok
  쪼쪽

- 문제
  Masalah
  마살라ㅎ

- 요새, 요즘
  Akhir-akhir
  아키르-아키르

- 날씨
  Cuaca
  쭈아짜

- ~이/가 되다
  Menjadi
  믄자디

- 스타일
  Gaya
  가야

- ~나 보다/ ~을/를 모양이다/ 을/를 것 같다
  Tampaknya
  땀빡냐

- 문제
  Masalah
  마살라ㅎ

10. 네, 그냥 그래요.
   Hmm, Baik-baik saja.
   음.   바익-바익 사자.

11. 해도 해도 끝이 없네요.
   Sudah dilakukan sedikit demi sedikit tetapi terus menerus
   수다ㅎ 딜라꾸깐 스디낏 드미 스디낏 뜨따삐 뜨루ㅅ 므느루ㅅ
   ada pekerjaan.
   아다 쁘끄르자안.

12. 발등에 불이 떨어졌어요.
   Saya sangat stres karena pekerjaan yang mendesak.
   사야 상앗 스뜨레스 까르나 쁘끄르자안 양   믄드삭.

13. 주말에도 출근해야 돼요.
   Akhir pekan pun harus masuk kerja.
   아키ㄹ 쁘깐 뿐 하루ㅅ 마숙 끄르자.

14. 우리 회사는 퇴근시간이 없어요.
   Perusahaan kami tidak ada jam pulangnya (selalu lembur).
   쁘루사하안 까미 띠닥 아다 잠 뿔랑냐 (슬랄루 름부르).

15. 보고서 쓰는 게 지긋지긋하네요.
   Kepala rasanya pusing menulis laporan.
   끄빨라 라사냐 뿌싱 므눌리ㅅ 라뽀란.

16. 사표 쓰고 싶어요
   Saya ingin menulis surat berhenti kerja.
   사야 잉인 므눌리ㅅ 수랏 브르흔띠 끄르자.

17. 하기 싫으면 관두세요.
   Jika Anda tidak mau melakukan, berhenti saja.
   지까 안다 띠닥 마우 믈라꾸깐. 브르흔띠 사자.

18. 박 부장님은 왜 나만 미워해요?
   Kenapa Bapak Kepala Park hanya membenci saya?
   끄나빠 바빡 끄빨라 박 한야 음븐찌   사야?

19. 저도 다음 주까지 끝내야 하는 보고서가 세 개나 있어요.
   Ada 3 laporan yang harus saya selesaikan sampai minggu
   아다 띠가(3)라뽀란 양 하루ㅅ 사야 슬르사이깐 삼빠이 밍구
   depan.
   드빤.

20. 하기 싫어 죽겠어요.
   Saya sangat tidak ingin mengerjakan hal itu.
   사야 상앗 띠닥 잉인 믕으르자깐   할 이뚜.

새로운 단어

- 때문에
  Karena
  까르나

- 주말
  Akhir pekan/akhir
  아키ㄹ 쁘깐/ 아키ㄹ
  minggu
  밍구

- 스트레스
  Stres
  스뜨레스

- 강권하다, 재촉하다
  Mendesak
  믄드삭

- 야근
  Lembur
  름부르

- 급하다; 몸으로 밀다
  Mendesak
  믄드삭

- 어지럽다
  Pusing
  뿌싱

- 싫어하다
  Membenci
  음븐찌

- 보고서
  Laporan
  라뽀란

21. 이 일은 정말 적성에 안 맞네요.
    Pekerjaan ini sangat tidak cocok bagi saya.
    쁘끄르자안 이니 상앗 띠닥 쪼쪽 바기 사야.

22. 회식이 너무 자주 있어서 살이 쪘어요.
    Karena terlalu sering ada acara makan bersama, saya
    까르나 뜨르랄루 스링 아다 아짜라 마깐 브르사마, 사야
    menjadi bertambah gemuk.
    믄자디 브르땀바ㅎ 그묵.

23. 요새 눈코 뜰 사이 없어요.
    Akhir-akhir ini pekerjaan saya sangat banyak.
    아키르-아키르 이니 쁘끄르자안 사야 상앗 반약.

✿ C2. 회화
Percakapan

1. A: 신혼여행 잘 보냈어요?
      Bagaimana bulan madunya?
      바가이마나 불란 마두냐?

   B: 네, 너무 행복했어요.
      Ya. Bahagia sekali.
      야. 바하기아 스깔리.

   A: 어떤 도시락 가지고 있어요?
      Bawa bekal apa?
      바와 브깔 아빠?

   B: 매우 간단해요. 밥, 계란, 치킨하고 야채.
      Oh biasa saja. Nasi, telur, ayam goreng dan sayur-
      오ㅎ 비아사 사자. 나시, 뜰루르, 아얌 고랭 단 사유르
      sayuran.
      사유란.

2. A: 여경씨, 오늘 매우 예뻐요.
      Hari ini cantik sekali Yeo Gyeong….
      하리 이니 짠띡 스깔리 여 경….

   B: 아 아니에요. 제가 그렇게 예뻐요?
      Ah tidak. Apa saya begitu cantik?
      아ㅎ 띠닥. 아빠 사야 브기뚜 짠띡?

3. A: 김정훈씨, 오늘 너무 멋진네요.
      Kim Jeong Hun, keren sekali hari ini.
      김 정 훈. 끄렌 스깔리 하리 이니.

새로운 단어

- 보고서
  Laporan
  라뽀란

- 멈추다
  Berhenti
  브르흔띠

- 신혼하다
  Bulan madu
  불란 마누

- 도시락
  Bekal
  브깔

- 멋있다
  Keren
  끄렌

새로운 단어

- 유지하다, 정하다, 결정하다, 확정하다
  Menetapkan
  므느땁깐

- 회식
  Makan bersama
  마깐 브르사마

- 함부로, 마음대로
  Ngawur
  응아우르

- 정하다
  Menetapkan
  므느땁깐

- 식당
  Tempat makan
  뜸빳 마깐

- 부지런하다
  Rajin
  라진

- 아니요
  Nga/tidak
  응아/ 띠닥

- 가끔
  Kadang-kadang
  까당-까당

B: 아. 저는 항상 머쳐.
   Oh. Saya selalu keren.
   오ㅎ. 사야 슬랄루 끄렌.

4. A: 영민씨 여자 친구가 많지요?
      Young Min, banyak pacar ya?
      영 민. 반약 빠짜르 야?

   B: 아니에요. 무슨 소리에요?
      Tidak. Ngawur nih?
      띠닥. 응아우르 니ㅎ?

5. A: 회식 날짜 잡혔어요?
      Apakah sudah menetapkan tanggal untuk makan bersama?
      아빠까ㅎ 수다ㅎ 므느땁깐 땅갈 운뚝 마깐 브르사마?

   B: 날짜는 잡혔는데 회식 장소를 아직 못 정했어요.
      Tanggalnya sudah ditetapkan, akan tetapi tempat makannya belum ditentukan.
      땅갈냐 수다ㅎ 디뜨땁깐. 아깐 뜨따삐 뜸빳 마깐냐 블룸 디뜬뚜깐.

6. A: 회식 날짜 잡혔어요?
      Apakah sudah menetapkan tanggal untuk makan bersama?
      아빠까ㅎ 수다ㅎ 므느땁깐 땅갈 운뚝 마깐 브르사마?

   B: 네 내일 충국 식당 '마마' 6시반에 예약했습니다.
      Ya sudah, sudah dipesan besok jam 6.30 di restoran Cina.
      야 수다ㅎ. 수다ㅎ 디쁘산 베속 잠 으남 띠가 뿔루ㅎ(6.30)디 레ㅅ또란 찌나.

7. A: 영민씨 헬스 클럽에 자주 가요?
      Young Min rajin ke gym ya?
      영 민 라진 끄 짐 야?

   B: 아니요 가끔씩만요.
      Nga, kadang-kadang saja.
      응아. 까당-까당 사자.

꼭 알아둘 POINT

격식을 차리지 않는 대화나 예의상 주고받는 말들은 쉬는 시간(Coffee break)이나 점심시간, 또는 일이 거의 끝나갈 무렵 하게 된다. 주로 동료들 간에는 가족이나 아이에 관해 이야기를 많이 한다. 신입사원이라도 기꺼이 대화에 동참할 수 있다. 그들은 당신의 가족에 대해서도 물어볼 것이다. 그들은 그들의 부업에 대해서도 종종 이야기 한다. 이를 테면 온라인 샵이라던가 핸드메이드 음식, 사탕, 초콜릿, 스낵 같은 것 말이다. 점심시간이 시작될 무렵, 그들은 주로 오늘 먹을 식단에 대해 이야기 한다. 주로 "오늘 점심 뭐 먹으러 갈 거야? 나도 같이 가도 돼?" 하고 묻는다. 또는 (주로 팀장이) 팀원들과 다 같이 식사하러 갈 것을 제안하기도 한다. 주말이 시작되는 금요일, 때때로 그들은 함께 영화관에 가거나 노래방에 가기로 계획도 한다. 그러나 사무실에서 업무에 지칠 때 우리는 근무 중에도 불구하고 유튜브를 통해 영화를 보기도 한다. 물론 자주는 아니다.

연습문제

A: _____ (1) (잘 지내세요?)

B: Baik baik saja. Hari ini Anda tampaknya ada masalah?
그냥 잘 지내요.오늘 무슨 안좋은 일 있으세요?

A: _____ (2) (아니에요).
Saya hanya sangat capai karena terlalu banyak kerjaan.
일이 너무 많아서 너무 힘들어요.

B: Sering _____ (3) (야근)
야근 많이 해요.

A: Ya. Sering sekali.
네.아주 많은 편이에요.

B: Lebih baik Anda _____ (4) (쉬다)
당신은 쉬운 것 더 좋아요.

A: Tidak bisa._____ (5) (주말) pun harus bekerja.
안돼요. 주말에도 일해야되고.

Bab 05 만찬
Makan Malam
마깐 말람

✤ C1. 문장
Kalimat

 새로운 단어

- 예약하다
  Memesan
  므므산

- 파티에 초대하다
  mengundang ke pesta
  믕운당   끄 뻬ㅅ따

- 손님
  tamu
  따무

- 한국 음식
  masakan Korea
  마사깐   코레아

- 가장 맛있다
  yang paling enak
  양 빨링 에낙

- 주문하다
  Memesan/pesan
  므므산/   쁘산

- 소포
  Paket
  빠껫

- 초대장
  Undangan
  운당안

- 파티
  Pesta
  뻬ㅅ따

1. 저는 손님 초대를 위한 테이블을 하나 예약하고 싶습니다.
   Saya ingin memesan meja untuk tamu saya.
   사야 인인 므므산   메자 운뚝 따무 사야.

2. 여기서 한국 요리를 합니까?
   Apakah di sini ada masakan Korea?
   아빠까ㅎ 디 시니 아다 마사깐   꼬레아?

3. 셋 메뉴를 예약할 수 있어요?
   Bisa memesan paket menu?
   비사 므므산   빠껫 메뉴?

4. 가장 맛있는 셋 메뉴는 얼마예요?
   Berapa harga makanan yang paling enak?
   브라빠 하르까 마까난   양 빨링   에낙?

5. 그러면 10인분 좀 예약해 주세요.
   Kalau begitu tolong pesan untuk 10 orang.
   깔라우 브기뚜 똘롱   쁘산 운뚝 스뿔루ㅎ(10) 오랑.

6. 내일 저녁 우리는 인도네시아 호텔에서 손님 초대 파티를 열겠습니다.
   Kita akan mengadakan pesta besok malam di Indonesia hotel.
   끼따 아깐 믕아다깐   뻬ㅅ따 베속 말람   디 인도네시아
   호텔.

7. 선생님이 사장님과 함께 오십시오.
   Guru dan bos silahkan datang.
   구루 단 보ㅅ 실라ㅎ깐 다땅.

8. 이것은 초대장입니다.
   Ini tempat undangan.
   이니 듬빳   운당안.

9. 우리는 내일 저녁 파티에서 그 분을 꼭 만나고 싶습니다.
   Di pesta besok malam kita harus bertemu dengan orang itu.
   디 뻬ㅅ따 베속 말람   끼따 하루ㅅ 브르떼무 등안   오랑 이뚜.

10. 우리는 7시 15분 전부터 식당 정문에서 손님을 마중하겠습니다.
    Mulai dari jam 7.15 menit di pintu depan restoran
    물라이 다리 잠 뚜주ㅎ 리마블라ㅅ (7.15) 므닛 디 삔뚜 두빤 레ㅅ또란
    kita akan menyambut tamu.
    끼따 아깐 믄얌붓 따무.

11. 저희 사장님은 선생님들을 꼭 만나고 싶습니다.
    Kami harus bertemu dengan guru dan bos.
    가미 하루ㅅ 브ㄹ떼무 등안 구루 단 보ㅅ.

12. 그 분은 이번 주 일요일에 Sofitel 호텔에서 선생님들을 만찬회에 초대합니다.
    Minggu ini di Hotel Sofitel kita akan mengundang para
    밍우 이니 디 호텔 소피델 끼따 아깐 믕운당 빠라
    guru untuk makan malam.
    구루 운뚝 마깐 말람.

13. 그 분의 초대에 감사합니다.
    Terima kasih karena mengundang beliau.
    뜨리마 까시ㅎ 까르나 믕운당 블리아우.

14. 이 사장님 오신 것을 환영합니다.
    Bos, selamat datang.
    보ㅅ, 슬라맛 다땅.

15. 저희는 이 지방의 특산물을 초대하는데 여러분의 입맛에 맞는지 모르겠습니다.
    Kami mengundang saudara sekalian ke tempat spesial ini,
    까미 믕운당 사우다라 스깔리안 끄 뜸빳 스뻬시알 이니,
    mudah-mudahan rasa masakannya cocok.
    무다ㅎ-무다한 라사 마사깐냐 쪼쪽.

16. 여러분, 사양하지 마십시오. 편히 하십시오.
    Saudara sekalian, tolong jangan menolak. Santai saja.
    사우다라 스깔리안, 똘롱 장안 므놀락. 산따이 사자.

17. 우리의 합작이 잘 되기를 바랍니다.
    Semoga kolaborasi kita berjalan dengan lancar.
    스모가 꼴라보라시 끼따 브ㄹ잘란 등안 란짜ㄹ.

18. 박사장님께서 인도네시아에 오신 것을 환영합니다.
    Bos Park selamat datang di Indonesia.
    보ㅅ 박 슬라맛 다땅 디 인도네시아.

19. 만찬회를 이렇게 잘 준비해 주셔서 감사 드립니다.
    Terima kasih karena telah mempersiapkan pesta malamnya.
    뜨리마 까시ㅎ 까르나 뜰라ㅎ 음브ㄹ시앞깐 뻬ㅅ따 말람냐.

새로운 단어

- 가격, 값
  harga
  하르가

- - 인분 …
  orang
  오랑

- 파티를 열다
  membuat pesta
  음부앗 뻬ㅅ따

- 참석하다
  mengikuti
  믕이꾸띠

- 초대 장소
  tempat undangan
  뜸빳 운당안

- 손님을 영접하다
  menyambut tamu
  믄얌붓 따무

- 환영하다
  Menyambut
  믄얌붓

- 초대하다
  Mengundang
  믕운당

- ~기를 바라다
  Mudah-mudahan/
  무다ㅎ 무다한/
  Semoga
  스모가

- 거절하다
  Menolak
  므놀락

- 공동/합작
  Kolaborasi
  꼴라보라시

- 준비하다
  Mempersiapkan
  음쁘ㄹ시앞깐

20. 다들 건강하시기 바랍니다.
    Semoga semuanya sehat.
    스모가 스무안냐 세핫.

21. 여러분, 건배합시다.
    Saudara sekalian, mari bersulang.
    사우다라 스깔리안, 마리 브ㄹ술랑.

22. 나는 이 음식을 못 먹어요.
    Saya tidak bisa makan makanan ini.
    사야 띠닥 비사 마깐   마까난   이니.

23. 만나뵙게 되어서 반갑습니다.
    Senang bisa bertemu dengan Anda.
    스낭   비사 브ㄹ뜨무 등안   안다.

24. 귀사의 무궁한 발전을 기원합니다.
    Saya harap perusahaannya berkembang dari hari ke hari.
    사야 하랍   쁘루사하안냐   브ㄹ끔방   다리 하리 끄 하리.

25. 다들 건강하시기 바랍니다.
    Semoga semuanya sehat selalu.
    스모가   스무아냐   세핫   슬랄루.

C2. 회화
Percakapan

새로운 단어

- 대문
  gerbang, pintu utama
  그ㄹ방, 쁜뚜 우따마
- 고급 식당, 레스토랑
  restoran mewah,
  레ㅅ또란 메와ㅎ,
  restoran
  레ㅅ또란
- 사장
  Presiden/Bapak-
  쁘레시덴/바빡-
  Ibu Direktur/Bos
  이부 디렉뚜ㄹ/보ㅅ
- 건배하다
  Bersulang
  브ㄹ술랑

1. 호텔에 묵고 있는 손님은 호텔 부속 식당에 전화하여 파티를 예약한다.
   Tamu yang tinggal di hotel memesan tempat di restoran
   따무 양 띵갈 디 호텔 므므산   뜸빳 디 레스또란
   untuk pesta.
   운뚝 베ㅅ따.

A: 여보세요, 식당 카운터이지요?
   Halo, resepsionis restoran kan?
   할로, 레셉시오니스 레ㅅ또란 깐?

B: 예, 무엇이 필요하십니까?
   Ya, ada yang bisa dibantu?
   야, 아다 양   비사 디반뚜?

A: 저는 이 호텔 508호에 있는 손님인데요.
   Saya adalah tamu hotel no 508.
   사야 아달라ㅎ 따무 호텔 리마 꼬송 들라빤 508.

   손님 초대 파티를 하나 예약하고 싶습니다.
   Ingin memesan tempat untuk pesta tamu saya.
   인인   므므산   뜸빳   운뚝 뻬ㅅ따 따무 사야.

B: 언제입니까?
Kapan?
까빤?

A: 내일 저녁 7시에요.
Besok malam jam 7.
베속 말람 잠 뚜주ㅎ 7.

B: 몇 인분입니까?
Untuk berapa orang?
운뚝 브라빠 오랑?

A: 10인분입니다.
10 orang.
스불루ㅎ 오랑.

B: 무슨 음식을 주문하십니까?
Mau memesan makanan apa?
마우 므므산 마까난 아빠?

A: 여기서 한국 요리를 합니까?
Apakah disini menyediakan masakan Korea?
아빠까ㅎ 디시니 믄예디아깐 마사깐 꼬레아?

B: 네, 있습니다.
Ya, ada.
야, 아다.

A: 세트 메뉴 주문은 가능합니까?
Bisa memesan set menu?
비사 므므산 세뜨 메뉴?

B: 네, 가능합니다.
Ya, bisa/tentu saja.
야, 비사/뜬뚜 사자.

A: 가장 맛있는 세트 메뉴는 얼마입니까?
Paket menu mana yang paling enak berapa harganya?
빠껫 메뉴 마나 양 빨링 에낙 브라빠 하르가냐?

B: 1인분에 500,000 루피아입니다.
Satu orang 500.000 Rupiah.
사뚜 오링 리마 라뚜ㅅ 500.000 루피아.

A: 그러면 10인분 주문해 주세요.
Kalau begitu tolong pesan untuk 10 orang.
깔라우 브기뚜 똘롱 쁘산 운뚝 스뿔루ㅎ 10 오랑.

- 호텔
  hotel
  호텔

- 음식, 요리
  makanan, masakan
  마까난,   마사깐

- 특산물
  keistimewaan, produk
  끄이ㅅ띠메와안, 쁘로둑
  regional
  레기오날

- 지방, 지역
  daerah, kawasan
  다에라ㅎ, 까와산

- 입맛이 맞다
  pas/cocok di lidah
  빠ㅅ/쪼쪽 디 리다ㅎ

- 마련하다
  Menyediakan
  믄으디아깐

- 그러면
  Kalau begitu
  깔라우 브기뚜

Bab 05 만찬

B: 예, 감사합니다.
　　Ya, terima kasih.
　　야, 뜨리마　까시ㅎ.

　　내일 저녁 뵙겠습니다.
　　Sampai bertemu besok malam.
　　삼빠이　브르떼무　베속　말람.

2. 미스터 아미르이 미스터 쭝과 그의 사장님에게 내일 만찬을 함께 하자고 초대한다.
　　Bapak Amir dan Bapak Jung beserta bos diundang besok
　　바빡　아미르 단　바빡　　중　브세르따 보스 디운당　　베속
　　untuk makan malam bersama.
　　운뚝　마깐　말람　브르사마.

B: 미스터 쭝, 우리는 내일 저녁 7시에 물리아 호텔에서 만찬회를 열겠습니다.
　　Bapak Jung, kami besok akan mengadakan makan
　　바빡　　중,　까미 베속　아깐　믕아다깐　　마깐
　　malam jam 7malam di Hotel Mulia
　　말람　잠　뚜주ㅎ(7) 말람 디 호텔 물리아.

　　당신과 사장님께 초대합니다.
　　Anda dan bos Anda diundang.
　　안다　단　보스 안다　이운당.

B: 감사합니다.
　　Terima kasih.
　　뜨리마　까시ㅎ.

　　준비가 되면 꼭 오겠습니다.
　　Begitu kita siap, kita akan datang.
　　브기뚜　끼따 시압,　끼따 아깐　다땅.

A: 이것은 초대장입니다.
　　Ini kartu undangannya.
　　이니 까르뚜 운당안냐.

　　사장님께 전해 주십시오.
　　Tolong beritahu ke bos.
　　똘롱　브리따후 끄 보스.

　　우리는 내일 만찬에서 그 분을 꼭 만나고 싶습니다.
　　Kami harus bertemu dengan bos Anda di makan malam
　　까미　하루스 브르뜨무　등안　　보스 안다 디 마깐　　말람
　　besok.
　　베속.

새로운 단어

- 사양하다
  menolak, sungkan
  므놀락,　숭깐

- 자연히
  secara natural
  스짜라 나뚜랄

- 장사하다
  berdagang, berbisnis
  브르다강,　브르비스니스

- 수공예품
  kerajinan
  끄라지난

- 도자기
  keramik
  끄라믹

B: 네, 그 분께 전해 드리겠습니다.
Ya, saya akan sampaikan ke beliau.
야, 사야 아깐 삼빠이깐 끄 블리아우.

A: 우리는 식당 정문에서 7시 15분 전부터 마중하겠습니다.
Kami akan menyambut di depan pintu restoran jam 7.15.
까미 아깐 믄얌붓 디 드빤 삔뚜 레스또란 잠 뚜주ㅎ 리마블라ㅅ 7.15.

B: 감사합니다.
Terima kasih.
뜨리마 까시ㅎ.

안녕히 계세요.
Selamat tinggal.
슬라맛 띵갈.

3. 이 사장과 파트너가 저녁 식사를 하면서 합작 계획을 이야기한다.
Bos bersama dengan rekan kerja membicarakan rencana
보ㅅ 브르사마 등안 르깐 끄르자 믐비짜라깐 른짜나
bisnis sambil makan malam.
비시니ㅅ 삼빌 마깐 말람.

A: 이 사장님께서 오셔서 환영합니다.
Selamat datang Bos.
슬라맛 다땅 보ㅅ.

앉으십시오.
Silahkan duduk.
실라ㅎ깐 두둑.

B: 감사합니다.
Terima kasih.
뜨리마까시ㅎ.

A: 우리는 이 지방의 특산물을 초대하는데 여러분의 입맛에 맞는지 모르겠습니다.
Kami mengundang Anda semua ke tempat istimewa ini,
까미 믕운당 안다 스무아 끄 뜸빳 이ㅅ띠메와 이니,
moga-moga rasa masakannya cocok.
모가 모가 라사 마사깐냐 쪼쪽.

사양하지 마시고 많이 드십시오.
Jangan sungkan-sungkan makan yang banyak.
장안 숭깐-숭깐 마깐 양 반약.

새로운 단어

• 합작하다
bergabung, mengikuti
브르가붕, 믕이꾸띠

• 준비하다
mempersiapkan
믐쁘르시앞깐

• 만찬
makan malam
마깐 말람

• 귀사
perusahaan
쁘루사하안

• 나날이
setiap hari,
스띠앞 하리,
hari demi hari
하리 드미 하리

• 동업자
Rekan kerja
르깐 끄르자

• 얘기하다
Membicarakan/
믐비짜라깐/
menceritakan
믄쯔리따낀

• ~지 말다
Jangan
장안

• 부담하다
Berat hati
베랏 하띠

B: 실례지만 종래 무슨 영업 종목을 하십니까?
Permisi, akhir-akhir ini bisnis apa yang Anda tekuni?
쁘르미시, 아키르-아키르 이니 비스니스 아빠 양 안다 떼꾸니?

A: 우리는 주로 수공예품과 도자기 영업을 합니다.
Kami menekuni bisnis di bagian kerajinan dan keramik.
까미 므느꾸니 비스니스 디 바기안 끄라지난 단 끄라믹.

B: 사업 형편이 좋지요?
Bisnisnya bagus?
비스니스냐 바구스?

A: 상당히 좋습니다.
Cukup bagus.
쭈꿉 바구스.

4. 파티에 있는 박사장과 남사장.
Bapak Direktur Park dan Bapak Direktur Nam berada di
바빡 디렉뚜르 박 단 바빡 디렉뚜르 남 브라다 디
pesta.
뻬스따.

A: 박사장님께서 인도네시아에 오신 것을 환영합니다.
Selamat datang Bapak Direktur Park di Indonesia.
슬라맛 다땅 바빡 디렉뚜르 박 디 인도네시아.

B: 남사장님, 만나서 반갑습니다.
Bapak Direktur Nam, senang bertemu dengan Anda.
바빡 디렉뚜르 남. 스낭 브르뜨무 등안 안다.

이렇게 만찬을 잘 준비해 주셔서 감사합니다.
Terima kasih karena telah mempersiapkan makan
뜨리마 까시ㅎ 까르나 뜰라ㅎ 믐쁘르시앞깐 마깐
malamnya.
말람냐.

A: 별 말씀입니다! 이 쪽으로 앉으십시오.
Sama sama! Silahkan duduk di sini.
사마 사마! 실라ㅎ깐 두둑 디 시니.

박사장님께서는 인도네시아에 처음 오셨지요?
Bapak Direktur Park pertama kali datang ke Indonesia,
바빡 디렉뚜르 박 쁘르따마 깔리 다땅 끄 인도네시아,
bukan?
부깐?

새로운 단어

- 발전하다
  berkembang
  브르꼼방

- 건강
  sehat
  세핫

- 건배
  bersulang
  브르술랑

- ~에 열심히 하다
  Tekuni/menekuni
  떼꾸니/ 므느꾸니

- 수공업
  Kerajinan
  끄라지난

- 도자기류
  Keramik
  끄라믹

- ~에 있다
  Berada
  브라다

B: 아니오, 저는 세번째 왔습니다.
　　Tidak. Saya sudah tiga kali datang ke sini.
　　띠닥. 사야 수다ㅎ 띠가 깔리 다땅 끄 시니.

　　지난 번에 발리와 롬복에 갔는데 이번에 자카르타에 왔습니다.
　　Sebelumnya saya sudah pernah pergi ke Bali dan
　　스블룸냐 사야 수다ㅎ 쁘르나ㅎ 쁘르기 끄 발리 단
　　Lombok, pada kesempatan kali ini mengunjungi Jakarta.
　　롬복, 빠다 끄슴빠딴 깔리 이니 믕운중이 자카르타.

A: 그러면 박사장님 역시 인도네시아에 대해 많이 아시는 것 같습니다.
　　Kalau begitu Bapak Direktur Park, ternyata tahu banyak
　　깔라우 브기뚜 바빡 디렉뚜르 박, 뜨르냐따 따후 반약
　　tentang Indonesia.
　　뜬땅 인도네시아.

　　어제 급한 일이 생겨서 공항에서 마중할 수 없어서 죄송합니다.
　　Kemarin ada masalah darurat jadi maaf tidak dapat
　　끄마린 아다 마살라ㅎ 다루랏 자디 마앞 띠닥 다빳
　　menjemput ke bandara.
　　믄즘뿟 끄 반다라.

　　좀 이해해 주십시오.
　　Tolong dimengerti.
　　똘롱 디믕으르띠.

새로운 단어

- 기회
  Kesempatan
  끄슴빠딴
- 이번
  Kali ini
  깔리 이니
- 방문하다
  Mengunjungi/
  믕운중이/
  Berkunjung
  브르꾼종
- 사실
  Sesungguhnya
  스승구ㅎ냐
- 응급하다
  Darurat
  다루랏

꼭 알아둘 POINT

Nasi Goreng 나시고렝

　인도네시아 대표음식은 바로 나시고렝 입니다. 나시고렝은 볶음밥입니다. 나시는 밥이라는 뜻이고 고렝은 볶다라는 뜻입니다. 재료로는 붉은빛 양파, 마늘, 양파, 단 소스가 필요하고 다른 향신료들을 다 같이 놓고 볶습니다. 나시고렝은 지역마다 특색이 있습니다. 그래서 여러 지방에 가면 각각 다양한 나시 고렝을 먹을 수 있습니다. 다른 요리는 렌당 입니다. 렌당은 파당 지역의 쇠고기 요리 입니다. 이 고기는 하루 종일 끓여서 아주 부드럽고 산탄(여자 물)와 양념류들과 같이 요리합니다.

Bab 05 만찬 • 39

📖 연습문제 1

A: (1) _____ Bapak Direktur Park di Indonesia
박사장님께서 인도네시아에 오신 것을 환영합니다.

B: Bapak Direktur Nam, (2) _____.
남사장님, 만나서 반갑습니다.

　Terima kasih karena telah mempersiapkan (3) _____nya.
　이렇게 만찬을 잘 준비해 주셔서 감사합니다.

A: (4) _____ ! Silahkan duduk disini
별 말씀입니다! 이 쪽으로 앉으십시오.

　Bapak Direktur Nam, (5) _____datang ke Indonesia,bukan?
　박사장님께서는 인도네시아에 처음 오셨지요?

📖 연습문제 2

A: Saya ingin memesan meja untuk tamu saya.
　저는 손님 초대를 위한 테이블을 하나 예약하고 싶습니다

B: (1) _____ 몇 분이에요?

A: Saya ingin memesan untuk 10 orang.
　저는 10님분 좀 예약해 주세여.

B: (2) _____ 네,가능합니다.

　Untuk jam berapa?
　몇시에 예약해 주시면 됩니까?

A: Untuk besok jam 6 malam.
　내일 6시에요.

B: (3) _____
　무슨 음식을 주문하십니까?

A: Kami ingin memesan masakan Indonesia.

B: (4) _____
　네,잘 알겠습니다.

A: Terimakasih.
　감사합니다.

B: (5) _____ 천만예요.

Bab 06

회사에서 근무할 때
Di Tempat Kerja
디 뜸빳   끄르자

1. 영민, 몇 시에 퇴근해요?
   Young Min, jam berapa kamu pulang kerja?
   영   민. 잠 브라빠   까무   뿔랑   끄르자?

2. 우리 회사는 6시까지 출근해요.
   Perusahaan kami pulang kerja jam 6 sore.
   쁘루사하안   까미 뿔랑   끄르자 잠 으남(6) 소레.

3. 저희 회사는 지문 인식이나 카드 확인을 통해서 출근을 확인합니다.
   Perusahaan kami menggunakan sistem cap jempol atau
   쁘루사하안   까미   믕구나깐   시스뗌 짭 쯤뽈 아따우
   kartu sebagai tanda masuk kerja.
   까르뚜 수바가이 딴다 마숙   끄르자.

4. 어떻게 ID 카드를 안 가져왔어요.
   Wah bagaimana tidak membawa kartu ID/KTP.
   와ㅎ 바가이마나   띠닥   믐바와   까르뚜 아이디/까떼뻬.

5. 죄송합니다. 몸이 안 좋아서 병원에 들렀다가 조금 늦게 출근하겠습니다.
   Maaf. Karena badan tidak enak saya pergi ke rumah sakit
   마앞. 까르나   바단   띠닥 에낙 사야 쁘르기 끄 루마ㅎ 사낏
   sebelum masuk kerja, jadi saya akan terlambat.
   스블룸   마숙   끄르자, 자디 사야 아깐 뜨르람밧.

6. 많이 안 좋나 보군요. 일 보고 천천히 들어오세요.
   Sepertinya benar-benar sakit parah. Tenang-tenang dan
   스쁘르띠냐 브나르-브나르 사낏 빠라ㅎ. 뜨낭-뜨낭   단
   pelan-pelan saja masuk kerjanya.
   쁠란-쁠란   사자 미숙   끄르자냐.

7. 버스를 놓치는 바람에 늦었습니다. 죄송합니다.
   Maaf saya datang terlambat karena ketinggalan bis.
   마앞 사야 다땅   뜨르람밧   까르나 끄띵갈란   비스.

✱ C1. 문장
Kalimat

 새로운 단어

- 사용하다/이용하다/쓰다
  Menggunakan
  믕구나깐

- 시스템
  Sistem
  시스뗌

- 지장
  Cap jempol
  짭 젬뽈

- 주민등록증
  KTP
  까떼뻬

- 몸이 안 좋다
  Badan tidak enak
  바단 띠닥 에낙

- 늦다
  Terlambat
  뜨르람밧

- 심각하다
  Parah
  빠라ㅎ

- 안심하다
  Tenang
  뜨낭

- 천천히
  Pelan
  쁠란

- 버스
  Bis
  비스

✻ C2. 회화
Percakapan

1. 복사해 주세요.
   Tolong difotokopi ya.
   똘롱 디포또꼬삐 야.

   로즈: 이것 도와주세요, 이거랑 이것 복사해 주세요.
   Rose: Tolong ini, ini dan ini difotokopi ya.
   똘롱   이니. 이니 단 이니 디포또꼬삐 야.

   직원: 죄송한데요, 여기에 써주실 수 있으세요. 제가 헷갈려서요.
   Pegawai: Maaf bisa ditulis saja disini. Saya bingung.
   마앞   비사 디뚤리ㅅ 사자 디시니. 사야 빙웅.

   (종이를 가리키며)
   (Sambil menunjukkan kertas)
   (삼빌   므눈죽깐 끄ㄹ따ㅅ)

   로즈: 좋아요. 한 장에 얼마에요?
   Rose: Baiklah. Satu lembar berapa ya?
   바익라ㅎ. 사뚜(1) 름바ㄹ 브라빠 야?

   직원: 50원이에요. 흑백은 50원이고, 컬러는 100원입니다.
   Pegawai: 50 won. Kalau hitam putih 50 won,
   리마 뿔루ㅎ(50) 원. 깔라우 히땀 뿌띠ㅎ 리마 뿔루ㅎ(50) 원,
   kalau berwarna 100 won
   깔라우 브ㄹ와ㄹ나 스라뚜ㅅ (100) 원

2. 상사에게 한국으로의 휴가 허가요청
   Minta izin atasan cuti ke Korea
   민따 이진 아따산 쭈띠 끄 꼬레아

   임 씨: 이사님, 저는 휴가 허가를 받고 싶습니다. 제가 한국에 저희 가족을 방문하러 가거든요.
   Pak Lim: Bu Direktur, saya ingin mendapat izin ambil cuti
   부 디렉뚜ㄹ. 사야 잉인 믄다빳   이진 암빌 쭈띠
   liburan. Saya pergi mengunjungi keluarga saya di
   리부란. 사야 쁘르기 믕운중이   끌루아르가 사야 디
   Korea.
   꼬레아.

   이사님: 계획으로는 거기에서 얼마나 오래 머무를 거에요?
   Ibu Direktur: Rencananya kamu akan tinggal disana berapa
   룬짜나냐   까무 아깐 띵갈   디사나 브라빠
   lama?
   라마?

   임 씨: 10일이요. 물론 다소 길긴 하지만 제가 한국에 있을 때

새로운 단어

- 헷갈리다
  Lupa
  루빠

- 색깔이 있는
  Berwarna
  브ㄹ와르나

- 허락
  Izin
  이진

- 상급자
  Atasan
  아따산

- 휴가
  Liburan
  리부란

사무실 업무를 작업하도록 준비할 것이고요, 만일 서울에 있는 본사를 방문할 업무가 주어진다면 그것도 저는 괜찮습니다.

Pak Lim: 10 hari Bu. Memang sedikit lama tetapi saya
스뿔루ㅎ(10) 하리 부. 메망 스디낏 라마 뜨따삐 사야
bersedia mengerjakan pekerjaan kantor sewaktu
브르스디아 믕으르자깐 쁘끄르자안 깐또르 스왁뚜
saya di Korea dan jika harus ditugaskan untuk
사야 디 꼬레아 단 지까 하루ㅅ 디뚜가스깐 운뚝
mengunjungi kantor pusat di Seoul pun tidak
믕운중이 깐또르 뿌삿 디 서울 뿐 띠닥
apa-apa saya bersedia.
아빠-아빠 사야 브르스디아

이사님: 한국에서는 모두 잘 지내요?
Ibu Direktur: Apakah semua baik-baik di Korea?
아빠까ㅎ 스무아 바익-바익 디 꼬레아

임 씨: 저희 어머니께서 굉장히 편찮으세요, 이사님.
Pak Lim: Ibu saya sakit berat, Ibu Direktur.
이부 사야 사낏 브랏. 이부 디렉뚜르

이사님: 위로의 말을 전할께요. 아무런 일도 일어나질 않길 바래요. 당신의 어머니께서 속히 회복하시길 바래요. 휴가 허가서를 받도록 인사과에 가보세요. 작성하고 저에게 주세요. 이따 제가 서명할께요.
Ibu Direktur: Saya turut berduka. Semoga tidak terjadi
사야 뚜룻 브르두까. 스모가 띠닥 뜨르자디
apa-apa. Semoga ibu Anda lekas sembuh.
아빠-아빠. 스모가 이부 안다 르까스 슴부ㅎ.
Silahkan mengunjungi bagian Humas untuk
시라ㅎ깐 믕운중이 바기안 후마스 운뚝
meminta surat izin cuti liburan. Setelah
므민따 수랏 이진 쭈띠 리부란. 스뜰라ㅎ
diisi tolong berikan kepada saya, nanti saya
디이시 똘롱 브리깐 끄빠다 사야, 난띠 사야
tanda tangani.
딴다 땅아니.

임 씨: 정말 감사합니다 이사님.
Pak Lim: Terima kasih banyak Bu Direktur.
뜨리마 까시ㅎ 반약 부 디렉뚜르.

3. 돈 빌리기
Pinjam uang
삔잠 우앙

새로운 단어

- (지하철을/버스를) 놓치다
  Ketinggalan subway/bis
  끄띵갈란 섭웨이/비스

- 정확한 시간
  Tepat waktu
  뜨빳 왁뚜

- 준비되다
  Bersedia
  브르스디아

- 근무하게 하다
  Ditugaskan
  디뚜가스깐

- 본사
  Kantor pusat
  깐또르 뿌삿

- 심각한 병
  Sakit berat
  사낏 브랏

- 명복을 비다
  Berduka
  브르두까

- 방문하다
  Mengunjungi
  믕운중이

- 사인
  Tanda tangan
  딴다 땅안

- 사인하다
  Tanda tangani
  딴다 땅아니

새로운 단어

- 허락
  Izin
  이진

- 심각한 아픔
  Sakit parah
  사낏 빠라ㅎ

- 의도를 부드럽게 하거나 상냥하게 하기 위하여 단어나 문장 뒤에서 사용되는 감탄사
  Dong/donk
  동

- 빌리다
  Meminjam
  므민잠

- 별로
  Agak
  아각

- 반납하다
  Mengembalikan
  믕음발리깐

- 월급
  Gaji
  가지

휴나: 루슬림, 부탁 좀 해도 될까?
Hyu Na: Ruslim, boleh minta tolong?
　　　　루ㅅ림, 볼레ㅎ 민따 똘롱?

루슬림: 당연히 되지, 왜? 무슨 문제 있어?
Ruslim: Boleh donk, tentu saja. Kenapa?
　　　　볼레ㅎ 동. 뜬뚜 사자. 끄나빠?
　　　　Ada masalah apa?
　　　　아다 마살라ㅎ 아빠?

휴나: 돈 좀 빌릴 수 있을까?
Hyu Na: Boleh pinjam uang?
　　　　볼레ㅎ 삔잠 우앙?

루슬림: 얼마나?
Ruslim: Berapa?
　　　　브라빠?

휴나: 약간 많아. 문제는 내가 25일에 월급을 받거든. 음~ 200.000원. 나중에 다음 달 25일에 내가 다시 갚을게, 2주 후야.
Hyu Na: Agak banyak soalnya aku baru gajian tanggal 25
　　　　아각 반약 소알냐 아꾸 바루 가지안 땅갈 두아 뿔루ㅎ 리마 25
　　　　Hmm 200.000 won. Nanti aku kembalikan tanggal
　　　　음음 두아 라뚜ㅅ 리부(200.000)원. 난띠 아꾸 끔발리깐 땅갈
　　　　25 bulan depan, 2 minggu lagi
　　　　두아 뿔루ㅎ 리마(25) 불란 데빤. 두아(2) 밍구 라기

루슬림: 어머, 우기 월급 같잖아. 하지만 괜찮아. 그렇게 해.
Ruslim: Lho gaji kita kan sama. Tapi tidak apa-apa.
　　　　로ㅎ 가지 끼따 깐 사마. 따삐 띠닥 아빠-아빠.
　　　　Silahkan deh.
　　　　시라ㅎ깐 데ㅎ.

꼭 알아둘 POINT

바틱

바틱은 모든 천에 활용 가능한 납방염 기술(공예염색 중 가장 세밀한 방염기법으로 직물표면위에 각종 납(밀랍,목랍,파라핀 등)을 녹여서 방염시킴)이나 그 기술로 만든 천을 뜻합니다. 바틱은 주둥이가 달린 연장이나 프린터를 이용해 캡이라고 불리는 동전모양을 찍어내거나 반복되는 점이나 선 패턴을 그려서 만들어집니다. 응용된 납방염에서는 납방염 기능 보유자(장인)가 여러 색을 원할 경우 하나의 천을 한 색깔에 푹 담궈 선택적으로 염색하고 끓인 물로 왁스를 제거하고 그것을 반복하는 것이 허용됩니다.

전통적인 바틱은 인도네시아, 말레이시아, 싱가폴, 인도, 스리랑카, 필리핀, 나이지리아 같은 여러 나라에서 발견되었습니다. 그러나 가장 잘 알려지고 유명한 바틱은 여러 문화의 영향으로 다양한 무늬가 생겨났고 무늬와 기술, 양질의 솜씨 면에서 가장 발달된, 문화 적응의 긴 역사를 지닌 인도네시아 자바섬에서 만들어졌다고 할 수 있습니다. 2009년 10월 유네스코는 인도네시아 바틱을 유네스코 인류 구전 및 무형재산 걸작으로 지정하였습니다.

인도네시아의 많은 회사들이나 조직들은 한 주에 한 번씩 바틱을 입는 '바틱의 날'을 근로자에게 적용시킵니다. 인도네시아 사람들은 공식 만남, 회의 그 외의 장소에도 바틱을 입습니다.
(Referensi: Wikipedia Indonesia)

연습문제

1. pulang kerja jam berapa Young Min, kamu?
   영민, 몇 시에 퇴근해요?

2. jam 6 sore pulang kerja Perusahaan kami.
   우리 회사는 6시까지 출근해요.

3. datang terlambat saya ketinggalan subway Maaf karena.
   죄송합니다. 지하철을 놓치는 바람에 늦었습니다. 죄송합니다.

4. ke Korea keluarga saya mengunjungi Saya pergi.
   제가 저희 가족을 방문하러 한국에 가거든요.

5. baik-baik Apakah di Korea semua?
   한국에서는 모두 잘 지내요?

Bab 07 퇴근
Pulang Kerja
뿔랑 끄르자

✲ **C1. 문장**
   Kalimat

1. 이 과장님은 주로 몇 시에 퇴근하세요?
   Bapak Lee, jam berapa pulang kerja?
   바빡 리. 잠 브라빠 뿔랑   끄르자?

2. 저는 보통 9시에 퇴근해요.
   Saya biasanya pulang jam 9.
   사야 비아사냐 뿔랑 잠 슴빌란.

3. 퇴근 안 해요?
   Ngak pulang?/Tidak pulang?
   응각 뿔랑?/ 띠닥 뿔랑?

4. 네, 이것만 끝내고 퇴근하려고요.
   Kalau ini selesai, saya pulang.
   깔라우 이니 슬르사이, 사야 뿔랑.

5. 오늘은 이만 끝냅시다.
   Cukup hari ini.
   쭈꿉 하리 이니.

6. 오늘 수고했습니다.
   Terima kasih untuk hari ini.
   뜨리마 까시ㅎ 운뚝 하리 이니.

7. 벌써 퇴근시간 다 됐네요.
   Sudah hampir waktunya pulang.
   수다ㅎ 함삐르 왁뚜냐 뿔랑.

8. 먼저 퇴근하겠습니다.
   Saya pulang dulu.
   사야 뿔랑 둘루.

9. 먼저 들어가겠습니다.
   Saya pulang dulu.
   사야 뿔랑 둘루.

10. 먼저 가서 죄송합니다.
    Maaf, saya pulang dahulu.
    마앞. 사야 뿔랑   다훌루.

새로운 단어

- 끝나다
  Selesai
  슬르사이

- 할 수 있다, 가능하다
  Bisa
  비사

- 거의
  Hampir
  함삐르

- 옛날
  Dahulu
  다훌루

11. 수고하셨습니다.
    Bagus pekerjaannya/Kerjaannya baik/Terimakasih hari ini.
    바구ㅅ 쁘끄르자안냐/ 끄르자안냐 바익/ 뜨리마까시ㅎ 하리 이니.

12. 조심해서 들어가십시오.
    Hati-hati pulangnya.
    하띠-하띠 뿔랑냐.

1. 근무지에서 5시에 잔업을 할 것입니다.
   Di tempat kerja jam 5 akan lembur.
   디 뜸빳 끄르자 잠 리마(5) 아깐 름부르.

   A: 아직 일하시네요, 에디 씨.
      Masih kerja Pak Edi.
      마시ㅎ 끄르자 빡 에디.

   E: 네, 저는 지난 주에 한국 출장 다녀온 결과를 보고해야 하거든요.
      Iya, saya kan harus melaporkan hasil dinas kerja ke
      이야, 사야 깐 하루ㅅ 믈라뽀르깐 하실 디나ㅅ 끄르자 끄
      Korea minggu lalu.
      꼬레아 밍구 랄루.

   A: 아 네, 아직 오래 남았어요?
      Oh iya. Masih lama?
      오ㅎ 이야. 마시ㅎ 라마?

   E: 네, 아마 두 시간 정도요.
      Ya. Mungkin dua jam lagi.
      야. 뭉낀 두아(2) 잠 라기.

   A: 와, 와. 알겠습니다. 저 먼저 갈께요 에디 씨. 파이팅이에요.
      Wah wah. Ok saya duluan Pak Edi. Semangat ya.
      와ㅎ 와ㅎ. 오케이 사야 둘루안 빡 에디. 스망앗 야.

2. 퇴근할 때 비가 내리다.
   Waktu pulang kerja hujan.
   왁뚜 뿔랑 끄르자 후잔.

   A: 와, 또 비가 오네요.
      Wah hujan lagi.
      와ㅎ 후잔 라기.

   B: 리아, 우산 있어요?
      Ada payung Lia?
      아다 빠융 리아?

※ C2. 회화
    Percakapan

 새로운 단어

• 충분한
  Cukup
  쭈꿉

• 부족한, 모자라는
  Kurang
  꾸랑

• 야근하다(동사)/ 야근(명사)
  Lembur
  름부르

• 아직(+ 있다)
  Masih
  마시ㅎ

• 아직(+ 없다)
  Belum
  블룸

• -아/어 잖아요
  Kan
  깐

• 힘내다(동사)
  Semangat
  스망앗

• 또
  Lagi
  라기

새로운 단어

- -보다 더, -이상
  Lebih
  르비ㅎ

- 조심하다
  Hati-hati
  하띠-하띠

- 어떻게 하다
  Bagaimana
  바가이마나

- 같이 간다
  Ikut pergi
  이꿋 쁘르기

- 데리고 간다
  Antar
  안따르

- 도착하다(동사)/도착(명사)
  Sampai
  삼빠이

- 귀찮다
  Menyusahkan
  믄유사ㅎ깐

- 소개하다(동사)/소개(명사)
  Kenalan
  끄날란

- 휴가 내다
  Izin cuti
  이진 쭈띠

- 처음
  Awal
  아왈

- 사건
  Kejadian
  끄자디안

- 출산하다(동사)/출산(명사)
  Melahirkan
  믈라히르깐

A: 제 우산을 안 가져 왔어요. 어쩌죠?
Nga bawa payung saya. Aduh bagaimana nih?
응가 바와 빠융 사야. 아두ㅎ 바가이마나 니ㅎ?

B: 리아, 저 따라오세요. 이따 제가 집까지 데려다 줄게요.
Lia ikut saya saja. Nanti saya antar sampai ke rumah.
리아 이꿋 사야 사자. 난띠 사야 안따르 삼빠이 끄 루마ㅎ.

A: 집까지요? 힘드시게 하는 거 아니에요?
Sampai ke rumah?! Apa tidak menyusahkan?
삼빠이 끄 루마ㅎ?! 아빠 띠닥 믄유사ㅎ깐?

B: 전혀 아니에요. 저도 리아 집 지역에 아는 사람이 있어요.
Tidak sama sekali. Saya juga ada kenalan di daerah rumah Lia.
띠닥 사마 스깔리. 사야 주가 아다 끄날란 디 다에라ㅎ 루마ㅎ 리아.

A: 그렇다면 감사합니다.
Terimakasih kalau begitu.
뜨리마까시ㅎ 깔라우 브기뚜.

3. 일찍 퇴근할 허가 요청
   Minta izin cuti pulang lebih awal
   민따 이진 쭈띠 뿔랑 르비ㅎ 아왈

A: 대표님, 죄송합니다. 제가 일찍 좀 퇴근할 수 있을까요? 저희 집에서 중요한 일이 생겼다는 전화를 받았거든요.
Bapak Kepala. Maaf, bolehkah saya pulang lebih awal?
바빡 끄빨라. 마앞. 볼레ㅎ까ㅎ 사야 뿔랑 르비ㅎ 아왈?
Saya ada telepon bahwa ada yang penting terjadi di rumah saya
사야 아다 뜰레뽄 바ㅎ와 아다 양 쁜띵 뜨르자디 디 루마ㅎ 사야.

B: 왜요? 무슨 일이 있는데요?
Kenapa Bapak? Ada kejadian apa?
끄나빠 바빡? 아다 끄자디안 아빠?

A: 제 아내가 출산 할 것 같아요. 지금 병원으로 이동하고 있어요.
Istri saya akan melahirkan Bapak. Sekarang sedang dibawa ke rumah sakit.
이ㅅ뜨리 사야 아깐 믈라히르깐 바빡. 스까랑 스당 디바와 끄 루마ㅎ 사낏.

B: 알겠습니다 이씨. 제가 일찍 퇴근하도록 허가를 줄게요. 축하합니다.

Ok Bapak Lee. Saya izinkan untuk pulang lebih awal.
오케이 바빡 이. 사야 이진깐 운둑 뿔랑 르비ㅎ 아왈.
Selamat ya.
슬라맛 야.

A: 감사합니다 대표님.
Terimakasih Pak.
뜨리마까시ㅎ 빡.

꼭 알아둘 POINT

이 책을 위해서 나는 나의 친구들을 인터뷰 하였다. 그리고 나는 다양한 답들을 얻었다. 한국에서는 사장이나 선임, 사수가 퇴근하기 전에는 사무실에 남아 있거나 선배에게 퇴근할 때 허락을 구하는 것이 일반적이다. 그러나 인도네시아에서 당신은 당신 사무실의 주인이다. 당신은 일이 끝났을 경우 집에 가도 좋다. 또한 사무실 분위기에 따라서 근로자들이 서로 가깝고 친할 때는 퇴근 할 때 서로에게 "잘 가~"라고 하며 그 말에는 이렇게 대답할 것이다. "잘 가. 수고했어. 길에서 조심해" 친밀하지 않은 분위기거나 근로자가 외톨이라면 그 또는 그녀는 그저 살금살금 사무실을 빠져 나올 것이다.

연습문제

Dedi: Nga pulang? (퇴근 안 해요?)

Franki: (1) _____ (이것만 끝내고 퇴근할거에요.)

Dedi: Kita akan makan bersama, mau ikut?
우리는 함께 식사를 드실건데, 같이 갈까요?

Franki: (2) _____
(저는 지난 주에 한국 출장 다녀온 결과를 보고해야 해요)

Dedi: Oh begitu. Kalau begitu saya duluan.
오 그렇구나. 그러면 저는 먼저 갈께요.

(3) _____ (수고하세요.)

Franki: (4) _____ (즐겁게 보내세요.)

(5) _____ (다음에 제가 저녁식사 사드릴께요)

| Sampai nanti | Selamat bekerja | Lain kali saya traktir makan malam ya |
| Kalau ini selesai, saya pulang | Selamat bersenang-senang | Saya harus melaporkan hasil dinas ke Korea minggu lalu |

Bab 08

점심 때
Waktu Makan Siang
왁뚜　마깐　시앙

 C1. 문장
　　　Kalimat

1. 올리아씨, 식사하러 안 가세요?
   Olia, tidak pergi makan?
   올리아, 띠닥 쁘르기 마깐?

2. 어, 벌써 점심시간이네요.
   Wah, sudah waktunya makan siang rupanya.
   와ㅎ, 수다ㅎ 왁뚜냐　마깐　시앙　루빠냐.

3. 자, 밥 먹고 합시다.
   Ayo pergi makan.
   아요 쁘르기 마깐.

4. 점심 뭐 먹을까요?
   Enaknya makan apa ya?
   에낙냐　마깐　아빠 야?

5. 구내식당에서 먹을까요?
   Bagaimana kalau kita pergi ke kantin untuk makan?
   바가이마나　깔라우 끼따 쁘르기 끄 깐띤　운뚝　마깐?

6. 자, 밥 먹으러들 안 가십니까?
   Ayo, semuanya tidak pergi untuk makan?
   아요, 스무아냐　띠닥 쁘르기 운뚝　마깐?

7. 오늘 점심 어디서 먹을까요?
   Enaknya makan apa ya siang ini?
   에낙냐, 마깐　아빠 야 시앙　이니?

8. 저는 도시락 싸 왔어요.
   Aku bawa bekal.
   아꾸 바와 브깔.

9. 오늘은 배달시켜 먹을까요?
   Enaknya pesan apa ya hari ini?
   에낙냐　쁘산　아빠 야 하리 이니?

새로운 단어

- 아침 식사/점심 식사/ 저녁 식사
  Makan pagi/makan siang/makan malam
  마깐　빠기/ 마깐 시앙/ 마깐　말람

- 주문하다
  Pesan
  쁘산

- 가다
  Pergi
  쁘르기

- 시간
  Waktu
  왁뚜

- 외모
  Rupa/Penampilan
  루빠/ 쁘남삘란

- - 같아요
  Rupanya
  루빠냐

- 매점
  Kantin
  깐띤

- - 좋겠다
  ~Baiknya
  ~바익냐

10. 치킨 시킬까요?
    Bagaimana kalau pesan ayam?
    바가이마나 깔라우 쁘산 아얌?

11. 일이 많아서 간단히 사다 먹을 거예요.
    Saya akan makan (sederhana/sedikit) saja karena kerjaan
    사야 아깐 마깐 스드르하나/ 스디낏 사자 까르나 끄르자안
    menumpuk.
    므눔뿍.

12. 점심 먹고 나면, 식곤증 때문에 너무 졸려요.
    Setelah makan siang menjadi mengantuk.
    스뜰라ㅎ 마깐 시앙 믄자디 믕안뚝.

1. 저는 돼지 고기를 못 먹습니다.
   Saya tidak bisa makan daging babi.
   사야 띠닥 비사 마깐 다깅 바비.

   Hae Seuk: 시스짜, 이따 저녁에 우리 식사 함께 하기로 했죠?
             삼겹살 먹는 거 괜찮아요?
   Hae Seuk: Sisca, nanti malam kita kan akan makan
             시ㅅ까, 난띠 말람 끼따 깐 아깐 마깐
             bersama? Kalau makan Samgyobsal tidak
             브르사마? 깔라우 마깐 삼겹살 띠닥
             apa-apa?
             아빠-아빠?

   Sisca: 삼겹살은 돼지고기죠?
   Sisca: Samgyobsal itu daging babi ya?
             삼겹살 이뚜 다깅 바비 야?

   Hae Seuk: 네, 그건 돼지고기죠.
             Iya itu daging babi.
             이야 이뚜 다깅 바비.

   Sisca: 어쩌죠 저는 제 종교 금기사항 때문에 돼지고기는
             먹을 수가 없어요.
             Aduh bagaimana ya tapi saya tidak bisa makan
             아두ㅎ 바가이마나 야 따삐 사야 띠닥 비사 마깐
             daging karena larangan agamaku.
             다깅 까르나 라랑안 아가마꾸.

   Hae Seuk: 알겠어요, 알겠어요, 그럼 '회'는요? 신선하고 맛
             있는데요.
             Ok..ok kalau '회' (Hwi) enak lhoo segar.
             오께..오께 깔라우 회   에낙 로ㅎ 스가르.

※ **C2. 회화**
   Percakapan

새로운 단어

- –을/를 데려다주다,
  –을/를 전송하다
  Antar
  안따르

- 간단한 식사
  Makanan sederhana
  마까난 스뜨르하나

- 단순하다
  Sederhana
  스드르하나

- 조금/많다
  Sedikit/Banyak
  스디낏/ 반약

- 일
  Kerjaan
  끄르자안

- 금지령
  Larangan
  라랑안

Bab 08 점심 때 • 51

Sisca: 그거 익히지 않은 생선이죠? 아직 먹어본 적 없는데, 만일 이따가 제가 밥 먹을 때 갑자기 싫다고 해도 화내면 안돼요.
Itu ikan mentah ya? Aku belum pernah coba
이뚜 이깐 믄따ㅎ 야? 아꾸 블룸   쁘르나ㄹ 쪼바
tapi kalau nanti pada waktu makan tiba-tiba
따삐 깔라우 난띠 빠다 왁뚜   마깐   띠바-띠바
aku tidak suka, jangan marah ya.
아꾸 띠닥 수까, 장안   마라ㅎ 야.

Hae Seuk: 알겠어요, 이따가 만일 안 맞으면, 우리 튀겨달라고 말하죠. 됐죠?^^ 신나는데요, 이따가 '회' 먹는거.

Hae Seuk: OK nanti kalau misalnya tidak cocok, kita minta
오케 난띠 깔라우 미살냐   띠닥 쪼쪽, 끼따 민따
digoreng ok. Beres kan?? ^^
디고렝   오케. 베레ㅅ 깐??^^.
Asyiikkk nanti makan '회'
아식   난띠 마깐   "회"

2. 매점에서 함께 식사
Makan bersama di kantin
마깐   브르사마 디 깐띤

N: 최 씨, 자 함께 식사해요. 여기에 앉으세요.
Pak Choi, ayo makan bersama. Silahkan duduk di sini.
빡   최.   아요 마깐   브르사마. 실라ㅎ깐   두둑 디 시니.

C: 감사합니다.
Terima kasih…
뜨리마 까시ㅎ…

O: 그거 뭐에요 최 씨?
Apa itu Bapak Choi?
아빠 이뚜 바빡   최?

C: 오, 이건 불고기에요. 한국음식요. 이건 소고기를 사용했어요. 한번 먹어보세요.
Oh ini Bulgogi..masakan Korea. Ini pakai daging sapi.
오ㅎ 이니 불거기… 마사깐   꼬레아. 이니 빠까이 다깅   사삐.
Silahkan mencoba.
실라ㅎ깐   믄쪼바.

O: 저 먹어볼께요.
Saya coba ya Pak.
사야 쪼바 야 빡.

새로운 단어

- 쌓아 올리다
  Menumpuk
  므눔뿍

- 음식점
  Warung
  와룽

- 식당
  Restoran
  레ㅅ또란

- 회
  Ikan mentah
  이깐 믄따ㅎ

- –아/어 보다
  Lebih
  르비ㅎ

- 이따가
  Nanti
  난띠

- 화나다
  Marah
  마라ㅎ

- 예를들어
  Misalnya/Contohnya
  미살냐/   쫀또ㅎ냐

- 재미있다
  Asyik
  아식

- 사용하다(동사)
  Pakai
  빠까이

C: 드세요, 드세요.
Silahkan silahkan….
실랗깐 실랗깐…

N: 최 씨, 제 음식 좀 먹어보세요. 이거 너무 많아요.
Pak Choi silahkan coba makanan saya. Ini banyak sekali.
빡 최 실랗깐 쪼바 마까난 사야. 이니 반약 스깔리.

C: 그건 뭐에요?
Apa itu?
아빠 이뚜?

N: 이건 나시 짬뿌르하고 박소에요.
Ini nasi campur dan bakso.
이니 나시 짬뿌르 단 박소.

O: 그는 식사할 때 두 그릇 먹어야 해요.
Dia kalau makan harus dua porsi Pak Choi.
디아 깔라우 마깐 하루ㅅ 두아 뽀르시 빡 최.

C: 와, 대단한데요, 저 먹어볼께요, 분명 맛있을 것 같아요.
Wah hebat…saya coba ya..pasti enak.
왛… 헤밧… 사야 쪼바 야…빠ㅅ띠 에낙.

새로운 단어

- 비빔밥
Nasi campur
나시 짬뿌ㄹ

- 량
Porsi/banyaknya/
뽀르시/ 반약냐/
kuantitas
꾸안띠따ㅅ

- 대단하다
Hebat
헤밧

꼭 알아둘 POINT

　인도네시아 패스트푸드 음식점 중 한국말로 바삭바삭한 닭튀김이란 뜻인 'Ayam gorengrenyah'에서 파는 세트메뉴는 한국 돈으로 1500원 정도인 가격으로 햄버거, 감자튀김 그리고 아이스 티를 먹을 수 있다. 그리고 인도네시아에 있는 모든 패스트푸드점에서는 칠리소스가 케첩과 같이 나온다. 그래서 한국으로 관광을 온 인도네시아 사람들이 패스트푸드점에서 칠리소스를 달라고 하는 경우가 많다. 또 한국에서 롯데리아나 KFC처럼 콜라가 리필이 되는 곳이 있지만 인도네시아에서는 콜라 리필이 안된다. 한국 회사인 본촌치킨이라는 곳에서는 치킨이 밥이랑 같이 나온다. 인도네시아에서 생활을 하다가 한국에서 먹던 치킨이 생각이 날 때 본촌치킨으로 가면 먹을수 있다. 한국과 다르게 인도네시아에 있는 몇몇 백화점에서는 푸드코트에서도 음식을 먹으면서 쇼핑몰 구경을 할 수 있게 테이블을 바깥쪽에까지 설치해놨다.

📝 연습문제

1. 저는 도시락 싸 왔어요.
    a. Aku bawa bekal   b. aku tidak bawa bekal   c. Aku sudah kenyang

2. 치킨 시킬까요?
    a. Ayo makan ayam
    b. Bagaimana kalau pesan ayam?
    c. Saya tidak mau makan ayam

3. 패스푸드
    a. Makanan sederhana   b. Makanan sehat   c. Makanan cepat saji

4. 음식점
    a. Kantin   b. Fast food   c. Warung

5. 제가 먹어볼께요.
    a. Saya coba makan ya   b. Saya coba minum ya   c. Saya coba ya

Bab 09 휴식
Waktu Istirahat
왁뚜   이ㅅ띠라핫

1. 좀 쉬어가면서 합시다.
   Ayo istirahat sebentar.
   아요. 이ㅅ띠라핫 스븐따르.

2. 커피나 차 한 잔 할까요?
   Bagaimana kalau kita minum kopi atau teh secangkir?
   바가이마나   깔라우 끼따 미눔   커피 아따우 뗑 스짱끼르?

3. 옥상에 가서 바람 좀 쐬고 올까요?
   Bagaimana kalau kita menghirup udara segar di atap?
   바가이마나   깔라우 끼따 믕히룹   우다라 스가르 디 아땁?

4. 밖에서 담배 같이 피울까요?
   Bagaimana kalau kita merokok di luar sebentar?
   바가이마나   깔라우 끼따 므로꼭   디 루아르 스븐따르?

5. 요즘 카페인을 너무 많이 섭취하는 것 같아요.
   Akhir-akhir ini saya terlalu banyak mengkonsumsi kafein.
   아키르-아키르 이니 사야 뜨를랄루 반약   믕꼰숨시   까페인.

6. 잠깐 쉬었다가 할까요?
   Bagaimana kalau kita istirahat sebentar?
   바가이마나   깔라우 끼따 이ㅅ띠라핫 스븐따르?

7. 잠깐 같이 산책 할까요?
   Bagaimana kalau kita jalan-jalan sebentar?
   바가이마나   깔라우 끼따 잘란-잘란   스븐따르?

8. 담배 한 대 피고 할까요?
   Bagaimana kalau kita merokok?
   바가이마나   깔라우 끼따 므로꼭?

9. 흡연실에서 봅시다.
   Mari bertemu di ruang merokok.
   마리 브르뜨무 디 루앙   므로꼭.

 C1. 문장
Kalimat

새로운 단어

- 휴식
  Istirahat
  이ㅅ띠라핫

- 잠시만
  Sebentar
  스븐따르

- 한잔
  Secangkir/
  스짱끼르/
  Satu cangkir
  사뚜 짱끼르

- 쉬다
  Menghirup(hirup)/
  믕히룹 (히룹)/
  istirahat
  이ㅅ띠라핫

- 담배를 피우다(담배)
  Merokok/rokok
  므로꼭/ 로꼭

- 소비하다(소비)
  Mengkonsumsi/
  믕꼰숨시/
  konsumsi
  꼰숨시

- 걸어 간다
  Berjalan
  브르잘란

- -자/하자
  Mari/Ayo
  마리/ 아요

- 흡연실
  Ruang merokok
  루앙 므로꼭

C2. 회화
Percakapan

10. 그럴까요?/그래요?
    Ayo/Ok
    아요/오케

1. 자, 담배피우러 잠시 나갑시다.
   Ayo keluar merokok sebentar.
   아요 끌루아ㄹ 므로꼭   스븐따ㄹ.

   A: 김정원씨, 바쁘세요?
      Pak Kim Jeong Won, anda sibuk?
      빡 낌 정 원. 안다 시북?

   B: 네, 하지만 거의 끝나가요.
      Ya, tapi hampir selesai?
      야. 따삐 함삐ㄹ 슬르사이?

   A: 우리 잠깐 밖에서 쉴거에요. 같이 갈래요?
      Kami akan istirahat sebentar di luar. Mau ikut?
      까미   아깐   이ㅅ띠라핫 스븐따ㄹ 디 루아ㄹ. 마우 이꿋?

   B: 좋아요.
      Baiklah
      바익라ㅎ

   (밖에서)
   (Di luar 디 루아ㄹ)

   C: 김정원씨, 피우는 거 그거 뭐에요? 담배가 길고 정말 얇은 데요.
      Pak Kim Jeong Won, anda merokok apa itu? Rokoknya
      빡 김 정 원,   안다 므로꼭   아빠 이뚜? 로꼭냐
      kok panjang dan tipis sekali.
      꼭   빤장   단   띠삐ㅅ 스깔리.

   B: 아 이것 한국 담배에요.
      Oh ini rokok Korea.
      오ㅎ 이니 로꼭 꼬레아.

   A: 한국 담배요? 저 하나 피워봐도 될까요.
      Rokok Korea?! Boleh saya coba satu.
      로꼭   꼬레아?! 볼레ㅎ 사야 쪼바 사뚜.

   B: 이거요 피워보세요. 도디 씨도 한 번 피워보세요.
      Ini silahkan. Bapak Dodi silahkan mencoba.
      이니 시라ㅎ깐. 빡   도디 시라ㅎ깐 믄쪼바.

새로운 단어

- 시원한 공기
  Udara segar
  우다라 스가ㄹ

- 산들거리다 바람
  Angin sepoi-sepoi
  앙인   스뽀이-스뽀이

- 마시다
  Meminum
  므미눔

- 바쁘다
  Sibuk
  시북

- 길다×짧다
  Panjang×pendek
  빤짱×   뻰덱

- 얇다×두껍다
  Tipis×tebal
  띠삣× 뜨발

- -하세요
  Silahkan
  실라ㅎ깐

- 드세요
  Silahkan makan
  실라ㅎ깐 마깐

- 앉으세요
  Silahkan duduk
  실라ㅎ깐 두둑

C: 감사합니다. 맛이 다르군요. 맛이 매우 가벼워요.
  Terima kasih. Rasanya berbeda ya..rasanya ringan sekali.
  뜨리마 까시ㅎ. 라사냐 브르베다 야…라사냐 링안 스깔리.

B: 네, 물론이죠 도디 씨 안똔 씨. 니코틴이 인도네시아 담배보다 훨씬 적은데요.
  Ya memang Pak Dodi Pak Anton, nikotinnya jauh lebih rendah daripada rokok Indonesia.
  야 메망 빡 도디 빡 안똔, 니꼬띤냐 자우ㅎ 르비ㅎ 른다ㅎ 다리빠다 로꼭 인도네시아.

2. 가십
   Gosip 고십

A: 로라, 나 머리 아파.
  Pusing aku Laura.
  뿌싱 아꾸 라우라.

B: 왜 그래 양지원?
  Kenapa Yang Ji Won?
  끄나빠 양 지 원?

A: 이야기가 길어. 음, 너 시간 있어 없어?
  Ceritanya panjang. Hmm kamu ada waktu nga?
  쯔리따냐 빤장. 음 까무 아다 왁뚜 응아?

B: 있어. 커피 마시면서 밖에서 얘기할까?
  Ada. Mau bicara di luar sambil minum kopi.
  아다. 마우 비짜라 디 루아ㄹ 삼빌 미눔 꼬피.

A: 응, 고마워 로라.
  Ya. Terima kasih ya Laura.
  야. 뜨리마 까시ㅎ 야 라우라.

새로운 단어

- 소비하다
  Mengkonsumsi
  믕꼰숨시

- 카페인
  Kafein
  카페인

- 가볍다 × 무겁다
  Ringan × berat
  링안 × 브랏

- 낮다 × 높다
  Rendah × tinggi
  른다ㅎ × 띵기

- 짧다 × 크다
  Pendek × tinggi
  뿐다ㅎ × 띵기

- 이야기
  Cerita
  쯔리따

꼭 알아둘 POINT

이 책을 만들기 위해 나는 수라바야에 사는 나의 인도네시아 친구들에게 물어보았다. 근로자들이 쉬는 시간(점심시간에)에 무엇을 하는지 말이다. 놀랍게도 적잖은 수의 친구들로부터 근로자들이 점심시간에 점심을 먹은 후 낮잠을 잔다는 대답을 들었다. 그렇지만 대기업에 다니는 친구들은 점심식사 후에 주로 수다를 떨고 커피를 마시거나 전화를 한다고 말했다.

📝 연습문제

Linda: Ibu Elisa, (1) _____? (바쁘세요)

Elisa: (2) _____ (네, 하지만 거의 끝나가요)

Kenapa? 왜요?

Linda: (3) _____ Saya ada masalah
(이야기가 길어. 저 문제를 생겼어요)

Elisa: Oh ya. Mau bicara di luar sambil minum kopi?
그래요. 커피 마시면서 밖에서 얘기할까?

Linda: (4) _____ (괜찮아요?)

Elisa: Tentu saja. 5 menit lagi saya ke situ.
물론이지요. 5분 후에 거기서 갈게요.

Linda: (5) _____ (감사합니다)

| anda sibuk | Ceritanya pendek | Ya, tapi hampir selesai |
| Terimakasih | Ceritanya panjang | Boleh? |

Bab 10   야근
Lembur
름부르

1. 오늘 야근할 수 있겠어요?
   Hari ini bisa lembur?
   하리 이니 비사 름부르?

2. 네, 오늘 밤에 별일 없습니다.
   Ya. Malam ini saya tidak ada keperluan.
   야. 말람 이니 사야 띠닥 아다 끄쁘르루안.

3. 벌써 3일째 야근이에요.
   Sudah 3 hari lembur terus.
   수다ㅎ 띠가(3) 름부르 뜨루ㅅ.

4. 힘냅시다.
   Semangat.
   스망앗.

5. 퇴근 안 해요?
   Tidak pulang?
   띠닥 뿔랑?

6. 마무리할 업무가 있어서 오늘은 야근합니다.
   Ada kerjaan yang harus saya lakukan. Hari ini harus lembur.
   아다 끄르자안 양 하루ㅅ 사야 라꾸깐. 하리 이니 하루ㅅ 름부르.

7. 요세 안 좋아 보이네요?
   Akhir-akhir ini kelihatannya capai?
   아키르-아키르 이니 끌리하딴냐 짜빠이?

8. 오늘도 밤샘 근무네요.
   Hari ini juga saya harus lembur sampai malam.
   하리 이니 주가 사야 하루ㅅ 름부르 삼빠이 말람.

9. 퇴근 전까지 끝낼 수 있을까요?
   Sebelum pulang bisa selesaikan pekerjaannya?
   스블룸 뿔랑 비사 슬르사이깐 쁘끄르자안냐?

✱ C1. 문장
Kalimat

 새로운 단어

- 야근
  Lembur
  름부르

- 계속해서
  Selanjutnya
  슬란줏냐

- 힘
  Kekuatan
  끄꾸아딴

- 볼 수 있다
  Kelihatan
  끌리하딴

- - 전에
  Sebelum
  스블룸

- - 후에
  Sesudah/setelah
  스수다ㅎ/ 스뜰라ㅎ

새로운 단어

- 밤 까지
  Sampai malam
  삼빠이 말람

- 어렵다
  Sulit/susah
  술릿/ 수사ㅎ

- 메모/메시지
  Memo/Pesan
  메모/ 쁘산

- 시간 외 수당
  Uang lembur
  우앙 름부ㄹ

10. 좀 어려울 것 같은데요.
    Sepertinya agak sulit.
    스쁘르띠냐 아각 술릿.

11. 야식 시켜 먹을까요?
    Bagaimana kalau kita pesan makanan? (Makanan ringan
    바가이마나 깔라우 끼따 쁘산 마까난? (마까난 링안
    malam hari)
    말람 하리)

12. 밤참 좀 먹을까요?
    Bagaimana kalau kita makan? (Makananan ringan malam
    바가이마나 깔라우 끼따 마깐? (마까난 랑안 말람
    hari)
    하리)

13. 네, 좋아요.
    Ok, baiklah.
    오케, 바익라ㅎ.

✱ C2. 회화
Percakapan

1. 또 잔업
   Lembur lagi
   름부ㄹ 라기

   A: 와, 우리 또 잔업해야 할 것 같은데. 전시회 날짜가 거의 다 와가.
      Wah kita sepertinya harus lembur lagi nih.
      와ㅎ 끼따 스쁘르띠냐 하루ㅅ 름부ㄹ 라기 니ㅎ.
      Waktu pameran hampir dekat.
      왁뚜 빠메란 함삐르 데깟.

   B: 네, 모두 일정대로 조직된거지?
      Iya. Apa semua sudah terorganisasi seperti jadwal.
      이야. 아빠 스무아 수다ㅎ 뜨르오르가니사시 스쁘르띠 잣왈.

   A: 응 됐어. 하지만 일은 우리가 다시 확인해야 할 필요가 있지 않을까.
      Iya sudah, tapi perkaranya kita kan perlu mengecek
      이야 수다ㅎ, 따삐 쁘르가라냐 끼따 깐 쁘를루 믕으쩩
      ulang.
      울랑.

   B: 모두 잔업해야 하는 거야?
      Semua harus lembur?
      스무아 하루ㅅ 름부ㄹ?

새로운 단어

- 주문하다(동사)
  Pesan
  쁘산

- 만약
  Kalau
  깔라우

- 전시회
  Pameran
  빠메란

- 관리를 잘하다
  Terorganisasi
  뜨르오르가니사시

- 조직
  Organisasi
  오르가니사시

- 일정/스케줄
  Jadwal
  잣왈

A: 우리 팀만. 왜 너 빨리 퇴근해야 해?
Hanya tim kita saja sih. Kenapa kamu harus cepat-cepat pulang?

B: 나 데이트 약속 있는데.
Gue ada kencan nih.

A: 취소해. 알다시피 시간도 부족하고 대표님께서 너가 먼저 퇴근하면 화 내실 수도 있어.
Batalin saja. Tidak cukup waktunya tahu dan Ibu kepala bisa marah kalau kamu pulang dulu.

2. 잔업비 질문
Menanyakan uang lembur

A: 대표님, 질문드려도 될까요?
Bapak Kepala boleh saya menanyakan sesuatu?

B: 하세요.
Silahkan.

A: 저는 왜 지난 달 제 급여가 계약서에 적힌 급여보다 더 많은지 잘 모르겠어요.
Saya bingung kenapa gajian saya bulan lalu sepertinya lebih banyak daripada yang tertulis di kontrak?

B: 오정완님 매우 열심히 하는 직원이잖아요. 우리 회사에는 잔업비가 있어요. 당신은 정말 자주 늦게 퇴근하고 아침 일찍 오잖아요. 네, 바로 그게 잔업비에요.
Pak Oh Jeong Wan, Anda adalah pekerja yang sangat rajin. Di perusahaan kita ada uang lemburnya. Anda sering sekali pulang telat dan sering datang pagi sekali,

 새로운 단어

- 문제
  Perkara/Masalah
- 확인하다/확인
  Mengecek/cek
- 다시
  Ulang
- 꼭
  Harus
- 야근하다/야근
  Lembur
- 나는/저는
  Gue/saya
- 취소하다(동사)
  Batalin/batalkan
- 쌓아 올리다
  Menumpuk
- 야간
  Agak
- 물어보다
  Menanyakan
- 묻다
  Tanya
- 무엇이
  Sesuatu
- 늦다(동사)
  Telat
- 계약
  Kontrak
- 늦게 퇴근하다/늦게 집에 가다
  Pulang telat

새로운 단어

- 야근비
  Uang lembur
  우앙 름부ㄹ

- -에게
  Untuk
  운뚝

- 피하다(동사)
  Menghindari
  믕힌다리

- 피해(명사)
  Hindar
  힌다리

- 길이 막히다
  Kemacetan
  끄짜마딴

- 막히다
  Macet
  마쩻

- 상승하다
  Menjunjung
  믄준중

- 정직
  Kejujuran
  끄주주란

- 정직하다
  Jujur
  주주ㄹ

- 정말하다
  Sungguh
  숭구ㅎ

nah itu uang lemburnya.
나ㅎ 이뚜 우앙 름부ㄹ냐.

A: 저는 차 막히는 거 피하려고 일찍 온거에요.
Saya datang pagi untuk menghindari kemacetan.
사야 다땅 빠기 운뚝 믕힌다리 끄마쯔딴.

B: 맞아요. 하지만 우리 회사는 정직과 사실을 잘 따라요. 또 질문하고 싶은 거 있나요?
Betul. Tapi perusahaan kita sangat menjunjung sekali
브뚤. 따뻬 쁘루사하안 끼다 상앗 믄준중 스깔리
kejujuran dan kesungguhan.
끄주주란 단 끄숭구한.
Ada lagi yang mau ditanyakan?
아다 아기 양 마우 디딴야깐?

A: 없습니다 대표님. 감사합니다. 저는 계속 잘하도록 노력하겠습니다.
Tidak ada Pak. Terima kasih. Saya akan terus berusaha
띠닥 아다 빡. 뜨리마 까시ㅎ. 사야 아깐 뜨루ㅅ 브루사하
sebaik mungkin.
스바익 뭉낀.

B: 알고 있어요.
Saya tahu.
사야 따후.

꼭 알아둘 POINT

만약 추가근무를 할 경우 추가 수당을 받는 것은 대기업에 일하는 근로자의 경우일 뿐이다. 회사가 중소기업일 경우 그것은 그들의 규정에 따른다. 공식적으로 시간 외 근무는 1.5배 더 받게 되어 있다. 하지만 많은 경우 그것을 청구하지 않는다. 사무직을 위한 추가 수당과 프로젝트를 맡은 사람은 다르다. 프로젝트로 일하는 사람은 주로 사무직보다 더 많은 봉급을 받는다.

연습문제

1. 오늘 야근할 수 있겠어요?
   a. Hari ini bisa lembur?
   b. Hari ini mau beristirahat?
   c. Saya mau tidur

2. 네, 오늘 밤에 별일 없습니다.
   a. Ya. Malam ini saya tidak ada keperluan.
   b. Maaf. Malam ini saya ada keperluan.
   c. Saya pergi ke ruang rapat.

3. 오늘도 밤샘 근무네요.
   a. Hari ini saya harus lembur
   b. Hari ini juga saya harus lembur sepanjang malam
   c. Hari ini saya tidak mau pergi

4. 요새 안 좋아 보이네요?
   a. Akhir-akhir ini kelihatannya cantik?
   b. Akhir-akhir ini kelihatannya capai?
   c. Anda capai?

Bab 11 상품 문의
Permintaan Barang
쁘르민따안   바랑

 C1. 문장
Kalimat

새로운 단어

- 관심을 가지다
  Tertarik
  뜨르따릭

- 제품, 상품
  Barang, produk
  바랑,   쁘로둑

- 하드웨어
  Hardware, perangkat keras
  하드웨어,   쁘랑깟 끄랏

- 회사
  Perusahaan
  쁘루사하안

- 당기다
  Menarik
  므나릭

- 당겨
  Tarik
  따릭

- 좋아하다
  Menyukai/suka
  믄유까이 / 수까

- 팔린다
  Terjual
  뜨르주알

- 팔다
  Jual
  주알

- 기회
  Kesempatan
  끄슴빠딴

1. 어느 제품에 대해 관심을 갖고 계신지 좀 알려 주시겠어요?
   Bisakah anda memberitahu produk mana yang menarik?
   비사까ㅎ 안다 믐브리따후   브로둑 마나 양 므나릭?

2. 우리는 귀사의 하드웨어 제품을 아주 좋아합니다.
   Kami sangat menyukai produk perusahaan hardware.
   까미 상앗   믄유까이   쁘로둑 쁘루사하안   하드웨.

3. 잘 팔릴 전망이 있다고 생각하십니까?
   Apakah Anda tahu barang mana yang akan laris terjual?/
   아빠까ㅎ 안다 따후 바랑   마나 양   아깐 라리ㅅ 뜨르주알?/
   Apakah ada barang yang prospeknya bagus?
   아빠까ㅎ 아다 바랑   양   쁘로ㅅ벡냐   바구ㅅ?

4. 이것은 저희 회사의 상품 문의서인데 좀 보시지요.
   Tolong dilihat, barang-barang ini adalah barang-barang
   똘롱   디리핫,   바랑-바랑   이니 아달라ㅎ 바랑-바랑
   permintaan dari perusahaan kami.
   쁘르민따안   다리 쁘루사하안   까미.

5. 저는 양탄자 생산 회사의 사장님께 소개해 드릴 수 있습니다.
   Saya bisa mengenalkan Anda kepada Kepala Direktur
   사야   비사   믕으날깐   안다 끄빠다 끄빨라 디렉뚜ㄹ
   perusahaan manufaktur karpet.
   쁘루사하안   마누팍뚜ㄹ   까ㄹ뻿.

6. 우리 회사는 여러분의 수공예품에 관심을 많이 갖고 있습니다.
   Perusahaan kami sangat tertarik dengan barang-barang
   쁘루사하안   까미 상앗   뜨르따릭 등안   바랑-바랑
   kerajinan Anda.
   끄라지난   안다.

7. 견본장이 왔습니까?
   Apakah sampelnya sudah sampai?
   아빠까ㅎ 삼쁠냐   수다ㅎ 삼빠이?

8. 이것은 우리 나라의 전통 제품들입니다.
   Berikut adalah barang-barang tradisional negara kami.
   브리꿋   아달라ㅎ 바랑–바랑   뜨라디시오날 느가라 까미.

9. 몇 년 이래 품질이 많이 개선되었습니다.
   Beberapa tahun ini kualitasnya membaik.
   브브라빠   따훈   이니 꾸알리따ㅅ냐 믐바익.

10. 우리는 알아보고 나중에 답변을 드리겠습니다.
    Kami akan mempertimbangkan, keputusannya nanti akan
    까미 아깐 음쁘ㄹ띰방깐,   끄뿌뚜산냐   난띠 아깐
    menyusul.
    믄유술.

11. 우리는 귀사의 직물을 아주 좋아합니다.
    Material perusahaan kami sangat bagus.
    마뜨리알 쁘루사하안   까미 상앗   바구ㅅ.

12. 이것은 다 전에 생산된 특별한 제품들입니다.
    Barang-barang ini semua merupakan produk-produk
    바랑–바랑   이니 스무아 므루빠깐   쁘로둑–쁘로둑
    istimewa yang diproduksi sejak dulu.
    이ㅅ띠메와 양   디쁘로둑시 스작 둘루.

13. 제가 보기에는 이런 종류의 모양이 아주 예쁩니다.
    Menurut saya, jenis seperti ini bentuknya sangatlah indah.
    므누룻   사야, 즈니ㅅ 스쁘ㄹ띠 이니 븐뚝냐   상앗라ㅎ   인다ㅎ.

14. 우리는 귀사의 공급 능력을 알고 싶어요.
    Kami ingin mengetahui kemampuan memasok perusahaan
    까미 잉인 믕으따후이   끄맘뿌안   므마속   쁘루사하안
    ini.
    이니.

15. 손님을 만족시키기 위해서 최선을 다 하겠습니다.
    Saya akan berusaha sebaik mungkin supaya para pelanggan
    사야 아깐 브루사하 스바익 뭉낀   수빠야 빠라 쁠랑간
    puas.
    뿌아ㅅ.

16. 이것은 우리 회사의 모든 제품 견본장입니다.
    Berikut ini merupakan sampel semua barang barang
    브리꿋 이니 므루빠깐   삼쁠   세무아 바랑   바랑
    produksi perusahaan kami.
    쁘로둑시 쁘루사하안   까미.

새로운 단어

- 전망
  Prospek,
  브로ㅅ뻭,
  pemandangan,
  쁘만당안,
  gambaran
  감바란

- 판매, 소비
  Pembelian, konsumsi
  쁨벨리안,   꼰숨시

- 상품 문의서
  Surat permintaan
  수랏 쁘ㄹ민따안
  barang/produk
  바랑/ 쁘로둑

- 다음
  Berikut
  브리꿋

- 몇 개
  Beberapa
  브브라빠

- 고민하다(동사)
  Mempertimbangkan
  음쁘ㄹ띵방깐

- 달다
  Timbang
  띰방

- 결정
  Keputusan
  끄뿌뚜산

- 부터
  Sejak
  스작

- –에 따라
  Menurut/~ tergantung
  므누룻/ ~ 뜨ㄹ간뚱

- 종류
  Jenis
  즈니ㅅ

- 모양
  Bentuk
  븐뚝

- 공급하다
  Memasok
  므마속

- 공급
  Pasokan
  쁘마속

새로운 단어

- 생산(하다)
  Produksi
  쁘로둑시
  (memproduksi)
  (음쁘로둑시)

- 카펫, 양탄자
  Karpet, permadani
  까르뻿/ 쁘ㄹ마다니

- 견본, 샘플
  Contoh, sampel
  쫀또ㅎ/ 삼뻴

- 전통, 전통적
  Tradisional, secara tradisional
  뜨라디시오날/ 스짜라 뜨라디시오날

- 쯤
  Kira-kira
  끼라 끼라

- 명단
  Daftar
  닶따르

- 주다
  Memberi/beri
  음브리/ 브리

- 대답(명사)
  Jawaban
  자와반

- 대답하다(동사)
  Menjawab
  믄자왑

- 장치
  Perangkat
  쁘랑깟

- 인기 많다
  Popular/Terkenal
  뽀뿔라르/ 뜨르끄날

- 알다
  Kenal/Tahu
  끄날/ 따후

- 당장
  Balasan
  발라산

- 빠른 시간에
  Secepatnya
  스쯔빳냐

17. 선생님이 우리 제품의 견본을 보셨지요?
    Bapak/Ibu guru, apakah sudah melihat sampel barang kami?
    바빡/이부 구루, 아빠까ㅎ 수다ㅎ 믈리핫 삼뻴 바랑 까미?

18. 우리는 귀사의 불도저를 아주 좋아합니다.
    Buldozer perusahaan kami sangat bagus.
    불도저 쁘루사하안 까미 상앗 바구ㅅ.

19. 이런 불도저의 총 중량이 얼마입니까?
    Buldozer seperti ini kira-kira beratnya berapa?
    불도저 스쁘르띠 이니 끼라-끼라 브랏냐 브라빠?

20. 이것은 우리 상품 문의서입니다.
    Ini adalah daftar permintaan produksi kami.
    이니 아달라ㅎ 닶따르 쁘르민따안 쁘로둑시 까미.

21. 우리는 일찍 화답해 드리겠습니다.
    Kami akan segera memberi jawaban.
    까미 아깐 스그라 음브리 자와반.

22. 어느 제품에 대해 관심을 갖고 계신지 좀 알려 주시겠어요?
    Bisakah Anda memberi tahu kami produk mana yang Anda sukai?
    비사까ㅎ 안다 음브리 따후 까미 쁘로둑 마나 양 안다 수까이?

23. 여기에 서명을 해 주세요.
    Tolong tanda tangan disini.
    똘롱 딴다 땅안 디시니.

24. 사장님을 좀 기다려 주세요.
    Tolong menunggu bos sebentar.
    똘롱 므눙구 보ㅅ 스븐따르.

25. 우리는 당신 회사의 하드웨어 제품을 아주 좋아합니다.
    Kami sangat menyukai perangkat keras perusahaan Anda.
    까미 상앗 믄유까이 쁘랑깟 끄라ㅅ 쁘루사하안 안다.

26. 이 상품은 매우 인기있어요.
    Produk ini sangat popular.
    쁘로둑 이니 상앗 뽀뿔레르.

27. 여러분, 안녕하십니까
    (Selamat pagi/selamat siang/selamat sore) saudara semuanya
    (슬라맛 빠기/슬라맛 시앙/슬라맛 소레) 사우다라 스무아냐

28. 당신에게 최대한 빨리 회신해 드리겠습니다.
    Kami akan memberi balasan secepatnya.
    까미 아깐 믐브리 발라산 스쯔빳냐.

29. 내일 안에 의견을 알려드리겠습니다.
    Kami akan memberikan opini kami besok.
    까미 아깐 믐브리깐 오삐니 까미 베속.

1. 전시품과 제품 목록을 본 후에 김용관에게 상품 문의서를 전달했다.
   Setelah melihat display produknya berikan surat permintaan
   스뜰라ㅎ 믈리핫 디스프레이 쁘로둑냐 브리깐 수랏 쁘르민따안
   barangnya ke Bapak Kim Yong Gwan.
   바랑냐 끄 바빡 김 용 관.

   A: 김선생님께서 우리 제품을 보셨는데요.
   Bapak Kim telah melihat produk kami.
   바빡 김 뜰라ㅎ 믈리핫 쁘로둑 까미.

   어느 제품에 대해 관심을 갖고 계신지 좀 알려 주시겠어요?
   Bisa anda beritahu produk mana yang Anda minati?
   비사 안다 브리따후 쁘로둑 마나 양 안다 미나띠?

   우리는 귀사의 하드웨어 제품을 아주 좋아합니다.
   Produk (hardware/perangkat keras) perusahaan kami
   쁘로둑 (하드웨어/ 쁘랑깟 끄라ㅅ) 쁘루사하안 까미
   sangatlah bagus.
   상앗라ㅎ 바구ㅅ.

   B: 잘 팔릴 전망이 있다고 생각하십니까?
   Apakah menurut Anda barang ini akan laris?/
   아빠까ㅎ 므누룻 안다 바랑 이니 아깐 라리ㅅ?/
   Apakah menurut Anda prospek barang ini bagus?
   아빠까ㅎ 므누룻 안다 쁘로ㅅ뻭 바랑 이니 바구ㅅ?

   A: 예, 전망이 아주 좋습니다.
   Ya, prospeknya sangat bagus.
   야, 쁘로ㅅ뻭냐 상앗 바구ㅅ.

   이것은 저희 회사의 상품 문의서인데 좀 보시지요.
   Coba lihat ini adalah surat permintaan barang
   쪼바 리핫 이니 아딜라ㅎ 수랏 쁘르민따안 바랑
   perusahaan kami.
   쁘루사하안 까미.

C2. 회화
Percakapan

새로운 단어

- 개선하다
  Menjadi lebih baik,
  믄자디 르비ㅎ 바익
  membaik
  믐바익

- 질, 품질
  Kualitas
  꾸알리따ㅅ

- 작물
  Tanaman, tumbuhan
  따나만, 뚬부한

- (상품) 종목
  Barang
  바랑

- 모양
  Bentuk, pola
  븐뚝, 뽈라

- 의견
  Opini
  오삐니

- 디스플레이
  Display
  디―쁠라이

- 관심 있다
  Minati
  미나띠

- 관심
  Minat
  민따

- ―에 따라
  Menurut
  므누룻

Bab 11 상품 문의 • 67

새로운 단어

- 공급 능력
  Kemampuan pasokan
  끄맘뿌안   빠소깐

- 최대 노력
  Usaha terbesar
  우사하 뜨르브사르

- 손님을 만족시키다
  Untuk membuat
  운뚝 음부앗
  pelanggan puas
  쁠랑간   뿌아ㅅ

- 듣기로는
  Lewat mendengar
  르왓   믄등아르

- 기중기, 크레인
  Truk derek,
  뜨룩 데렉,
  truk dongkrak
  뜨룩 동그락

- 도와주다
  Membantu
  음반뚜

- 도움
  Bantu
  반뚜

- 동료
  Rekan
  르깐

- 소개하다
  Memperkenalkan
  음쁘르끄날깐

- 이번에
  Kali ini
  깔리 이니

A: 저는 이번에 와서 역시 한국 써니백화점 대신에 주문하겠습니다.
Pada kunjungan kali ini saya memesan di Mall Soni-
빠다   꾼중안   깔리 이니 사야 므므산   디 말   소니-
Korea.
꼬레아.

그들은 스마트라 양탄자에 대한 관심이 있습니다.
Orang-orang tertarik karpet Sumatra.
오랑-오랑   뜨르다릭 까르뻿 수마뜨라.

우리가 파트너와 연락할 수 있도록 도와 주실 수 있습니까?
Apakah Anda dapat membantu saya untuk menghubungi
아빠까ㅎ 안다 다빳 음반뚜   사야 운뚝 믕후붕이
rekan saya?
르깐   사야?

B: 물론이지요.
Tentu saja.
뜬뚜   사자.

저는 양탄자 생산 회사의 사장님께 소개해 드릴 수 있습니다.
Saya bisa memperkenalkan Anda ke bos perusahaan
사야 비사 음쁘르끄날깐   안다 끄 보ㅅ 브루사하안
karpet.
까르뻿.

A: 대단히 감사합니다.
Terima kasih banyak.
뜨리마   까시ㅎ 반약.

2. 이성준 씨는 발리에 가서 한국에 수입하기 위한 직물을 찾고 있다.
Bapak Lee Seong Jun pergi ke Bali mencari kain untuk
바빡   이 성   준 쁘르기 끄 발리 믄짜리   까인 운뚝
diimpor ke Korea.
이임뽀르 끄 꼬레아.

A: 이성준씨, 이번에 발리에 와서 어떤 제품을 찾고 있습니까?
Bapak Lee Seong Jun, kali ini Anda pergi ke Indonesia
바빡   이 성   준. 깔리 이니 안다 쁘르기 끄 인도네시아
untuk mencari produk apa?
운뚝   믄짜리   쁘로둑 아빠?

우리는 귀사의 직물을 아주 좋아합니다.
(Fabrik/Material) perusahaan kami sangat bagus.
(파브릭/ 마테리알)   쁘루사하안   까미 상앗 바구ㅅ.

마음에 든 제품을 찾을 수 있기 바랍니다.
Saya harap ada produk yang cocok bagi Anda.
사야 하랍 아다 쁘로둑 양 쪼쪽 바기 안다.

카탈로그와 샘플이 여기에 있습니다.
Ini katalog dan sampelnya.
이니 까딸록 단 삼뻴냐.

이것은 다 여기서 생산된 특별한 제품들입니다.
Semua ini adalah produk-produk istimewa yang di
스무아 이니 아달라ㅎ 쁘로둑–쁘로둑 이ㅅ띠메와 양 디
produksi di sini.
쁘로둑시 디 시니.

B: 제가 보기에는 이런 종류의 모양이 아주 예쁩니다.
Menurut saya pola macam ini sangat cantik.
므누룻 사야 뽈라 마짬 이니 상앗 짠띡.

A: 기재하기 위해서 제품 번호를 알려 주십시오.
Untuk pencatatan tolong urutkan nomor produk.
운뚝 쁜짜따딴 똘롱 우룻깐 노몰 쁘로둑.

B: 0306, 1809 그리고 0210
0306,1809 dan 0210
놀 띠가 놀 으남(0306),사뚜 들라빤 놀 슴빌란(1809) 단 놀 두아 스뿔루ㅎ(0210)

A: 모두 3가지 맞지요?
Semuanya ada 3 macam benar, kan?
스무아냐 아다 띠가(3) 마짬 깐?

B: 맞습니다.
Benar.
브나르.

우리는 귀사의 공급 능력을 알고 싶습니다.
Kami ingin mengetahui kemampuan pasokan di
까미 잉인 믕으따후이 끄맘뿌안 빠소깐 디
perusahaan ini.
쁘루사하안 이니.

A: 이것은 특별한 제품이기 때문에 생산량이 많지 않습니다.
Karena ini produk (istimewa/spesial), jadi jumlah
까르나 이니 쁘로둑 (이ㅅ띠메와/스뻬시알), 자디 줌라ㅎ
produksinya tidak banyak.
쁘로둑시냐 띠닥 반약.

 새로운 단어

- 톤
 Ton
 똔

- 이상
 Lebih
 르비ㅎ

- 부합하다, 적합하다
 Berpadanan, sesuai/
 브르빠다난, 세수아이/
 cocok, mencocokkan
 쪼쪽, 믄쪼쪼깐

- 규격
 Membias, folio
 믐비아ㅅ, 폴리오

- 불도저
 Bulldozer
 불도저

- 총중량
 Berat kotor
 브랏 꼬또르

- 카탈로그
 Katalog
 까딸록

- 특별(명사)/특별하다(동사)
 Istimewa
 이ㅅ띠메와

- 생산(명사)/생산하다(동사)
 Produksi
 쁘로둑시

- 무늬
 Pola
 뽈라

- 종류
 Macam
 마짬

- 기록하다
 Mencatat
 믄짜땃

- 기록
 Pencatatan
 쁜짜따딴

새로운 단어

- -하다
  Melaksanakan/
  믈락사나깐/
  Melakukan
  믈라꾸깐

- 최선으로
  Dengan sekuat tenaga/
  등안   스꾸앗 뜨나가/
  Sebaik mungkin
  스바익 뭉낀

그렇지만 손님을 만족시키기 위해서 최선을 다 하겠습니다.
Akan tetapi agar memuaskan para pelanggan akan saya
아깐   뜨따삐   아가르 므무아ㅅ깐   빠라 쁠랑간.   아깐 사야
laksanakan sekuat tenaga.
락사나깐   스꾸앗 뜨나가.

B: 감사합니다.
Terima kasih.
뜨리마 까시ㅎ.

꼭 알아둘 POINT

보급회사에서 상품 수요는 소비자가 결정한다. 일반적으로 상품/물품 수요는 이메일이나 전화 또는 팩스를 통해 결정된다. 그러나 상품 수요는 또한 각 상품의 외판원을 통해서 결정되기도 한다. 판매원과 소비자가 상품의 사양에 대해서 협의(말과 글로)한 후, 판매원은 계획파트나 계획분과 사람들에게 창고에 재고품이 있는지에 요청하고 소비자에게 정보를 제공하는 과정을 통해서이다. 광산업이나 석유, 가스 같은 큰 회사에서 소비자는 공급자에게 상품 수요의 첨부증거로서 자재 요청서(MR)를 발행한다. 자재 요청서를 받은 이후, 이 절차는 계획파트와 계획분과에서 계속 진행한다. 만약, 창고에 상품의 재고가 있다면 계획팀 직원은 판매원에게 상품이 준비되어 있다는 정보를 줄 것이다. 그리고 그 후, 판매 분과에서 소비자에게 가격책정을 하는 단계가 있을 것이다.

연습문제

1. 우리 회사는 여러분의 수공예품에 관심을 많이 갖고 있습니다.
   a. Perusahaan kami sangat tertarik dengan barang-barang kerajinan anda.
   b. Perusahaan kami tidak tertarik dengan barang-barang kerajinan anda.
   c. Perusahaan kami sangat tertarik dengan produk-produk anda.

2. 견본장이 왔습니까?
   a. Apakah sampelnya sudah sampai?
   b. Sampelnya sudah sampai.
   c. Sampelnya belum sampai.

3. 우리는 당신 회사의 하드웨어 제품을 아주 좋아합니다.
   a. Kami sangat menyukai perangkat keras perusahaan anda.
   b. Kami sangat menyukai perangkat keras perusahaan PT. ABC.
   c. Kami kurang menyukai perangkat keras perusahaan anda.

4. 이 상품은 매우 인기 있어요.
   a. Produk ini sangat popular.
   b. Produk ini mulai popular.
   c. Produk ini kurang popular.

5. 내일 안에 의견을 알려드리겠습니다.
   a. Kami akan memberikan opini kami besok
   b. Kami akan memberikan opini kami besok lusa.
   c. Kami akan mengirim email besok.

Bab 12

가격 제공
Pemberian harga
쁨브리안   하르가

 C1. 문장
Kalimat

새로운 단어

- 가격 제공
  Penawaran harga
  쁘나와란   하르가

- 가격표
  Daftar harga
  닾따르 하르가

- 최신
  Terbaru
  뜨르바루

- 경쟁, 경쟁력
  Berkompetisi,
  브르꼼뻬띠시,
  kemampuan
  끄맘뿌안
  berkompetisi
  브르꼼뻬띠시

- 운임 보험료 포함 가격
  Harga termasuk
  하르가 뜨르마숙
  prangko asuransi
  브랑꼬   아수란시

- 최근
  Terbaru
  뜨르바루

- 새로운(명사)
  Baru
  바루

- 충분하다(동사)/충분히
  (명사)
  Cukup
  쭈꿉

- 경쟁력이 높다
  Sangat kompetitif
  상앗   꼼뻬띠띺

1. 우리가 관심을 가지고 있는 제품에 대한 가격을 알려 주십시오.
   Tolong beri tahu harga produk yang kami sukai.
   똘롱   브리따후 하르가 쁘로둑 양   까미 수까이.

2. 이것은 우리의 최신 가격표입니다.
   Ini daftar harga terbaru kami.
   이니 닾따르 하르가 뜨르바루 까미.

3. 우리 가격은 아주 경쟁적입니다.
   Harga kami cukup kompetitif.
   하르가 까미   쭈꿉   꼼뻬띠띺.

4. 알려 주신 가격은 모두 다 운임 보험료 포함 가격이지요?
   Harga yang Anda beritahu sudah termasuk asuransi, kan?
   하르가 양   안다 브리따후 수다ㅎ 뜨르마숙   아수란시, 깐?

5. FOB가격도 알려 주시기 바랍니다.
   Tolong beritahu harga FOB juga.
   똘롱   브리따후   하르가 엪오베 주가.

6. 이런 종류들은 다 신제품입니까?
   Apakah jenis-jenis seperti ini semua produk baru?
   아빠까ㅎ 즈니스-즈니스 스쁘르띠 이니 스무아 쁘로둑 바루?

7. 그렇지만 이것은 다 잘 팔리는 상품이에요.
   Akan tetapi, semua ini sangat laris.
   아깐   뜨따삐, 스무아 이니 상앗   라리스.

8. 이런 제품들의 모양은 앞으로 세계 시장에서 유행해질 겁니다.
   Produk-produk seperti ini kedepannya akan sangat
   쁘로둑-쁘로둑   스쁘르띠 이니 끄드빤냐   아깐   상앗
   popular di pasar internasional.
   뽀뿌레르 디 빠사르 인떼르나시오날.

9. 가격을 먼저 알려 주셔야 우리는 결정할 수 있습니다.
   Beritahu harganya terlebih dahulu baru kami bisa memilih.
   브리따후 하르가냐   뜨르레비ㅎ 다훌루 바루 까미 비사 므밀리ㅎ.

10. 우리가 주문할 수량은 선생님 쪽의 가격에 달려 있습니다.
 Ada perbedaan harga antara jumlah yang kami pesan dan
 아다 쁘ㄹ베다안 하ㄹ가 안따라 줌라ㅎ 양   까미 쁘산 단
 jumlah yang saudara pesan.
 줌라ㅎ 양   사우다라 쁘산.

11. 가격을 알려 드릴 수 있도록 필요하신 수량을 말씀해 주시지요.
 Agar harganya dapat (keluar/diputuskan) tolong beritahu
 아가ㄹ 하ㄹ가냐 다빳 (끌루아ㄹ/디뿌뚜ㅅ깐) 똘롱 브리따후
 jumlah yang dibutuhkan.
 줌라ㅎ 양   니부뚜ㅎ깐.

12. 먼저 대충 가격에 대해 말씀해 주십시오.
 Tolong beritahu terlebih dahulu harga kisaran barang.
 똘롱   브리따후 뜨ㄹ레비ㅎ 다훌루 하ㄹ가 끼사란   바랑.

13. 이것은 최저 가격이지요?
 Ini harga yang paling rendah, kan?/Ini harga yang paling
 이니 하ㄹ가 양   빨링   른다ㅎ. 깐?/ 이니 하ㄹ가 양   빨링
 bagus, kan?
 바구ㅅ, 깐?

14. 그렇지만 최종 가격은 제가 결정하겠습니다.
 Tetapi saya yang akan menentukan harga (finalnya/
 뜨따삐 사야 양   아깐 므느뚜깐   하ㄹ가 (피날냐/
 terakhirnya).
 뜨라키ㄹ냐).

15. 늦어도 오늘 저녁에 가격 계산을 마무리 하겠습니다.
 Meskipun terlambat malam ini saya akan selesaikan
 므ㅅ끼뿐 뜨ㄹ람밧 말람 이니 사야 아깐 슬르사이깐
 menghitung harganya.
 믕히뚱   하ㄹ가냐.

16. 내일 아침에 선생님 쪽의 가격표를 받을 수 있으면 좋겠습니다.
 Saya berharap besok pagi saya bisa mendapatkan daftar
 사야 브ㄹ하랍 베속 빠기 사야 비사 믄다빳깐   닾따ㄹ
 harga saudara.
 하ㄹ가 사우다라.

17. 선생님의 가격표는 며칠까지 유효합니까?
 Sampai kapan masa berlaku daftar harga saudara?
 삼빠이 까빤   마사 브ㄹ라꾸 다ㅍ따ㄹ 하ㄹ가 사우다라?

새로운 단어

- 본선 인도 가격
 Harga FOB
 하ㄹ가 엪오베
- 신제품
 Produk baru
 쁘로둑 바루
- 잘 팔리는 상품
 Produk yang laris
 쁘로둑 양 라리ㅅ
- 유행(하다)
 Popular
 뽀뿔레ㄹ
- 세계 시장
 Pasar dunia
 빠사ㄹ 두니아
- 차이
 Perbedaan
 쁘ㄹ베다안
- 따르다
 Beda
 베다
- - 에 중에서
 Di antara
 디 안따라
- 수
 Jumlah
 줌라ㅎ
- 결정하다
 Memutuskan
 므무뚜ㅅ깐
- 자르다
 Putus
 뿌뚜ㅅ
- 필요로 하다
 Dibutuhkan
 디부뚜ㅎ깐
- 필요하다
 Butuh/Membutuhkan
 부뚜ㅎ/ 믐부뚜ㅎ깐
- 대략
 Kisaran
 끼사란

새로운 단어

- 수량
  Jumlah
  줌라ㅎ

- -에 달려 있다
  ... ada perbedaan
  ...아다 쁘르베다안

- 대부분
  Sebagian besar
  스바기안 브사르

- 최저
  Paling rendah
  빨링 른다ㅎ

- 개산 가격
  Harga kasar
  하르가 까사르

- 변화(명사)/변화하다(동사)
  Variasi
  바리아시

- 개채
  Seunit
  스우닛

- 적당하다/나쁘지 않다
  Lumayan
  루마얀

- -가격(명사)
  Seharga
  스하르가

- 토론하다
  Berdiskusi
  브르디스꾸시

---

18. 선생님 쪽의 가격이 적당하면 우리는 바로 주문하기로 하겠습니다.
    Kami akan segera memesan bila daftar harga saudara cocok.
    까미 아깐 스그라 므므산 빌라 닾따르 하르가 사우다라 쪼쪽.

19. 가격 변동이 있습니까?
    Ada variasi harga?
    아다 바리아시 하르가?

20. 이 모양의 가격은 작년에 비해 차이가 없습니다.
    Harga pola ini jika dibandingkan dengan tahun lalu tidak
    하르가 뽈라 이니 지까 디반딩깐   등안 따훈 랄루 띠닥
    ada perbedaan harga.
    아다 쁘르베다안 하르가.

21. 내일 아침에 주문량을 알려 드리겠습니다.
    Kami akan beritahukan jumlah yang akan dipesan besok
    까미 아깐 브리따후깐 줌라ㅎ 양 아깐 디뻬산 베속
    pagi.
    빠기.

22. 그렇지만 이것은 다 잘 팔리는 상품이에요.
    Tetapi ini sangat laris terjual.
    뜨따삐 이니 상앗 라리스 뜨르주알.

23. 이 상품의 가격은 한 개에 5,000원이에요.
    Harga seunit barang ini 5000 won.
    하르가 스우닛 바랑 이니 리마리부(5,000) 원.

24. 그것은 1킬로에 100,000 루피아에요.
    1 kilogramnya seharga 100.000 Rp.
    사뚜(1)낄로그람냐 스하르가 스라뚜스 리부 루피아.

✱ C2. 회화
Percakapan

1. 두 사람이 가격 제공에 대해 이야기하고 있습니다.
   Ada dua orang sedang berdiskusi mengenai harga
   아다 두아 오랑 스당 브르디스꾸시 믕으나이 하르가
   penawaran.
   쁘나와란.

   A: 우리가 관심을 가지고 있는 제품에 대한 가격을 좀 알려 주십시오.
   Tolong beritahu kami harga barang yang saudara sukai.
   똘롱 브리따후 까미 하르가 바랑 양 사우다라 수까이.

이것은 우리의 최신 가격표입니다.
Ini adalah harga terbaru kami.
이니 아달라ㅎ 하르가 뜨르바루 까미.

B: 이번 가격은 어떻습니까?
Harga kali ini bagaimana?
하르가 깔리 이니 바가이마나?

A: 우리 가격은 아주 경쟁적입니다.
Harga kami sangat kompetitif.
하르가 까미 상앗 꼼뻬띠띺.

B: 알려 주신 가격은 모두 다 운임 보험료 포함 가격이지요?
Semua harga yang diberitahu sudah termasuk asuransi,
스무아 하르가 양 디브리따후 수다ㅎ 뜨르마숙 아수란시,
kan?
깐?

A: 맞습니다.
Benar.
브나르.

B: FOB 가격도 알려 주시기 바랍니다.
Tolong beritahu harga FOB juga.
똘롱 브리따후 하르가 엪오베 주가.

A: 좋습니다. 잠시만 기다려 주십시오.
Baik. Mohon tunggu sebentar.
바익. 모혼 뚱구 스븐따르.

2. 주문량을 결정하기 위해서 거래처가 심연대 팀장님한테 가격 제공을 제안했다.
Untuk memutuskan jumlah barang yang dipesan,
운뚝 므무뚜ㅅ깐 줌라ㅎ 바랑 양 디쁘산.
pelanggan dianjurkan untuk meminta pendapat Bapak
블랑간 디안주르깐 운뚝 므민따 쁜다빳 바빡
Manajer Sim Yeon Dae mengenai harga penawaran.
메네저 심 연 대 믕으나이 하르가 쁘나와란.

A: 심연대 팀장님, 이런 종류들은 다 신제품입니까?
Bapak Manajer Sim Yeon Dae, barang-barang model ini
바빡 메네저 심 연 대, 바랑-바랑 모델 이니
barang barukah?
바랑 바루까ㅎ?

새로운 단어

- 최저 가격(↔최고 가격)
  Harga terendah
  하르가 뜨른다ㅎ

- 최종 가격
  Harga terakhir
  하르가 뜨라키르

- 가장 늦은
  Paling telat
  빨링 뜰랏

- 유효
  Tanggal akhir
  땅갈 아키르

- 합리적이다
  Rasional
  라시오날

- 주문하다
  Memesan
  므므산

- 끊기다
  Terputus
  뜨르뿌뚜ㅅ

- 제안하다
  Menganjurkan
  믕안주르깐

- 제안
  Anjuran/Nasehat
  안주란/ 나세핫

- 의견
  Pendapat/Opini
  쁜다빳/ 오삐니

- 모델
  Model
  모델

B: 아닙니다.
　　Bukan.
　　부깐.

　　그렇지만 이것은 다 잘 팔리는 상품이에요.
　　Akan tetapi barang ini sangat laris.
　　아깐 뜨따삐 바랑　이니 상앗　라리ㅅ.

A: 가격을 먼저 알려 주셔야 우리는 결정할 수 있습니다.
　　Jika harganya diberitahu terlebih dahulu, kami bisa
　　지까 하르가냐　디브리따후 뜨르레비ㅎ 다훌루. 까미　비사
　　memilih.
　　므밀리ㅎ.

B: 주문하실 수량은 대략 얼마인지 알려 주시지요.
　　Tolong beritahu jumlah kisaran barang yang dipesan.
　　똘롱　　브리따후 줌리ㅎ 끼사란　바랑　양　디쁘산.

A: 좋습니다.　바로 알려 드리겠습니다.
　　Baiklah.　　Segera akan saya beritahu.
　　바익라ㅎ.　스그라 아깐 사야 브리따후.

3. 거래처가 김한숭 팀장님에게 최저 가격을 알려 주기를 요구했다.
　　Pelanggan meminta harga yang terendah kepada Bapak
　　쁠랑간　　　므민따　하르가 양　뜨른다ㅎ　끄빠다　바빡
　　Manajer Kim Han Sung.
　　마나저　김　한　숭.

A: 김한숭 팀장님, 이것은 우리의 상품 문의서입니다.
　　Bapak Manajer Kim Han Sung, ini surat permintaan
　　바빡　마나저　김　한　숭.　이니 수랏 쁘르민따안
　　produk kami.
　　쁘로둑 까미.

B: 감사합니다.
　　Terima kasih.
　　뜨리마 까시ㅎ.

A: 먼저 대충 가격에 대해 말씀해 주십시오.
　　Tolong beritahu harga kisarannya.
　　똘롱　　브리따후 하르가 끼사란냐.

B: 이것은 우리의 가격표입니다.
　　Ini daftar harga kami.
　　이니 닾따르 하르가 까미.

 새로운 단어

- 가격
  Harga
  하르가

- 변경(하다)
  Merubah
  므루바ㅎ

- 대량
  Jumlah besar
  줌라ㅎ 브사르

- 화폐 단위
  Mata uang
  마따 우앙

- 미화 USD
  (Amerika) Dollar
  (아메리까) 돌라
  amerika
  아메리까

- 유로화
  Euro
  에우로

- 낮은
  Rendah
  른다ㅎ

- 가격 목록
  Daftar harga
  닾따르 하르가

A: 최저 가격이지요?
Ini harga yang paling rendah?
이니 하르가 양   빨링   른다ㅎ?

B: 맞습니다.
Benar.
브나르.

4. 거래처가 에게 빨리 가격을 알려 주기를 요구했다.
Pelanggan meminta daftar harga secepatnya.
쁠랑간   므민따   닾따르 하르가 스쯔빳냐.

A: 김한숭 팀장님, 언제 귀사의 CIF 최저 가격을 받을 수 있어요?
Bapak Manajer Kim Han Sung, kapan bisa dapat harga terendah di perusahaan CIF?
바빡   마나저 김 한 숭,   까빤   비사 다빳 하르가 뜨른다ㅎ 디 쁘루사하안 쩨이엪?

B: 늦어도 오늘 저녁에 가격 계산을 마무리 하겠습니다.
Telat pun malam ini akan saya selesaikan perhitungan harganya.
뜰랏 뿐 말람   이니 아깐 사야 슬르사이깐   쁘르히뚱안
하르가냐.

내일 아침에 바로 알려 드리겠습니다.
Besok pagi akan saya beritahu segera/Saya akan beritahu segera besok pagi.
베속   빠기 아깐 사야 브리따후 스그라/ 사야 아깐
브리따후 스그라 베속   빠기.

A: 좋습니다.
Baik.
바익.

내일 아침에 선생님 쪽의 가격표를 받을 수 있으면 좋겠습니다.
Saya harap kami bisa mendapat daftar harga dari saudara besok pagi.
사야 하랍   까미 비사 믄다빳   닾다르 하르가 다리
사우다라 베속   빠기.

저는 그렇게 확실합니다.
Saya yakin.
사야 야낀.

새로운 단어

- 마무리하다
  Menyelesaikan
  믄옐르사이깐

- 끝나다
  Selesai
  슬르사이

- 계산
  Perhitungan
  쁠히뚱안

- 셈을 하다
  Hitung/Menghitung
  히뚱/   릉히뚱

- 답장/바로
  Segera
  스그라

- 확실하다
  Yakin
  야낀

새로운 단어

- (캐나다) 달러 CAD
  (Kanada) Dollar
  (카나다) 돌라
  Kanada
  카나다

- (인도네시아) 루피아
  (Rp)
  (Indonesia) Rupiah
  (인도네시아) 루피아ㅎ
  (Rp)
  (에르뻬)

- 엔 JPY
  (Jepang) yen
  (즈빵) 엔

- (한국) 원 KRW
  (Korea) Won
  (꼬레아) 원

- (베트남) 동 VND
  (Vietnam) dong
  (베트남) 동

- 확인하다
  monitor
  모니또르

- 기간
  Jangka waktu
  장까 왁뚜

A: 김한숭 팀장님 의 가격표는 며칠 안에 유효합니까?
Daftar harga Bapak Manajer Kim Han Sung berlaku
닦따르 하르가 바빡 마나저 김 한 숭 브르라꾸
untuk berapa hari?
운뚝 브라빠 하리?

B: 5일 안에 유효합니다.
Berlaku untuk 5 hari.
브르라꾸 운뚝 리마(5) 하리.

A: 김한숭 팀장님 쪽의 가격이 적당하면 우리는 바로 주문하겠습니다.
Jika harga Bapak Manajer Kim Han Sung sesuai, kami
지까 하르가 바빡 마나저 김 한 숭 스수아이, 까미
akan segera memesannya.
아깐 스그라 므므산냐.

5. 계속 주문하기 위해서 거래처가 정사장에게 가격에 대해 질문하고 있습니다.
Pelanggan bertanya mengenai harga kepada (Bos/Bapak
쁠랑간 브르딴야 믕으나이 하르가 끄빠다 (보ㅅ/바빡
Kepala Direktur) Jong untuk memesan.
끄빨라 디렉뚜르) 정 운뚝 므므산.

A: 정사장님, LCD 모니터를 계속 주문하고 싶습니다.
Bos Jong, saya ingin memesan LCD monitor sampai
보ㅅ 정, 사야 잉인 므므산 엘씨디 모니또르 삼빠이
jangka waktu yang lama.
장까 왁뚜 양 라마.

가격 변동이 있는지요?
Ada perbedaan harga, tidak?
아다 쁘르베다안 하르가, 띠닥?

B: 실례지만 어떤 모델을 원하십니까?
Maaf, anda ingin model yang seperti apa?
마앞, 안다 잉인 모델 양 스쁘르띠 아빠?

A: 모델 S0210G요.
Model S0210.
모델 에ㅅ 꼬송 두아 사뚜 꼬송(S0210).

꼭 알아둘 POINT

이 책을 위해, 나는 수라바야에 사는 나의 인도네시아 친구들에게 물어보았다. 그들은 내게 세일이나 할인에 집착하는 사람들에 대해 말해 주었다. 예를 들어 그곳에 한 회사에서 나온 같은 품질의 2개의 아이템이 있다고 하자. 하나는 100만 루피아이고 다른 것은 200만 루피아에서 50%로 할인을 해서 100만 루피아가 된 경우이다. 그들은 그것이 같은 가격일지라도 할인되어 가격이 낮아진 쪽을 선택할 것이다. 그리고 인도네시아 소비자들이 매우 좋아하는 것은 1+1이나 2개의 옷을 사면 사진관 쿠폰을 주는 것 같은 판촉행사이다. 이런 이유로 인해 인도네시아에서는 많은 할인/쿠폰/포인트적립이 있는 것을 전 지역에 걸쳐서 볼 수 있다.

연습문제

A: Bapak Manajer Kim Han Sung, ini (1) _____ kami.
김한숭 팀장님, 이것은 우리의 상품 문의서입니다.

B: (2) _____
감사합니다.

A: Tolong beritahu (3) _____ nya
먼저 대충 가격에 대해 말씀해 주십시오.

B: Ini (4) _____ kami
이것은 우리의 가격표입니다.

A: Ini (5) _____ ?
최저 가격이지요?

B: Benar.
맞습니다.

| harga yang paling rendah | harga kisaran | Terima kasih |
| surat permintaan produk | daftar harga | Harga paling tinggi |

Bab 12 가격 제공 • 79

Bab 13

가격 상담
Berkonsultasi Mengenai Harga
브르꼰술따시 믕으나이 하르가

✻ C1. 문장
Kalimat

 새로운 단어

- 가격이 높다
  Harganya tinggi
  하르가냐 띵기

- 커피
  Kopi
  코삐

- 많이 증가하다
  Banyak peningkatan
  반약 쁘닝까딴

- 상당히 합리적이다
  Cukup rasional
  쭈꾭 라시오날

- 시장
  Pasar
  빠사르

- 비교되다
  Dibandingkan
  디반딩깐

- 비교
  Perbandingan
  쁘르빈딩안

- 비율
  Perbandingan
  쁘르빈딩안

- 올리가다 × 내려가다
  Naik × turun
  나익 × 뚜룬

- 경쟁하다
  Bersaing
  브르사잉

- 경쟁자
  Saingan
  사잉안

1. 여명훈씨의 가격이 그렇게 높으면 상품 판매가 매우 힘들 겁니다.
   Kalau harga Bapak Yeo Myeong Hun begitu mahal akan
   깔라우 하르가 바빡 여 명 훈 브기뚜 마할 아깐
   sulit menjual.
   술릿 믄주알.

2. 작년부터 커피 가격은 많이 늘었습니다.
   Dibandingkan tahun lalu harga kopi naik tinggi.
   디반딩깐 따훈 랄루 하르가 커피 나익 띵가.

3. 우리 가격은 다른 데에 비해 상당히 적당합니다.
   Harga kami dibanding tempat lain (cukup bersaing/hampir
   하르가 까미 디반딩 뜸빳 라인 (쭈꾭 브르사잉/ 함삐르
   sama).
   사마).

4. 인도는 시장에 참가했는데 그들의 가격은 상당히 낮습니다.
   India telah masuk pasar, tetapi harganya tergolong rendah.
   인디아 뜰라ㅎ 마숙 빠사르, 뜨따비 하르가냐 뜨르골롱 른다ㅎ.

5. 품질과 같이 검토해 보면 이런 가격이 적당하다고 생각합니다.
   Jika dilihat dari kualitasnya, harganya cukup pas.
   지까 딜리핫 다리 꾸알리따ㅅ냐, 하르가냐 쭈꾭 빠ㅅ.

6. 그러나 현재 시장이 매우 심하게 경쟁 중이다.
   Akan tetapi, akhir-akhir ini pasar sangat sulit jadi sedang
   아깐 뜨따삐, 아키르-아키르 이니 빠사르 상앗 술릿 자디 스당
   bersaing dengan ketat.
   브르사잉 등안 끄땃.

7. 제가 알기로는 실제로 어떤 나라가 투매하고 있습니다.
   Sepengetahuan saya, sebenarnya ada negara yang sedang
   스쁭으따후안 사야, 스브나르냐 아다 느가라 양 스당
   mulai menjual.
   물라이 믄주알.

8. 우리 제품의 경쟁력은 아직 잘 되어 있습니다.
   Produk kami masih sangat memimpin pasar.
   쁘로둑 까미 마시ㅎ 상앗 므밈삔 빠사르.

9. 그렇지만 손님은 여명훈의 가격을 받아들이기 힘들다고 생각합니다.
   Walaupun begitu pelanggar sulit untuk menyetujui harga
   왈라우뿐 브기뚜 쁠랑간 술릿 운둑 믄예뚜주이 하르가
   Bapak Yeo Myeong Hun.
   바빡 여 명 훈.

10. 거래 성공을 위하여 우리는 귀사의 가격을 받아들이겠습니다.
    Demi keberhasilan transaksi perusahaan kami menyetujui
    드미 끄브르하실란 뜨란삭시 쁘루사하안 까미 믄예뚜주이
    harga.
    하르가.

    Agar transaksinya berhasil perusahaan kami menyetujui
    드미 끄브르하실란 뜨란삭시 쁘루사하안 까미 믄예뚜주이
    harga.
    하르가.

11. 거래 성공을 위하여 우리는 약간 양보할 수 있습니다.
    Demi keberhasilan transaksi kami bisa sedikit mengalah.
    드미 끄브르하실란 뜨란삭시 까미 비사 스디낏 믕알라ㅎ.

    Agar transaksinya berhasil kami bisa sedikit mengalah.
    아가르 뜨란삭시냐 브르하실 까미 비사 스디낏 믕알라ㅎ.

12. 적당한 가격을 조정할 수 있도록 주문량을 분명히 알려 주십시오.
    Agar kami bisa menyusun harga yang pas/cocok, tolong
    아가르 까미 비사 믄유순 하르가 양 빠ㅅ/쪼쪽, 똘롱
    beritahu jumlah barang yang dipesan sejelas mungkin.
    브리따후 줌라ㅎ 바랑 양 디쁘산 스즐라ㅅ 문낀.

13. 우리의 주문량은 주로 가격에 달려 있습니다.
    Tergantung jumlah barang yang dipesan, harganya berbeda.
    뜨르간뚱 줌라ㅎ 바랑 양 디쁘산, 하르가냐 브르베다.

14. 대량으로 주문하시면 2% 할인해 드릴 수 있습니다.
    Bila memesan banyak kami bisa memberikan potongan 2%.
    빌라 므므산 반약 까미 비사 믐브라낀 뽀똥안 두아(2)쁘르센.

15. 우리는 2%만 할인해 드릴 수 있습니다. 더 이상 못하겠습니다.
    Kami hanya bisa memberikan potongan 2%. Tidak bisa
    까미 한야 비사 믐브리간 뽀똥언 두아(2)쁘르센. 띠닥 비사

새로운 단어

- 상당히 낮다
  Cukup rendah
  쭈꿉 른다ㅎ

- 결합하다
  Mengkombinasi
  믕꼼비나시

- 경쟁이 심하다
  persaingan sangat
  쁘르사이안 상앗
  kompetitif
  꼼쁘띠띺

- 실제로
  Sebenarnya
  스브나르냐

- 주재하다
  Memimpin
  므밈삔

- 에도 불구하고
  Walaupun
  왈라우뿐

- 동의하다
  Menyetujui
  믄으뚜주이

- 동의
  Setuju
  스뚜주

- 거래
  Transaksi
  뜨란삭시

- 이해하다
  Mengerti
  믕으르띠

- 만약
  Bila
  빌라

- 조각
  Potongan
  뽀똥안

새로운 단어

- 덤핑, 헐값 판매
  harga murah/
  하르가 무라ㅎ/
  cuma-Cuma
  쭈마 쭈마

- 경쟁력
  Kompetitif
  꼼쁘띠띺

- 손님
  Tamu
  따무

- 받아들이기 어렵다
  sulit untuk menyetujui
  술릿 운뚝 믄예뚜주이

- 거래
  Transaksi
  뜨란삭시

- 올라가다
  Meningkat/Naik
  므닝깟/ 나익

- 단계
  Tingkat
  띵깟

- 제시한 것
  Tawarkan
  따와르깐

- -을 제시하다
  Menawarkan
  므나와르깐

- 질
  Kualitas
  꾸알리따ㅅ

- 마지막에-/되
  Belakangan/Belakang
  블라깡안/ 블라깡

- 앞
  Depan
  드빤

- 기간
  Jangka
  장까

lebih dari itu.
르비ㅎ 다리 이뚜.

16. 이것은 루왁 커피에 대한 최저 가격입니다.
    Ini adalah harga terendah kopi luwak.
    이니 아달라ㅎ 하르가 뜨른다ㅎ 커피 루왁.

17. 시장의 커피 가격은 많이 늘었습니다.
    Harga kopi di pasar meningkat tinggi.
    하르가 커피 디 빠사르 므닝깟 띵기.

18. 우리가 제공하는 가격은 다른 데에 비해 상당히 쌉니다.
    Harga yang kami tawarkan dibanding tempat lain cukup
    하르가 양 까미 따와르깐 디반딩 뜸빳 라인 쭈꿉
    murah.
    무라ㅎ.

19. 여명훈씨의 가격은 우리가 다른 곳에서 얻은 것보다 높습니다.
    Harga Bapak Yeo Myeong Hun dengan harga yang kami
    하르가 바빡 여 명 훈 등안 하르가 양 까미
    dapat di tempat lain lebih mahal.
    다빳 디 뜸빳 라인 르비ㅎ 마할.

20. 우리의 고품질 제품은 누구나 압니다.
    Siapapun tahu kualitas barang kami.
    시아빠뿐 따후 꾸알리따ㅅ 바랑 까미.

21. 최근 몇 년 이래 인조견사 가격은 거의 변동이 없습니다.
    Beberapa tahun belakangan ini harga sutra buatan hampir
    브브라바 따훈 블라깡안 이니 하르가 수뜨라 부아딴 함삐르
    tidak ada perubahan.
    띠닥 아다 쁘루바한.

22. 이런 가격으로 구입하면 우리는 정말 판매하기 힘들 겁니다.
    Jika membeli dengan harga ini akan sangat sulit
    지까 믐블리 등안 하르가 이니 아깐 상앗 술릿
    penjualannya.
    쁜주알란냐.

23. 양쪽의 장기 관계를 고려하지 않으면 우리는 이렇게 최저 가격을 제공하지 않았습니다.
    Jika kedua belah pihak tidak melihat hubungan jangka
    지까 끄두아 블라ㅎ 삐학 띠닥 믈리핫 후붕안 장까
    panjang, kita tidak akan menawarkan harga serendah ini.
    빤장, 끼따 띠닥 아깐 므나와르깐 하르가 스른다ㅎ 이니.

24. 이런 가격으로 거래처한테 구입 설득하기 정말 쉽지 않을 겁니다.
  Dengan harga ini akan sulit untuk mendapatkan pelanggan.
  등안   하르가 이니 아깐 술릿 운뚝 므다빳깐   쁠랑간.

25. 나는 당신의 의견에 찬성하지 않습니다.
  Saya tidak setuju dengan opini Anda.
  사야 띠닥 스뚜주 등안   오뻬니 안다.

26. 저는 선생님의 생각에 동의합니다.
  Saya setuju dengan pendapat guru.
  사야 스뚜주 등안 쁜다빳 구루.

27. 나는 그 관점에 찬성합니다.
  Saya setuju dengan cara pandang itu.
  사야 스뚜주 등안 짜라 빤당 이뚜.

28. 인도는 시장에 참가했는데 그들의 가격은 상당히 낮습니다.
  Memasuki pasar India tetapi harganya cukup rendah.
  므마수끼 빠사ㄹ 인디아 뜨따삐 하르가냐 쭈꿉 른다ㅎ.

29. 우리는 오늘 오전에 그 회사와 계약서를 체결했어요.
  Pagi ini kami bersama perusahaan tersebut menekan surat kontrak.
  빠기 이니 까미 브ㄹ사마 쁘루사하안   뜨ㄹ스붓 므느깐   수랏
  꼰뜨락.

30. 그러나 현재 시장은 매우 심하게 경쟁 중이다.
  Tetapi pasar akhir-akhir ini sangat bersaing.
  뜨따삐 빠사ㄹ 아키ㄹ-아키ㄹ 이니 상앗 브ㄹ사잉.

31. 그들은 덤핑하고 있어요.
  Mereka sedang melakukan penjualan dengan harga murah.
  므레까 스당 믈라꾸깐   쁜주알란 등안   하르가 무라ㅎ.

32. 대량으로 주문하시면 우리는 2% 할인해 드릴 겁니다.
  Bila membeli dengan jumlah yang banyak kami akan
  빌라 믐블리 등안 줌라ㅎ 양   반약   까미 아깐
  memberikan potongan 2%.
  믐브리깐   뽀똥안   두아(2)뻬ㄹ센.

33. 그 일을 당장 할 거예요.
  Saya akan segera melakukan pekerjaan itu.
  사야 아깐 스그라 믈라꾸깐   쁘끄ㄹ자안 이뚜.

새로운 단어

- 성공(하다)
  Berhasil
  브ㄹ하실

- 양보하다
  menyetujui/mengalah
  믄예뚜주이/ 몽알라ㅎ

- 조정하다
  Mengatur
  믕아뚜ㄹ

- 주문량
  Jumlah yang di pesan
  줌라ㅎ 양 디 쁘산

- 줄다, 할인하다
  Diskon
  디스꼰

- -과/-와
  Dengan
  등안

- 방법
  Cara
  짜라

- 보다
  Melihat
  믈리핫

- 누르다
  Menekan
  므느깐

- 하다
  Melakukan
  믈라꾸깐

❋ C2. 회화
Percakapan

1. 리나씨와 박정아씨가 커피 가격에 대해 의논하고 있습니다.
   Ibu Lina dan Ibu Park Jeong A sedang membicarakan
   이부 리나 단 이부 박 정   아 스당   음비짜라깐
   tentang harga kopi.
   뜬땅   하르가 커피.

   A: 리나씨, 가격이 그렇게 높으면 상품 판매가 매우 힘들 겁니다.
      Ibu Lina, kalau harga barang terlalu tinggi seperti itu
      이부 리나, 깔라우 하르가 바랑   뜨르랄루 띵기 스쁘르띠 이뚜
      penjualannya akan sangat susah.
      쁜주알란냐   아깐 상앗   수사ㅎ.

   B: 박정아씨가 아시다시피 작년부터 커피 가격은 많이 늘었습니다.
      Ibu Park Jeong A, seperti yang Anda ketahui sejak tahun
      이부 박 정   아, 스쁘르띠 양   안다 끄따후이 스작 따훈
      lalu harga kopi naik dengan tinggi.
      랄루 하르가 커피 나익 등안   띵기.

      우리 가격은 다른 데에 비해 상당히 적당합니다.
      Harga kami dibanding tempat lain cukup (pas/cocok).
      하르가 까미 디반딩   뜸빳   라인 쭈꿉 (빠ㅅ/쪼쪽).

   A: 저는 이 점에 대해 동의하지 않습니다.
      Saya tidak setuju untuk hal yang ini.
      사야 띠닥 스뚜주 운뚝 할 양   이니.

      수라바야 도시는 시장에 참가했는데 그들의 가격은 상당히 낮습니다.
      Kota Surabaya terjun ke pasar, harganya cukup rendah.
      꼬따 수라바야 뜨르준 끄 빠사르, 하르가냐 쭈꿉 른다ㅎ.

   B: 그러나 사업가들이 인도네시아 커피의 질을 다 잘 압니다.
      Tetapi para pengusaha mengenal dengan baik tentang
      뜨따삐 빠라 쁭우사하   믕으날   등안   바익 뜬땅
      kopi Indonesia.
      커피 인도네시아.

      품질과 같이 검토해 보면 이런 가격이 적당하다고 생각합니다.
      Menurut saya kalau dilihat dari kualitasnya,
      므누룻   사야 깔라우 디리핫 다리 꾸알리따스냐,
      harganya cukup (pas/cocok).
      하르가   쭈꿉   (빠ㅅ/쪼쪽).

새로운 단어

- 더 이상 못하다
  tidak bisa lebih
  띠닥 비사 르비ㅎ
- 후추
  Merica
  므리짜
- 납품(하다)
  mengirim barang
  믕이림   바랑
- 얘기하다
  Membicarakan
  음비짜라깐
- 말
  Bicara
  비짜라
- 너무
  Terlalu
  뜨르랄루
- 뛰어들다
  Terjun
  뜨르준
- 알고 있다
  Mengenal
  믕우날
- 알다
  Kenal
  끄나ㄹ

2. 두 사람이 차 가격에 대해 의논하고 있습니다.
   2 orang sedang membicarakan tentang harga teh.
   두아 오랑 스당 음비짜라깐   뜬땅   하르가 떼ㅎ.

   A: 귀사의 차 질이 아주 좋습니다. 저는 이것을 부인하지 않습니다.
      Kualitas perusahaan teh sangat baik. Saya tidak akan
      꾸알리따ㅅ 쁘루사하안   떼ㅎ 상앗   바익. 사야 띠닥 아깐
      menyangkal hal ini.
      믄양깔   할 이니.

      그러나 현재 시장이 매우 심하게 경쟁 중입니다.
      Akan tetapi pasar sekarang ini sangat sulit jadi lebih
      아깐 뜨따삐 빠사ㄹ 스까랑   이니 상앗 술릿 자디 르비ㅎ
      kompetitif.
      꼼쁘띠띺.

      Sepengetahuan saya ada negara yang sedang memulai
      스쁭으따후안   사야 아다 느가라 양 스당   므물라이
      penjualan.
      쁜주알란.

   B: 우리 제품의 경쟁력은 아직도 있습니다.
      Kemampuan bersaing produk kami masih sangat
      끄맘뿌안   브르사잉 쁘로둑 까미 마시ㅎ 상앗
      memimpin.
      므밈삔.

      다른 거래처는 현재 끊임없이 주문하고 있습니다.
      Pelanggan lain sekarang terus menerus memesan tanpa
      쁠랑간   라인 스까랑   뜨루ㅅ 므네루ㅅ 므므산   딴빠
      berhenti.
      브르흔띠.

      이것은 향과 맛에 대해서 다른 나라의 차는 우리 차에 못함을 증명합니다.
      Bau dan rasanya dengan teh negara lain berbeda, ini
      바우 단 라사냐   등안 떼ㅎ 느가라 라인 브르베다. 이니
      merupakan bukti teh kami.
      므루빠깐   북띠 떼ㅎ 까미.

   A: 그렇지만 손님이 귀사의 가격을 받아들이기 힘들다고 생각합니다.
      Akan tetapi pelanggan sulit menyetujui harga
      아깐 뜨따삐 쁠랑간   술릿 믄예뚜주이 하르가
      perusahaan.
      쁘루사하안.

새로운 단어

- 고품질
  kualitas baik
  꾸알리따ㅅ 바익

- 비단
  sutra buatan
  수뜨라 부아딴

- 거의
  Hampir
  함삐르

- 부정하다
  Menyangkal
  믄양깔

- 거부
  Sangkalan
  상깔란

- 경쟁적인
  Kompetitif
  꼼쁘삐삘

- 시작하다
  Memulai
  메물라이

- 시작하다
  Mulai
  물라이

- 실력
  Kemampuan
  끄맘뿌안

- 경쟁하다
  Bersaing
  브르사잉

B: 솔직히 말하면 우리의 좋은 관계를 위해서 이렇게 낮은 가격을 알려 드렸습니다.
Jujur, agar hubungan kami tetap bagus kami memberi
주주ㄹ, 아가ㄹ 후붕안   까미 뜨땁 바구ㅅ 까미 믐브리
harga yang rendah.
하ㄹ가 양   른다ㅎ.

A: 좋습니다. 거래 성공을 위하여 우리는 귀사의 가격을 받아들이겠습니다.
Baik. Agar transaksi kita berhasil, perusahaan kami
바익. 아가ㄹ 뜨란삭시 끼따 브ㄹ하실, 쁘루사하안 까미
menyetujui harga perusahaan.
믄예뚜주이   하ㄹ가 쁘루사하안.

3. 두 사람이 주문의 가격과 수량에 대해 의논하고 있다.
2 orang sedang membicarakan tentang jumah barang dan
두아 오랑 스당   믐비짜라깐   뜬땅 줌라ㅎ 바랑   단
harga.
하ㄹ가.

A: 거래 성공을 위하여 우리는 약간 양보할 수 있습니다.
Agar transaksi berhasil kami bisa sedikit mengalah.
아가ㄹ 뜨란삭시 브ㄹ하실 까미 비사 스디낏 믕알라ㅎ.

적당한 가격을 조정할 수 있도록 주문량을 분명히 알려 주시지요.
Tolong beritahu jumlah barang yang dipesan agar kami
똘롱   브리따후 줌라ㅎ 바랑   양   디쁘산 아가ㄹ 까미
bisa menyusun harga yang pas.
비사 믄유순   하ㄹ가 양   빠ㅅ.

B: 우리의 주문량은 주로 가격에 달려 있습니다.
Harga dapat berbeda tergantung jumlah pesanannya.
하ㄹ가 다빳 브ㄹ베다 뜨ㄹ간뚱   줌라ㅎ 쁘사난냐.

우리는 가격 문제를 먼저 해결합시다.
Kami akan mengurus masalah harga terlebih dahulu.
까미 아깐 믕우루ㅅ 마살라ㅎ 하ㄹ가 뜨ㄹ르비ㅎ 다훌루.

A: 좋습니다. 대량으로 주문하시면 2% 할인해 드리겠습니다.
Bagus. Kalau memesan dalam jumlah besar, kami bisa
바구ㅅ. 깔라우 므므산   달람 줌리ㅎ 브사ㄹ. 까미 비사
beri potongan harga 2 persen.
브리 뽀똥안   하ㄹ가 두아(2) 쁘ㄹ센.

새로운 단어

- 변동
  Perubahan
  쁘루바한

- 정말, 실로
  Sesungguhnya
  스승구ㅎ냐

- -하기 위하여
  Agar/Supaya
  아가ㄹ/수빠야

- 거래
  Transaksi
  뜨란삭시

- 처리하다
  Mengurus
  믕우루ㅅ

- 일
  Urusan
  우루산

B: 거래 성공을 위하여 5% 할인해야 한다고 생각합니다.
Agar transaksi berhasil, kami berpikir harus
아가ㄹ 뜨란삭시 브ㄹ하실. 까미 브ㄹ삐끼ㄹ 하루ㅅ
memberikan potongan 5%.
음브리깐   뽀똥안 리마(5) 뻬ㄹ센.

A: 죄송하지만 우리는 2%만 할인해 드릴 수 있습니다. 더 이상 안 됩니다.
Maaf tapi kami hanya bisa memberikan potongan
마앞 따삐 까미 한야   비사 음브리깐   뽀똥안
2% saja. Tidak boleh lebih dari itu.
두아 (2)뻬ㄹ센 사자. 띠닥 볼레ㅎ ㄹ비ㅎ 다리 이뚜.

4. 한 외국 거래처가 인도네시아 나무 공급자와 의논하고 있다.
Ada 1 pelanggan asing sedang membicarakan tentang kayu
아다 사뚜(1) 쁠랑간 아싱 스당 음비짜라깐   뜬땅 까유
Indonesia dengan pemasok.
인도네시아 등안 쁘마속.

A: 이것은 인도네시아 나무에 대한 최저 가격입니다.
Ini adalah harga terendah kayu Indonesia.
이니 아달라ㅎ 하ㄹ가 뜨른다ㅎ 까유 인도네시아.

칼리만탄 FOB 가격은 일 톤에 6,000달러인데 2008년 8월에 납품하는 겁니다.
Harga Kalimantan FOB 1 tonnya 6.000 dollar,
하ㄹ가 깔리만딴   엪오베 사뚜(1)똔냐 으남 리부(6.000)돌라.
dikirim pada bulan Agustus tahun 2008.
디끼림   빠다 불란 아구ㅅ뚜ㅅ 따훈 두아 리부 들라빤(2008).

이 가격은 5일 내에 유효합니다.
Harganya berlaku untuk 5 hari.
하ㄹ가냐   브ㄹ라꾸 운뚝   리마 하리.

B: 이번 가격은 작년보다 20% 높습니다.
Harga kali ini lebih tinggi 20% dari tahun lalu.
하ㄹ가 깔리 이니 ㄹ비ㅎ 띵가 두아뿔루ㅎ(20) 뻬ㄹ센 다리 따훈 랄루.

A: 선생님이 잘 아시다시피 시장상 나무 가격은 많이 늘었습니다.
Seperti yang guru ketahui harga kayu di pasar
스쁘ㄹ띠 양 구루 끄따후이 하ㄹ가 까유 디 빠사ㄹ
meningkat tinggi.
므닝깟   띵기.

새로운 단어

- 관계
  Hubungan
  후붕안

- 최저 가격
  Harga terendah
  하ㄹ가 뜨른다ㅎ

- 설득하다
  Mengajak
  믕아작

- 되다
  Boleh
  볼레ㅎ

- 안됩니다/불가능하다
  Tidak bisa
  띠닥   비사

- 보낸다
  Dikirim
  디끼림

- 보내다
  Mengirim
  믕이림

- 발송물품
  Kiriman
  끼리만

Bab 13 가격 상담 • 87

새로운 단어

- 비교되다
  Dibandingkan
  디반딩깐

- 비교하다
  Membandingkan
  믐반딩깐

우리가 제공하는 가격은 다른 데에 비해 상당히 쌉니다.
Harga yang kami tawarkan lebih murah dibandingkan
하르가 양   까미   따와르깐   르비ㅎ 무라ㅎ 디반딩깐
tempat lain.
뜸빳   라인.

B: 저는 동의하지 않습니다.
Saya tidak setuju.
사야   띠닥   스뚜주.

선생님의 가격은 우리가 다른 곳에서 얻은 것보다 높습니다.
Harganya dibandingkan dengan harga yang didapatkan
하르가냐   디반딩깐   등안   하르가 양   디다빳깐
di tempat lain lebih tinggi.
디 뜸빳   라인 르비ㅎ 띵기.

A: 품질에 대해 좀 생각하십시오.
Tolong pertimbangkan kualitasnya.
똘롱   쁘르띰방깐   꾸알리따ㅅ냐.

인도네시아 나무 품질은 다른 곳에 비해 좋습니다.
Kualitas kayu Indonesia lebih bagus dibandingkan
꾸알리따ㅅ 까유 인도네시아 르비ㅎ 바구ㅅ 디반딩깐
tempat lain.
뜸빳   라인.

연습문제

1. 가격이 높다
2. 상당히 합리적이다
3. 시장
4. 상당히 낮다
5. 경쟁이 심하다
6. 실제로
7. 덤핑, 헐값 판매
8. 경쟁력
9. 성공(하다)
10. 주문량
11. 고품질
12. 변동
13. 최저 가격
14. 설득하다
15. 손님

Sebenarnya	Pasar	Daya saing	Kualitas buruk
Mengajak	Tamu	Harga terendah	Perubahan
harga murah/ cuma-cuma	Jumlah yang di pesan	Berhasil/sukses	kualitas baik
Cukup rendah	persaingan sangat kompetitif	Cukup rasional	Harganya tinggi

Bab 14   주문
Pemesanan
쁘므사난

 C1. 문장
Kalimat

1. 이 종류의 커피는 얼마나 주문하려고 하십니까?
   Mau memesan jenis kopi berapa banyak?
   마우 므므산   즈니ㅅ 커피 브라빠 반약?

2. 우리는 900톤을 주문하려고 합니다.
   Kami ingin memesan sebanyak 900ton.
   까미 잉인 므므산   스반약   슴빌란 라뚜ㅅ(900)톤.

3. 최소 900톤을 공급해 주시기 바랍니다.
   Tolong pasokan paling minimal 900 ton.
   똘롱   빠속깐   빨링   미니말   슴빌란 라뚜ㅅ(900)톤.

4. 그래서 일단 우리는 최대 600톤만 공급할 수 있습니다.
   Oleh karena itu untuk sekarang kami ingin memasok
   올레ㅎ 까르나 이뚜 운뚝 스까랑   까미 잉인 므마속
   maksimum 600 ton.
   막시뭄   으남 라뚜ㅅ (600)톤

5. 우리는 실제로 5,000 박스 공급할 수 있도록 최선을 해야 합니다.
   Kami akan berusaha sekuat tenaga untuk memasok
   까미 아깐 브루사하 스꾸앗 뜨나가 운뚝 므마속
   5.000 kotak.
   리마리부 (5.000) 꼬딱.

6. 다음 번에 더 많이 공급해 주시기 바랍니다.
   Lain kali tolong memasokkan lebih banyak.
   라인 깔리 똘롱   므마속깐   르비ㅎ 반약.

7. 내년의 공급량 증가가 가능하면 우리는 반드시 이성준님의 수요를 고려하겠습니다.
   Kalau tahun depan kekuatan pasokan meningkat, kami tentu
   깔라우 따훈 드빤 끄꾸아딴 빠속깐   므닝깟,   까미 뜬뚜
   akan menawarkan pada Bapak Lee Seong Jun.
   아깐 므나와르깐   빠다 바빡 이 성   준.

새로운 단어

- 주문하다
  Memesan
  므므산

- 공급하다
  Menyediakan
  믄예디아깐

- 거래량
  Jumlah
  줌라ㅎ

- 국내의
  Dalam negeri,
  달람 느그리,
  domestik
  도메ㅅ띡

- 수요, 수요량
  Permintaan,
  쁘르민따안,
  jumlah permintaan
  줌라ㅎ 쁘르민따안

- 총액
  Sebanyak
  스반약

- 많은
  Banyak
  반약

- 최소 × 최대
  Minimal × maksimal
  미니말 ×   막시말

- 당연하다
  Tentu
  뜬뚜

8. 2,000대 이상 주문하시면 우리는 2% 할인해 드릴 겁니다.
   Bila memesan lebih dari 2.000 buah, kami bisa
   빌라 므므산   르비ㅎ 다리 두아 리부(2,000) 부아ㅎ, 까미 비사
   memberikan potongan 2%.
   음브리깐   뽀똥안   두아(2) 뻬르센.

9. 그럼, 우리는 2,000대 주문하겠습니다.
   Kalau begitu kami akan memesan 2.000 buah.
   깔라우 브기뚜 까미 아깐 므므산   두아 리부(2,000) 부아ㅎ.

10. 협조해 주셔서 감사합니다.
    Terima kasih atas kerjasamanya.
    뜨리미   까시ㅎ 아따ㅅ 끄르자사마냐.

11. S05 배터리의 최소 주문량이 얼마입니까?
    Berapa jumlah pemesanan minimal baterai S05?
    브라빠 줌라ㅎ 쁘므사난   미니말   바테라이 에ㅅ 꼬송 리마(S05)?

12. 이런 모델의 최소 주문량이 1,000개입니다.
    Model tipe ini jumlah pemesanan minimal 1.000 buah.
    모델 띠뻬 이니 줌라ㅎ 쁘므사난   미니말   스리부 부아ㅎ.

13. 다른 모델은요?
    Model yang lain?
    모델   양   라인?

14. 그러니까 우리가 의논한 수량은 변경이 없습니다.
    Karena itu diskusi kita mengenai jumlahnya tidak ada
    까르나 이뚜 디ㅅ꾸시 끼따 믕으나이   줌라ㅎ냐 띠닥 아다
    perubahan.
    쁘루바한.

15. 앞으로 식물 식용유의 가격은 많이 늘 겁니다.
    Harga sembako kedepannya akan meningkat tinggi.
    하르가 슴바꼬   끄드빤냐   아깐 므닝깟   띵기.

16. 이런 상품의 공급 가능성이 더 좋습니다.
    Barang yang seperti ini bila pasokannya lebih banyak akan
    바랑   양   스쁘르띠 이니 빌라 빠속깐냐   르비ㅎ 반약   아깐
    lebih bagus.
    르비ㅎ 바구ㅅ.

17. 이런 종류의 상품을 주문하시면 우리는 이성준님의 요구에 따라 공급할 수 있습니다.
    Kalau memesan produk tipe ini kami akan menyesuaikan
    깔라우 므므산   쁘로둑 띠뻬 이니 까미 아깐 므예수아이깐

새로운 단어

- 아깝다, 아깝게도
  Disayangkan,
  디사양깐,
  meskipun sayang
  므ㅅ끼뿐   시양

- 차
  Teh
  떼ㅎ

- 초과하다
  Melebihi
  믈레비히

- 공급량 증가
  Kualitas meningkat
  꾸알리따ㅅ 므닝깟

- 할인(하다)
  Memberi diskon,
  늠브리   디ㅅ꼰,
  mengadakan potongan
  믕아다깐 뽀똥안
  harga
  하르가

- -을/응 -에게 주다
  Memberikan
  음브리깐

- 주다
  Beri
  브리

- 타입
  Tipe
  띠뻬

- 토론
  Diskusi
  디ㅅ꾸시

- 생활 용품
  Sembako
  슴바꼬

- 일치하다
  Menyesuaikan
  믄으수아이깐

- 일치
  Sesuai
  세수아이

새로운 단어

- 다시 말하다
  Mengutarakan lagi,
  믕우따라깐   라기,
  membicarakan lagi
  믐비짜라깐   라기

- 노트북(컴퓨터)
  Notebook, laptop
  노트북,   랩똡

- 상표, 브랜드
  Merek
  메렉

- 최소 주문
  Pemesanan paling sedikit
  쁘므사난   빨링
  스디낏

- 배터리, 전비
  Baterai
  바뜨라이

- 알리다, 알려 주다, 통지하다
  Memberitahu, memberikan notifikasi
  믐브리따후,
  믐브리깐   노띠피까시

- 비즈니스
  Bisnis
  비스니스

- 출장
  Bisnis trip
  비스니스 뜨립

- 준비하다
  Menyediakan
  믄으디아깐

---

pasokan dengan permintaan Bapak Lee Seong Jun.
빠소깐 등안 쁘르민따안 바빡 이 성 준.

18. 이 종류의 커피는 얼마나 주문하려고 하십니까?
    Saudara ingin memesan kopi yang macam ini berapa
    사우다라 잉인 므므산 커피 양 마짬 이니 브라빠
    banyak?
    반약?

19. 우리는 900톤을 주문하려고 합니다.
    Kami ingin memesan 900 ton.
    까미 잉인 므므산 슴빌란 라뚜ㅅ(900) 똔.

20. 나는 다음주 초에 외국 출장 가려고 해요.
    Saya akan pergi bisnis trip awal minggu depan.
    사야 아깐 쁘르기 비스니스 아왈 밍구   데빤.

21. 일단 우리는 최대 600톤만 공급할 수 있습니다.
    Untuk saat ini kami hanya bisa menyediakan sebesar
    운뚝 사앗 이니 까미 한야 비사 므예디아깐   스브사르
    600 ton.
    으남 라뚜ㅅ(600) 똔.

22. 최소 500개를 주문해야 해요.
    Pemesanannya paling minimal harus 500 buah.
    쁘므사난냐   빨링   미니말   하루ㅅ 리마 라뚜ㅅ(500) 부아ㅎ.

23. 하루에 최대 50대를 팔 수 있어요.
    Satu hari bisa menjual paling banyak 50 buah.
    사뚜 하리 비사 믄주알   빨링   반약   리마뿔루ㅎ (50) 부아ㅎ.

24. 의견을 나눠 주셔서 감사합니다.
    Terima kasih atas opininya.
    뜨리마 까시ㅎ 아따ㅅ 오삐니냐.

25. 그리고 상품의 품질은요?
    Lalu kualitas barangnya?
    랄루 꾸알리따ㅅ 바랑냐?

C2. 회화
Percakapan

1. 거래처는 커피를 900톤 주문하려고 하지만 공급자는 600톤만 공급할 수 있다.
   Pelanggan ingin memesan kopi sebanyak 900 ton,
   쁠랑간   잉인   므므산   커피 스반약   슴빌란 라뚜ㅅ(900) 똔,
   tetapi pemasok hanya bisa (menyediakan/memasok)
   뜨따삐 쁘마속   한야   비사 (므예디아깐/   므마속)

600 ton.
으남 라뚜ㅅ(600) 톤.

A: 이 종류의 커피는 얼마나 주문하려고 하십니까?
Saudara ingin memesan kopi macam ini berapa banyak?
사우다라 잉인 므므산 커피 마짬 이니 브라삐 반약?

B: 우리는 900톤을 주문하려고 합니다.
Kami ingin memesan sebanyak 900 ton.
까미 잉인 므므산 스반약 슴빌란 라뚜ㅅ(900) 톤.

A: 죄송하지만 우리는 600톤만 공급할 수 있습니다.
Maaf tapi kami hanya bisa (menyediakan/memasok)
마앞 따삐 까미 한야 비사 (므예디아깐/ 므마속)
sebanyak 600 ton.
스반약 으남 라뚜ㅅ(600)톤.

B: 그러면 너무 적습니다.
Kalau begitu sangat sedikit.
깔라우 브기뚜 상앗 스디낏.

우리는 작년은 800톤을 판매했는데 올해는 더 많이 판매할 수 있다고 믿습니다.
Tahun lalu kami menjual sebesar 800 ton tapi tahun
따훈 랄루 까미 므주알 스브사르 들라빤(800) 톤 따삐 따훈
ini kami percaya bisa menjual lebih.
이니 까미 쁘ㄹ짜야 비사 므주알 르비ㅎ.

최소 900톤을 공급해 주시기 바랍니다.
Paling sedikit memasok 900 ton.
빨링 스디낏 므마속 슴빌란 라뚜ㅅ(900) 톤.

A: 국내외 수요가 급격히 증가하기 때문에 우리의 생산은 수요에 따르지 못합니다.
Anjloknya permintaan dalam negeri menyebabkan
안즐록냐 쁘르민따안 달람 느그리 므예밥깐
produksi tidak bisa menyesuaikan.
쁘로둑시 띠닥 비사 므예수아이깐.

B: 그래시 일단 우리는 최대 600톤만 공급할 수 있습니다.
Karena itu paling tidak sekarang ini kita bisa memasok
까르나 이뚜 빨링 띠닥 스까랑 이니 끼따 비사 므마속
sebesar 600 ton.
스브사르 으남 라뚜ㅅ(600) 톤.

 새로운 단어

- 정세, 상황
  Situasi, kondisi
  시뚜아시, 꼰디시

- 국내 시장
  Pasar dalam negeri
  빠사르 달람 느그리

- 주문을 취소하다
  Membatalkan
  음바딸깐
  pemesanan
  쁘므사난

- 의논하다
  Mendiskusikan,
  믄디ㅅ꾸시깐,
  membicarakan
  음비짜라깐

- 식물유
  Minyak sayur
  민약 사우르

- 얼마
  Berapa
  브라빠

- 그렇게 하면
  Kalau begitu
  깔라우 브기뚜

- 가장
  Paling
  빨링

- 적다 × 많다
  Sedikit × banyak
  스디낏 × 반약

- 뛰어 내리다
  Anjlok
  안즐록

- -만큼
  Sebesar
  스브사르

2. 거래처는 차 8,000 박스를 주문하지만 공급자가 5,000 박스만 공급할 수 있습니다.
   Pelanggan ingin memesan 8000 kotak tetapi (pemasok/
   뻘랑간   인인 므므산   들라빤 리부(8.000) 꼬딱 뜨따삐 (쁘마속/
   pemyedia) hanya bisa menyediakan 5000 kotak.
   쁜예디아)   한야   비사 믄예디아깐 리마리부(5.000) 꼬딱.

   A: 8,000 박스를 공급하지 못하면 우리 거래처가 다른 곳에서 주문할 겁니다.
   Kalau tidak bisa menyediakan 8.000 kotak maka
   깔라우 띠닥   비사 믄예디아깐   들라빤 리부(8.000) 꼬딱 마까
   pelanggan akan memesan ke tempat lain.
   쁠랑간   아깐   므므산   끄 뜸빳   라인.

   B: 안타까지만 올해 차 공급량은 5,000 박스 이상 못하겠습니다.
   Sayang sekali tetapi sekarang kualitas muatan kendaraan
   사양   스깔리 뜨따삐 스까랑   꾸알리따ㅅ 무아딴   끈다라안
   persediaan tidak bisa lebih dari 5.000 kotak.
   쁘르스디아안 띠닥   비사 르비ㅎ 다리 리마 리부(5.000) 꼬딱.

   우리는 실제로 5,000 박스 공급할 수 있도록 최선을 해야 합니다.
   Kami sebenarnya bisa menyediakan 5.000 kotak
   까미   스브나르냐   비사 믄예디아깐   리마 리부 (5.000) 꼬딱
   tetapi harus dengan sekuat tenaga.
   뜨따삐 하루ㅅ 등안   스꾸앗 뜨나가.

   A: 다음 번에 더 많이 공급해 주시기 바랍니다.
   Pada kesempatan lain diharapkan untuk dapat memasok
   빠다 끄슴빠딴   라인 디하랖깐   운뚝   다빳   므마속
   lebih banyak.
   르비ㅎ 반약.

   B: 내년의 공급량 증가가 가능하면 우리는 반드시 이정원님의 요구를 고려하겠습니다.
   Jika tahun depan kapasitas muatan meningkat, kami
   지까 따훈   드빤   까빠시따ㅅ 무아딴 므닝깟,   까미
   pasti akan mempertimbangkan permintaan Bapak
   빠ㅅ띠 아깐 믐쁘르띰방깐   쁘르민따안   바빡
   Lee Jeong Won.
   이 정   원.

3. 거래처는 쓰니 노트북 2,000대를 주문한다.
   Pelanggan memesan Soni notebook sebanyak 2.000 buah.
   쁠랑간   므므산   소니 노트북   스반약 두아리부 (2.000) 부아ㅎ.

새로운 단어

- 폭증하다
  Meningkat secara
  므닝갓   스짜라
  cepat
  쯔빳

- 긴장하다
  Tegang
  뜨강

- 구역, 지역
  Area, daerah, kawasan
  아레아, 다에라ㅎ, 까와산

- 세계
  Dunia
  두니아

- 통화 위기
  Krisis keuangan,
  끄리시ㅅ 끄우앙안,
  inflasi
  인플라시

- 저재물
  Muatan
  무아딴

- 용량
  Kapasitas
  까빠시따ㅅ

A: 이렇게 합시다. 2,000대 이상 주문하시면 우리는 2% 할인해 드릴 겁니다.
Bagaimana kalau seperti ini. Kalau memesan lebih dari
바가이마나   깔라우 스쁘ㄹ띠 이니. 깔라우 므므산   르비ㅎ 다리
2.000 buah, kami akan memberikan potongan 2%.
두아리부(2.000) 부아ㅎ, 까미 아깐 믐브리깐 뽀똥안 두아(2) 뻬ㄹ센.

B: 그럼, 우리는 2,000대 주문하겠습니다.
Kalau begitu, kami memesan 2.000 buah.
깔라우 브기뚜,   까미   므므산   두아 리부(2.000) 부아ㅎ.

A: 다시 말해 써니 노트북 컴퓨터 2,000대, 규격은 카탈로그에 따르고 가격은 한 대에 CIF 사이공 800달러입니다.
Saya ulangi sekali lagi Soni notebook 2.000 buah,
사야 울랑이   스깔리 라기 소니   노트북   두아 리부(2.000) 부아ㅎ,
menurut standar katalog harga satuannya sebesar
므누룻   스딴다ㄹ 까딸록   하르가 사뚜안냐   스브사ㄹ
800 dollar.
들라빤 라뚜ㅅ(800) 덜라ㄹ

새로운 단어

- 제안하다
  Memberi saran
  믐브리 사란

- 병에 담은, 병에 든
  Pengisian botol
  쁭이시안   보똘

- 가망이 있다
  Ada prospek, ada
  아다 쁘로스뻭, 아다
  kemungkinan
  끄뭉끼난

- 버킷, 물통
  Ember
  엠베ㄹ

B: 좋습니다. 협조해 주셔서 감사합니다.
Baik. Terima kasih atas kerja samanya.
바익.   뜨리마   까시ㅎ 아따ㅅ 끄르자 사마냐.

전 사장님, S05 배터리의 최소 주문량이 얼마입니까?
Bos Jon, pemesanan baterai S05 paling minimal berapa?
보ㅅ 존, 쁘므사난   바떼라이 에ㅅ꼬송 리마(S05) 빨링 미니말 브라빠?

A: 이런 모델의 최소 주문량이 1,000개입니다.
Pemesanan minimal model tipe ini 1.000 buah.
쁘므사난   미니말   모델   띠뻬 이니 스리부(1.000) 부아ㅎ.

꼭 알아둘 POINT

보급회사에서 상품 수요는 소비자가 결정한다. 일반적으로 상품/물품 수요는 이메일이나 전화 또는 팩스를 통해 결정된다. 그러나 상품 수요는 또한 각 상품의 외판원을 통해서 결정되기도 한다. 판매원과 소비자가 상품의 사양에 대해서 협의(말과 글로)한 후, 판매원은 계획파트나 계획분과 사람들에게 창고에 재고품이 있는지에 요청하고 소비자에게 정보를 제공하는 과정을 통해서이다. 광산업이나 석유, 가스 같은 큰 회사에서 소비자는 공급자에게 상품 수요의 첨부증거로서 자재 요청서(MR)를 발행한다. 자재 요청서를 받은 이후, 이 절차는 계획파트와 계획분과에서 계속 신행한다. 만약, 창고에 상품의 재고가 있다면 계획팀 직원은 판매원에게 상품이 준비되어 있다는 정보를 줄 것이다. 그리고 그 후, 판매 분과에서 소비자에게 가격 책정을 하는 단계가 있을 것이다.

📝 연습문제

1. 주문하다
2. 공급하다
3. 국내의
4. 제안하다
5. 할인(하다)
6. 최소 주문
7. 정세, 상황
8. 국내 시장
9. 주문을 취소하다
10. 의논하다

Situasi, kondisi	Pasar dalam negeri	Memberi saran	Dalam negeri, domestik
Membatalkan pemesanan	Mendiskusikan, membicarakan	Pemesanan paling sedikit	Memberi diskon
Memutuskan	Menyediakan	Memesan	Pasar internasional

Bab 15　할인
Pemotongan Harga
쁘모똥안　　하르가

1. 우리의 이번 주문량은 적지 않지요?
   Permintaan jumlah barang kami kali ini tidak sedikit, kan?
   쁘르민따안　줌라ㅎ　바랑　까미 깔리 이니 띠닥 스디낏, 깐?

2. 한국 비즈니스맨은 한 번에 50,000자루까지 주문하는데요.
   Pengusaha Korea memesan sekalinya sampai
   쁭우사하　꼬레아　므므산　스깔리냐　삼빠이
   50.000 kantong.
   리마 뿔루ㅎ 리부(50.000) 깐똥.

3. 10,000자루는 적지 않은데요.
   10.000 kantong tidak sedikit.
   습뿔루ㅎ 리부(10.000) 깐똥 띠닥 스디낏.

4. 이렇게 많이 구입하는데 보통 얼마나 할인해 주실까요?
   Saya membeli dalam jumlah yang begini banyak,
   사야 음블리　달람　줌라ㅎ　양　브기니　반약,
   biasanya berapakah potongan yang bisa diberikan?
   비아사냐　브라빠까ㅎ　뽀똥안　양　비사 디브리깐?

5. 할인율은 어떻게 생각하십니까?
   Bagaimana dengan rata-rata potongannya?
   바가이마나　등안　라따-라따 뽀똥안냐?

6. 다른 데에서 이렇게 많이 구입하면 그들은 보통 우리한테 2-3% 할인해 줍니다.
   Di tempat lain kalau membeli banyak biasanya mereka
   디 뜸빳　라인 깔라우 음블리　반약　비아사냐 므르까
   memberi potongan 2-3% pada kami.
   음브리　뽀똥안　두아 삼빠이 띠가 뻬르센 (2-3%) 빠다 까미.

7. 보통 우리는 유럽 수출업자한테서 3% 할인을 받습니다.
   Biasanya kami mendapatkan potongan sebesar 3%
   비아사냐　까미 믄다빳깐　뽀똥안　스브사르 띠가 뻬르센(3%)
   dari pengekspor Eropa.
   다리 **뿡엑스뽀르**　에로빠.

C1. 문장
Kalimat

새로운 단어

- 자루
  Kantong
  깐똥

- 상인, 무역업자
  Pedagang, pengusaha
  쁘다강,　쁭우사하
  ekspor-impor
  엑스뽀르 임뽀르

- 농담하다
  Bercanda
  브르짠다

- 보통
  Biasanya
  비아사냐

- 할인(하다)
  Potongan, diskon
  뽀똥안,　디스꼰

- 이번에
  Kali ini
  깔리 이니

- 이렇게 × 저렇게
  Begini × Begitu
  브기니 × 브기뚜

- 쯤
  Kira-kira
  끼라-끼라

- 수출업자
  Pengekspor
  뿡엑스뽀르

- 수입자
  Pengimpor
  뿡임뽀르

8. 원칙대로는 우리가 할인하지 않습니다.
   Sesuai aturan yang berlaku kami tidak memberikan
   스수아이 아뚜란 양   브르라꾸 까미 띠닥 믐브리깐
   potongan.
   뽀똥안.

9. 그러니까 우리가 이번에 할인해 드릴 수 없습니다.
   Karena itu kali ini kami tidak bisa memberikan potongan.
   까르나 이뚜 깔리 이니 까미 띠닥 비사 믐브리깐   뽀똥안.

10. 1,000대 구입하시면 보통 우리가 1%만 할인해 줍니다.
    Kalau membeli 1.000 buah kami biasanya memberikan
    깔라우 믐블리   스리부(1,000) 부아ㅎ 까미 비아사냐 믐브리깐
    potongan hanya sebesar 1% saja.
    뽀똥안   한야   스브사르 사뚜 뻬르센(1%) 사자.

11. 이렇게 많이 주문하면 일본 쪽은 보통 2% 할인해 줍니다.
    Kalau beli banyak seperti ini biasanya Jepang memberikan
    깔라우 블리 반약   스쁘르띠 이니 비아사냐 즈빵   믐브리깐
    potongan 2%.
    뽀똥안 두아 뻬르센(2%).

12. 우리가 제공하는 가격은 최저 가격이기 때문에 더 이상 할인해
    드릴 수 없습니다.
    Karena harga yang kami tawarkan merupakan harga yang
    까르나 하르가 양   까미 따와르깐   므루빠깐   하르가 양
    paling rendah, kami tidak bisa memberikan potongan lebih.
    빨링 른다ㅎ, 까미 띠닥 비사 믐브리깐   뽀똥안   르비ㅎ.

13. 최소 2% 할인해 주셔야 한다고 생각합니다.
    Paling sedikit potongan 2% boleh diberikan.
    빨링   스드낏 뽀똥안   두아 뻬르센 볼레ㅎ 디브리깐.

14. 5% 할인에 동의하시면 우리는 당장 계약을 체결할 수 있습니다.
    Kalau setuju dengan potongan 5% kita bisa segera
    깔라우 스뚜주 등안   뽀똥안   리마 뻬르센(5%) 끼따 비사 스그라
    membuat kontrak.
    믐부앗   꼰뜨락.

15. 이것은 주문하실 수량을 봐야 합니다.
    Ini harus melihat jumlah pemesanan.
    이니 하루ㅅ 믈리핫 줌라ㅎ   쁘므사난.

16. 3% 할인해 주시면 좀 적지 않아요?
    Kalau memberi potongan 3% apakah tidak sedikit?
    깔라우 믐브리   뽀똥안   띠가 뻬르센(3%) 아빠까ㅎ 띠닥 스디낏?

새로운 단어

- 솜, 면화
  Kapas
  까빠ㅅ

- 잘 팔리는 상품
  Barang yang laris
  바랑   양   라리ㅅ

- 우대(하다)
  Istimewa
  이ㅅ디메와

- 교칙
  Aturan/Peraturan
  아뚜란/ 쁘르아뚜란

- 원래는
  Biasanya
  비아사냐

- -이다
  Merupakan
  므루빠깐

17. 10,000장 더 주문하시면 5% 할인해 드리겠습니다.
   Kalau memesan 10.000 lembar lagi kami akan berikan
   깔라우 므므산 스뿔루ㅎ 리부(10,000)름바르 라기 까미 아깐 브리깐
   potongan 5%.
   뽀똥안 리마 뻬ㄹ센(5%)

18. 우리는 할인에 대해 좀 논의하고 싶습니다.
   Kami ingin berdiskusi mengenai potongan.
   까미 잉인 브르디ㅅ꾸시 므으나이 뽀똥안.

19. 이성훈의 요구는 합리적입니다.
   Permintaan Bapak Lee Seong Hun cukup rasional
   쁘르민따안 바빡 이 성 훈 쭈꿉 라시오날.

20. 그러니까 우리는 이번에 할인할 수 없다.
   Karena itu kali ini kami tidak bisa memberi potongan.
   까르나 이뚜 깔리 이니 까미 띠닥 비사 므므브리 뽀동안.

21. 그래서 당신은 사장님께 보고하면 좋겠다.
   Karena itu akan bagus bila Anda bertemu dengan bos.
   까르나 이뚜 아깐 바구ㅅ 빌라 안다 브르뜨무 등안 보ㅅ.

22. 그렇게 때문에 우리가 일찍 출발해야 해요.
   Karena itu kami harus berangkat lebih awal.
   까르나 이뚜 까미 하루ㅅ 브랑깟 르비ㅎ 아왈.

23. 그러니까 당신은 그렇게 하지 마세요.
   Karena itu Anda tidak boleh begitu.
   까르나 이뚜 안다 띠닥 볼레ㅎ 브기뚜.

24. 이렇게 많이 주문하면 일본 쪽은 보통 2% 할인해 줍니다.
   Kalau memesan banyak seperti ini, Jepang biasanya
   깔라우 므므산 반약 스쁘르띠 이니, 즈빵 비아사냐
   memberi potongan 2%.
   음브리 뽀똥안 두아 뻬ㄹ센(2%).

25. 5% 할인에 동의하시면 우리는 당장 계약을 체결할 수 있습니다.
   Kalau setuju dengan potongan 5%, kami bisa segera
   깔라우 스뚜주 등안 뽀똥안 리마 뻬ㄹ센(5%), 까미 비사 스그라
   membuat kontrak.
   음부앗 꼰뜨락.

26. 그래요, 통례와 다르게 2% 할인해 드립니다.
   Benar, menurut standar normal diberi potongan 2%.
   브나르, 므누룻 스단다르 노르말 디브리 뽀똥안 두아 뻬ㄹ센(2%).

새로운 단어

- 유럽
  Eropa
  에로빠

- 다소
  Biasanya, besar kecil
  비아사냐, 브사르 끄찔

- 원칙
  Peraturan
  쁘라뚜란

- 양보하다
  Mengalah
  믕알라ㅎ

- 장
  Lembar
  름바르

- 토론(명사)/토론하다(동사)
  berdiskusi
  브르디ㅅ꾸시

- 출발×도착(명사)/출발하다×도착하다(동사)
  Berangkat × Tiba/Sampai
  브랑깟 × 띠바/삼빠이

- 기준
  Standar
  스딴다르

- 맞다
  Benar/Betul
  베나르/베뚤

27. 그래요. 우리가 양보할 수 밖에 없겠네요.
Benar, kami mau tak mau harus menyetujuinya.
브나르, 까미 마우 딱 마우 하루ㅅ 믄예뚜주이냐.

28. 3% 할인하면 좀 적지 않아요?
Potongan 3% tidak sedikit kah?
뽀똥안   띠가 뻬르센 띠닥 스디낏 까ㅎ?

29. 이 상품의 가격은 좀 비싸요.
Harga barang ini agak mahal.
하르가   바랑   이니 아각 마할.

 C2. 회화
Percakapan

새로운 단어

- 이해해 주다
  Memberikan
  믐브리깐
  pengertian
  쁭으르띠안

- 아깝다
  Disayangkan
  디사양깐

- 일본
  Jepang
  즈빵

- 통례와 다르게
  Seperti standard
  스쁘르띠 스딴다르드
  normal
  노르말

- – 입니까
  -kah
  -까ㅎ

- 사업자
  Pengusaha
  쁭우사하

- 사업
  Usaha
  우사하

- 무역
  Berdagang
  브르다강

- 농담
  Candaan
  짠다안

1. 거래처와 이성훈씨는 면화 주문의 할인에 대해 의논하고 있다.
Pelanggan dengan Bapak Lee Seong Hun sedang berdiskusi
쁠랑간   등안   바빡 이 성 훈 스당   브르디스꾸시
tentang potongan pemesanan kapas.
뜬땅   뽀똥안   쁘므사난   까빠ㅅ.

A: 이성훈씨, 우리의 이번 주문량은 적지 않지요?
Bapak Lee Seong Hun, jumlah pemesanan kami kali ini
바빡 이 성 훈, 줌라ㅎ 쁘므사난   까미 깔리 이니
tidak sedikit, kan?
띠닥 스디낏, 깐?

B: 10,000자루는 많지 않은데요.
10.000 kantong itu tidak banyak.
스뿔루ㅎ 리부(1,000) 깐똥 이뚜 띠닥 반약.

유럽 비즈니스맨은 한 번에 50,000자루까지 주문합니다.
Pengusaha Eropa sekali memesan bisa
쁭우사하   에로빠 스깔리 므므산   비사
50.000 kantong.
리마 뿔루ㅎ 리부(50,000) 깐똥.

A: 농담하지 마십시오.
Jangan bercanda.
장안   브르짠다.

10,000자루는 적지 않은데요.
10.000 kantong tidak sedikit loh.
스뿔루ㅎ(10,000) 리부 깐똥 띠닥 스디낏 로ㅎ.

이렇게 많이 구입하는데 보통 얼마나 할인해 주실까요?
Memesan begini banyak tapi biasanya berapa potongan
므므산   브기니 반약   따삐 비아사냐 브라빠 뽀똥안

yang diberikan?
양   디브리깐?

B: 면화에 대해서는 보통 우리가 할인해 주지 않습니다.
Kami biasanya tidak memberikan potongan untuk kapas.
까미   비아사냐 띠닥 믐브리깐   뽀똥안   운뚝   까빠ㅅ.

2. 이사장님은 거래처한테 2% 할인해 주는 데 동의한다.
Bos Lee setuju untuk memberikan potongan 2%
보ㅅ 이   스뚜주 운뚝 믐브리깐   뽀똥안   두아 뻬르센(2%)
kepada pelanggan.
끄빠다   쁠랑간.

A: 이사장님, 우리는 이런 종류의 LCD 텔레비전 1,000대를 주문했는데요.
Bos Lee, kami ingin memesan 1.000 buah
보ㅅ 이,   까미 잉인 므므산   스리부(1.000) 부아ㅎ
TV LCD seperti ini.
띠비 엘찌디 스쁘르띠 이니.

할인에 대해 어떻게 생각하십니까?
Bagaimana dengan potongannya?
바가이마나   등안   뽀똥안냐?

B: 1,000대 구입하시면 보통 우리가 1%만 할인해 줍니다.
Kalau beli 1.000 buah kami biasanya hanya memberikan
깔라우 블리 스리부(1.000) 부아ㅎ 까미 비아사냐 한야 믐브리깐
potongan 1%.
뽀똥안   사뚜 뻬르센(1%).

A: 이렇게 많이 주문하면 일본 쪽은 보통 2% 할인해 줍니다.
Kalau banyak memesan banyak seperti ini biasanya
깔라우 반약   므므산   반약   스쁘르띠 이니 비아사냐
Jepang memberikan potongan 2%.
즈빵   믐브리깐   뽀똥언   두어 뻬르센(2%).

B: 우리가 제공하는 가격은 최저 가격이기 때문에 더 이상 할인해 드릴 수 없습니다.
Karena kami menawarkan harga terendah maka kami
까르나 까미   므나와르깐   하르가 뜨른다ㅎ 마까 까미
tidak bisa memberikan potongan.
띠닥 비사 믐브리깐   뽀똥안.

A: 최소 2% 할인해 주셔야 한다고 생각합니다.
Kami berpikir untuk memberikan potongan paling
까미   브르삐끼ㄹ 운뚝   믐브리깐   뽀똥안   빨링

 새로운 단어

- 벽돌
  Batu bata
  바뚜 바따

- 계약을 체결하다
  Membuat kontrak
  믐부앗   꼰뜨락

- 당장, 바로, 즉각
  Segera, langsung,
  스그라,   랑숭,
  spontan
  스뽄딴

- 동의하다
  Setuju
  수뚜주

- 받아들이다
  Menyetujui/
  므녜뚜주이/
  Menerima
  므느리마

- –에게
  Kepada
  끄빠다

- 과일
  Buah
  부아ㅎ

- 단위
  Satuan
  사뚜안

- 제공하다
  Menyediakan
  므녜디아깐

- 제공
  Termasuk
  뜨르마숙

- 제일 늦다 × 제일 높다
  Terendah × tertinggi
  뜨른다ㄹ × 뜨르띵기

- –만
  Hanya
  한야

Bab 15 할인 • 101

sedikit 2%.
스디낏 두아 뻬ㄹ센(2%).

안 된다면 우리는 다른 데에서 구입하겠습니다.
Kalau tidak bisa kami akan membeli di tempat lain.
깔라우 띠닥 비사 까미 아깐 믐블리 디 뜸빳 라인.

B: 그래요, 통례와 다르게 2% 할인해 드리겠습니다.
Benar, seperti ketentuan kami akan memberikan
브나르, 스쁘ㄹ띠 끄뜬뚜안 까미 아깐 믐브리깐
potongan 2%.
뽀똥안 두아 뻬ㄹ센(2%).

3. 토미씨는 거래처에 1% 할인을 더 해 주는 데 동의한다.
Bapak Tomi setuju dengan memberi potongan 1%
바빡 토미 스뚜주 등안 믐브리 뽀똥안 사뚜 뻬ㄹ센(1%)
lebih kepada pelanggan.
르비ㅎ 끄빠다 쁠랑간.

A: 토미씨, 우리는 할인에 대해 좀 더 논의하고 싶습니다.
Bapak Tomi, kami ingin berdiskusi mengenai
바빡 토미, 까미 잉인 브르디ㅅ꾸시 믕으나이
potongannya.
뽀똥안냐.

B: 좋습니다.
Bagus.
바구ㅅ.

A: 이번 고무 주문에 얼마나 할인해 주시려고 합니까?
Kalau memesan karet di kesempatan kali ini berapa
깔라우 므므산 까렛 디 끄슴빠딴 깔리 이니 브라빠
potongan yang akan diberikan?
뽀똥안 양 아깐 디브리깐?

B: 이번 주문량은 많지 않아서 우리는 1%만 할인해 드릴 수 있습니다.
Karena jumlah pemesanan tidak banyak, kami hanya
까르나 줌라ㅎ 쁘므사난 띠닥 반약, 까미 한야
dapat memberi potongan 1%.
다빳 믐브리 뽀똥안 사뚜 뻬ㄹ센(1%).

A: 고무는 박용관씨 쪽의 신제품입니다. 시장에 진출하기 위해서 좀 더 할인해 주셔야 합니다.
Karet ini produk baru Bapak Park Yong Gwan.
까렛 이니 쁘로둑 바루 바빡 박 용 관.

새로운 단어

- 상담하다
  Berkonsultasi
  브르꼰술따시

- 문제
  Masalah/ problem
  마살라ㅎ/쁘로브렘

- 고무
  Karet
  까렛

- 신제품
  Barang/Produk baru
  바랑/ 쁘로둑 바루

- 시장 진출
  Masuk pasar
  마숙 빠사르

- 교정
  Ketentuan
  끄뜬뚜안

- -에게
  Kepada
  끄빠다

- 고무
  Karet
  까렛

- 제품
  Produk
  쁘로둑

Agar dapat masuk ke pasar harus diberikan potongan
아가르 다빳 마숙 끄 빠사르 하루ㅅ 디브리깐 뽀똥안
lebih.
르비ㅎ.

새로운 단어

- 시장
  Pasar
  빠사르
- 합리적
  Rasional
  라시오날

B: 박용관씨의 요구도 합리적입니다.
Permintaan Bapak Park Yong Gwan rasional.
쁘르민따안 바빡 박 용 관 라시오날.

그렇게 합시다. 말씀하신 전에 대해 생각하면 우리는 추가 1% 할인에 동의합니다.
Baik, mari lakukan seperti itu. Seperti yang dikatakan
바익. 마리 라꾸깐 스쁘르띠 이뚜. 스쁘르띠 양 디까따깐
sebelumnya kami setuju untuk memberi potongan
스블룸냐 까미 스뚜주 운뚝 믐브리 뽀똥안
1% lebih.
사뚜 뻬르센(1%).

A: 그러면 2%의 할인이지요?
Kalau begitu potongan 2%, kan?
깔라우 브기뚜 뽀똥안 두아 뻬르센(2%), 깐?

B: 맞습니다.
Betul/Benar.
브뚤/브나르.

A: 감사합니다.
Terima kasih.
뜨리마까시ㅎ.

꼭 알아둘 POINT

Mata uang Indonesia Rupiah(루피아)

인도네시아 화폐는 루피아 입니다. 은행에서 IDP라고 하고 일반적으로 Rp라고 줄여서 씁니다.

동전은 50Rp, 100Rp, 200Rp, 500Rp 그리고 1,000Rp짜리가 있습니다. 인도네시아에서는 숫자를 천 단위로 표시할 때 콤마를 쓰지 않고 점을 씁니다.

지폐로는 1,000Rp, 2,000Rp, 5,000Rp, 10.000Rp, 20.000Rp, 50.000Rp 그리고 100.000Rp가 있습니다. 2015년 하반기 기준으로 1원은 12.5Rp, 그래서 한국 돈 1,000원은 12.500Rp가 됩니다.

🔖 연습문제

1. 신제품
   a. Barang/Produk baru b. Barang lama
   c. Barang bekas

2. 상담하다
   a. Mengobrol b. Berkonsultasi
   c. Memutuskan

3. 계약을 체결하다
   a. Membatalkan kontrak b. Membuat kontrak
   c. Menyetujui kontrak

4. 이해해 주다
   a. Mengerti b. Menyetujui
   c. Memberikan pengertian

5. 할인(하다)
   a. Memberi potongan, diskon b. Kartu telepon
   c. Memberikan bonus

Bab 16

커미션(수수료)
Komisi (Pajak)
꼬미시　（빠작）

1. 보통 우리는 유럽 공급업자로부터 3%부터 5%까지의 커미션을 받을 수 있다.
   Biasanya kami mendapatkan komisi dari 3 sampai
   비아사냐　까미　믄다빳깐　꼬미시　다리 띠가(3) 삼빠이
   5% dari pemasok Eropa.
   리마(5) 뻬ㄹ센 다리 쁘마속 에로빠.

2. 우리 쪽은 보통 커미션을 주지 않습니다.
   Kami tidak biasa memberi komisi.
   까미　띠닥　비아사 믐브리　꼬미시.

3. 우리는 커미션으로 무역 활동을 진행하고 있습니다.
   Kami sedang dalam proses berdagang ekspor-impor melalui
   까미　스당　달람　쁘로세스 브ㄹ다강　엑스뽀ㄹ-임뽀ㄹ 믈라루이
   komisi.
   꼬미시.

4. 사실은 거래처한테 2%나 3% 커미션 주는 것은 관례입니다.
   Sebenarnya kami setuju untuk memberi komisi 2% atau
   스브나ㄹ냐　까미　스뚜주 운뚝　믐브리　꼬미시　두아 아따우
   3% kepada pelanggan.
   띠가 뻬ㄹ센 끄빠다 쁠랑간.

5. 보통 우리는 한 번 주문한 가격에서 10% 커미션을 받을 수 있습니다.
   Biasanya sekali memesan kami bisa mendapatkan komisi
   비아사냐　스깔리 므므산　까미　비사 믄다빳깐　꼬미시
   10%.
   스뿔루ㅎ 뻬ㄹ센(10%).

6. 대리점은 보통 우리가 3%부터 5%까지의 커미션만 줍니다.
   Biasanya agen memberi kami komisi 3% sampai
   비아사냐　아겐 믐브리　까미　꼬미시 띠가 삼빠이
   5%.
   리마 베ㄹ센(3-5).

✱ C1. 문장
Kalimat

새로운 단어

- 커미션
  Komisi
  꼬미시

- 공급자, 제조업자
  Penyedia/pemasok
  쁜예디아/　쁘마속

- 정말로, 실제로
  Sebenarnya/
  스브나ㄹ냐/
  sebetulnya/
  스브뚤냐/
  kenyataannya
  끈야따안냐

- 살펴보다, 고려하다
  Mempertimbangkan
  믐뻐ㄹ띰방깐

- 방법
  Proses
  쁘로세스

- 무역
  Berdagang
  브ㄹ다강

- 수출×수입(명사)/수출하다×수입하다(동사)
  Ekspor × impor
  엑스뽀ㄹ×임뽀ㄹ

- 사실은
  Sebenarnya
  스브나ㄹ냐

- 보통
  Biasa
  비아사

7. 우리 쪽의 가격은 원가대로 계산되는데 10% 커미션은 가격 인상을 의미한다.
   Perhitungan harga kami disesuaikan dengan komisi 10%.
   쁘르히뚱안 하르가 까미 디스수아이깐 등안 꼬미시 스뿔루ㅎ 뻬르센(10%).

8. 우리는 데디씨한테 한 번의 주문에 5% 커미션만 드릴 수 있습니다.
   Kami bisa memberi komisi 5% kepada Bapak Deddy setiap kali pemesanan.
   까미 비사 음브리 꼬미시 리마 뻬르센 끄빠다 바빡 데디 스띠압 깔리 쁘므사난.

9. 이런 문제에 대해서는 당신의 회사에서 어떻게 규정하는지 몰라요.
   Saya tidak tahu bagaimana perusahaan Anda menangani masalah seperti ini .
   사야 띠닥 따후 바가이마나 쁘루사하안 안다 므낭아니 마살라ㅎ 스쁘르띠 이니.

10. 우리는 보통 다른 공급자한테서 4%~5% 커미션을 받을 수 있습니다.
    Kami biasanya mendapatkan komisi dari pemasok yang lain sekitar 4%~5%.
    까미 비아사냐 믄다빳깐 꼬미시 다리 쁘마속 양 라인 스끼따르 음빳 삼빠이 리마 뻬르센(4~5%).

11. 우리는 가격에 대해 양보했기 때문에 커미션을 드릴 수 없습니다.
    Dikarenakan kami sudah mengalah dalam masalah harga, maka tidak bisa memberikan komisi.
    디까르나깐 까미 수다ㅎ 믕알라ㅎ 달람 마살라ㅎ 하르가, 마까 띠닥 비사 음브리깐 꼬미시.

12. 대리점에 커미션을 주셔야 하지요.
    Agen harus memberikan komisi.
    아겐 하루ㅅ 음브리깐 꼬미시.

13. 그렇지만 데디씨의 주문량이 상당히 많다고 생각하기 때문에 우리는 1% 커미션을 드릴 겁니다. 어떻습니까?
    Tetapi karena jumlah pesanan Bapak Deddy cukup banyak kami akan memberikan komisi 1%. Bagaimana?
    뜨따삐 까르나 줌라ㅎ 쁘사난 바빡 데디 쪼꿉 반약 까미 아깐 음브리깐 꼬미시 사뚜 뻬르센(1%). 바가이마나?

새로운 단어

- 무역 활동
  Kegiatan perdagangan
  끄기아딴 쁘르다강안

- 덕택에
  Berterima kasih
  브르뜨리마 까시ㅎ

- 편하다, 편리하다
  Nyaman
  냐만

- 마케팅
  Pemasaran
  쁘마사란

- 수수료
  Komisi
  꼬미시

- 담당하다
  Menangani
  므낭아니

- 문제
  Masalah
  마살라ㅎ

- – 때문에
  Dikarenakan
  디까르나깐

- 왜냐하면
  Karena
  까르나

14. 일본에서 이렇게 많이 구입하면 우리는 언제나 3% 커미션을 받을 수 있습니다.
    Kalau membeli banyak seperti ini di Jepang maka kapan
    깔라우 음블리   반약   스쁘르띠 이니 디 즈빵   마까 까빤
    pun kami bisa menerima komisi 3%.
    뿐 까미 비사 므느리마   꼬미시 띠가 뻐르센(3%).

15. 그러면 우리가 통례와 다르게 2%를 드릴 겁니다. 더 이상은 드리지 못하겠습니다.
    Kalau begitu seperti ukuran standar maka akan diberikan
    깔라우 브기뚜 스쁘르띠 우꾸란   스딴다르 마까 아깐   디브리깐
    potongan 2%. Kami tidak bisa memberikan lebih.
    뽀똥안   두아 뻐르센(2%). 까미 띠닥 비사 음브리깐 르비ㅎ.

16. 솔직히 말하면 2% 커미션은 정말 관례상 없는 일입니다.
    Sebenarnya komisi 2% ini tidak ada konvensi.
    스브나르냐   꼬미시 두아 뻐르센(2%) 이니 띠닥 아다 꼰벤시.

17. 1,000장의 빙롱 양탄자를 주문하는데 2% 커미션만 주시면 좀 적지 않습니까?
    Kami memesan 1.000 lembar karpet tetapi kalau hanya
    까미 므므산   스리부(1,000) 름바르 까르뻿 뜨따삐 깔라우 한야
    diberi komisi 2% tidak sedikit kah?
    디브리 꼬미시   두아 뻐르센(2%)띠닥 스디낏 까ㅎ?

18. 이것은 잘 풀리는 상품이고 최저 가격까지 제공했기 때문에 커미션을 더 드릴 수 없습니다.
    Ini adalah barang yang laris tetapi karena ditawarkan harga
    이니 아달라ㅎ 바랑   양   라리스 뜨따삐 까르나 디따와르깐   하르가
    yang terendah maka kami tidak bisa memberikan komisi
    양   뜨른다ㅎ   마까 까미 띠닥 비사 음브리깐   꼬미시
    lagi.
    라기.

19. 주문량을 추가하시면 우리는 약간 더 드리겠습니다.
    Kami akan memberikan sedikit lagi kalau pemesanan
    까미 아깐 음브리깐   스디낏 라기 깔라우 쁘므사난
    barangnya ditambah.
    바랑냐   디땀바ㅎ.

20. 좋습니다. 우리는 200장으로 추가 주문하기로 합니다.
    Bagus. Kami memesan 200 lembar lagi.
    바구ㅅ. 까미 므므산   두아 라뚜ㅅ 름바르 라기.

 새로운 단어

- 물품
  Barang mentah
  바랑   믄따ㅎ
- 통례
  Biasanya/kelaziman
  비아사냐/ 끌라지만
- 가치
  Nilai
  닐라이
- 대리점
  Agen/distributor
  아겐/ 디ㅅ뜨리부또르
- 차지하다
  Menempati
  므늠빠띠
- 시장 점유율
  Pasar saham
  빠사르 사함
- 또
  Pun
  뿐
- 그래서
  Maka/Jadi
  마까/ 자디
- -하려고 하다
  Akan
  아깐
- 컨벤션
  Konvensi
  꼰벤시
- -지만/하지만
  Tetapi
  뜨따삐
- 잘 팔린다
  Laris
  라리ㅅ
- 추가하다
  Ditambah
  디땀바ㅎ
- 추가×적게 하다
  Tambah×kurang
  땀바ㅎ×꾸랑

새로운 단어

- 고용하다
  Merekrut,
  므레끄룻,
  memperkerjakan
  음쁘르끄르자깐

- 직원
  Staf/pegawai/
  스땊/쁘가와이/
  karyawan
  까르야완

- 비용
  Biaya
  비아야

- 시간 걸리다
  Makan waktu
  마깐 왁뚜

- –하고 있다
  Sedang
  스당

- 출장
  Dinas kerja
  디나ㅅ 끄르자

- 투자
  Investasi
  인베ㅅ따시

- 남은
  Tersisa
  뜨ㄹ시사

- 이만큼×저만큼
  Segini × Segitu
  스기니   스기뚜

21. 그러면 우리는 통례와 다르게 데디씨께 3% 커미션을 드리겠습니다.
    Kalau begitu seperti standar kami akan memberi komisi
    깔라우 브기뚜 스쁘ㄹ디 스딴다ㄹ 까미 아깐 음브리 꼬미시
    3% pada Bapak Deddy.
    띠가 뻬ㄹ센(3%) 빠다 바빡 데디.

22. 자카르타에서 반둥까지 기차로 얼마나 걸려요?
    Makan waktu berapa lama dari Jakarta sampai Bandung
    마깐 왁뚜 브라빠 라마 다리 자카르타 삼빠이 반둥
    dengan kereta api?
    등안 끄르따 아삐?

23. 사장님은 10월 2일부터 5일까지 외국 출장을 가십니다.
    Bapak Direktur dari tanggal 2 sampai 5 Oktober sedang
    바빡 디렉뚜르 다리 땅갈 두아(2) 삼빠이 리마(5) 옥또베르 스당
    dinas kerja ke luar negeri.
    디나ㅅ 끄르자 그 루아ㄹ 느그리.

24. 이런 분야에 투자할 때 조심해야 됩니다.
    Di bidang sejenis ini harus berhati-hati untuk berinvestasi.
    디 비당   스즈니ㅅ 이니 하루ㅅ 브르하띠-하띠 운뚝 브르인베ㅅ따시.

25. 우리는 오직 이 만큼의 상품이 남아 있어요.
    Barang yang tersisa dari kami hanya segini.
    바랑   양   뜨르시사 다리 까미 한야   스기니.

26. 그런 일에 대해 나중에 논의합시다.
    Mari diskusikan masalah seperti itu nanti.
    마리 디ㅅ꾸시깐   마살라ㅎ 스쁘르띠 이뚜 난띠.

✱ C2. 회화
Percakapan

1. 뜨리씨와 이정원 사장님는 커미션 문제에 대해 의논한다.
   Bapak Tri dan Bapak Direktur Lee Jeong Won
   바빡 뜨리 단 바빡 디렉뚜르 이 정 원
   membicarakan mengenai masalah komisi.
   음비짜라깐   믕으나이 마살라ㅎ 꼬미시.

   A: 뜨리씨, 우리는 보통 유럽 지역 공급자들에게 3%~5%의 커미션을 받습니다.
   Bapak Tri, kami biasanya mendapatkan komisi
   바빡   뜨리, 까미 비아사냐   믄다빳깐   꼬미시
   3%~5% dari pemasok Eropa.
   띠가(3) 삼빠이 리마 뻬ㄹ센(5%) 다리 쁘마속 에로빠.

B: 우리는 보통 커미션을 안 줍니다.
　 Kami biasanya tidak memberikan komisi.
　 까미　비아사냐　띠닥　믐브리깐　　꼬미시.

　 그렇지만 만약 대량을 주문하신다면 고려해 보겠습니다.
　 Tetapi bila memesan banyak akan dipertimbangkan lagi.
　 뜨따삐 빌라 므므산　　반약　아깐 디쁘르띰방깐　　　라기.

A: 우리는 커미션으로 무역하는 겁니다.
　 Kami berdagang dengan mendapat komisi.
　 까미　브르다강　등안　믄다빳　꼬미시.

　 만약 커미션이 있으면 우리가 상품 마케팅할 때 편할 겁니다.
　 Apabila ada komisi kami akan lebih nyaman untuk
　 아빼빌라　아다 꼬미시 까미 아깐 르비ㅎ 냐만　　　운뚝
　 memasarankan produknya.
　 므마사르깐　　쁘로둑냐.

　 뜨리씨, 실제로 2~3%의 커미션을 주는 것이 통례잖아요.
　 Bapak Tri, sebenarnya pemberian komisi 2~3%
　 바빡　 뜨리, 스브나르냐 쁨브리안 꼬미시 두아 띠가 뻬르센(2~3%)
　 itu (biasa/lazim).
　 이뚜 (비아사/라짐).

B: 이정원 사장님, 주문하실 때 저희가 커미션 문제를 의논하겠습니다.
　 Bapak Direktur Lee Jeong Won, ketika memesan kami
　 바빡 디렉뚜르 이 정 원,　　　 끄띠까 므므산　 까미
　 akan membicarakan masalah komisi.
　 아깐 음비짜라깐　　마살라ㅎ 꼬미시.

A: 만약 우대 가격으로 해 주시고 저희가 제안한 커미션까지 포함시켜 주시면 바로 주문하겠습니다.
　 Apabila diberikan harga istimewa juga komisi yang
　 아빠빌라 디브리깐　　하르가 이스띠메와 주가 꼬미시 양
　 kami minta berikut termasuk asuransinya dipenuhi maka
　 까미 민따 브리꿋 뜨르마숙 아수란시냐 디쁘누히 마까
　 kami akan segera memesan.
　 까미 아깐 스그라 므므산.

2. 거래처는 10%의 커미션을 요구하지만 아디사장님씨는 그들에게 5%밖에 커미션을 줄 수 없다.
　 Pelanggan meminta komisi 10% tetapi Bapak
　 쁠랑간　　 므민따　 꼬미시 스뿔루ㅎ 뻬르센(10%) 뜨따삐 바빡

새로운 단어

- 광고
  Iklan
  이끌란

- 신문과 방송
  Koran dan penyiaran
  꼬란 단 쁜이아란

- 원가
  Biaya, ongkos
  비아야, 옹꼬ㅅ

- 편하다
  Nyaman
  냐만

- 팔다
  Menjual
  믄주알

Bab 16 커미션(수수료) ● 109

새로운 단어

- 가격 인상
  Harga
  하르가
- 규정
  Peraturan, ketentuan
  쁘라뚜란, 끄뜬뚜안
- 습관
  Kebiasaan
  끄비아사안
- 이사님
  Direktur
  디렉뚜르
- 가격
  Harga satuan
  하르가 사뚜안
- 홍보하다
  Mempromosikan
  음쁘로모시깐
- 홍보
  Promosi
  쁘로모시
- 증권 시장
  Pasar saham
  빠사르 사함
- 방송하다
  Penyiaran
  쁜이아란
- 방송
  Siaran
  시아란
- 광고
  Iklan
  이끌란
- 결합하다
  Menggabungkan
  믕가붕깐
- 결합
  Gabungan
  가붕안
- 원가
  Harga pokok
  하르가 뽀꼭

Direktur Adi tidak bisa memberikan komisi lebih dari
디렉뚜르 아디 띠닥 비사 음브리깐 꼬미시 르비ㅎ 다리
5%.
리마 뻐르센(5%).

A: 아디 사장님, 일반적으로 우리는 각 상품 가격의 10% 커미션을 받습니다.
Bapak Direktur Adi, biasanya kami mendapat komisi
바빡 디렉뚜르 아디, 비아사냐 까미 믄다빳 꼬미시
10% setiap harga satuan produk.
스뿔루ㅎ 뻐르센(10%) 스띠압 하르가 사뚜안 쁘로둑.

B: 대리점에게 우리는 보통 3~5%의 커미션을 줍니다.
Kami biasanya memberikan komisi 3~5% kepada agen.
까미 비아사냐 음브리깐 꼬미시 띠가 삼빠이 리마 뻐르센 끄빠다 아겐.

A: 당신의 상품 판매 촉진을 위해, 다른 나라의 같은 종류 상품들로부터 시장 점유율을 유지하기 위해서는 우리는 마케팅 직원을 채용해야만 합니다.
Untuk mempromosikan pembelian barang, kami harus
운뚝 음쁘로모시깐 쁨블리안 바랑, 까미 하루ㅅ
memperkerjakan para pekerja pemasaran demi
음쁘르끄르자깐 빠라 쁘끄르자 쁘마사란 드미
mempertahankan pasar saham yang produk dari negara
음쁘르따한깐 빠사르 사함 양 쁘로둑 다리 느가라
lainnya mempunyai tipe yang sama.
라인냐 음뿐야이 띠뻐 양 사마.

그 밖에도 각종 신문, 방송에 광고하는 데 많은 비용이 들어서 제가 보기엔 저희에게 10% 정도의 커미션은 많지 않아요.
Karena begitu banyaknya biaya bukan saja dari setiap
까르나 브기뚜 반약냐 비아야 부깐 사자 다리 스띠압
surat kabar dan biaya penyiaran iklan saya melihat
수랏 까바르 단 비아야 쁜이아란 이끌란 사야 믈리핫
bahwa komisi 10% tidak banyak.
바ㅎ와 꼬미시 스뿔루ㅎ(10) 뻐르센 띠닥 반약.

B: 당신도 잘 알지만 우리 쪽 가격도 원가에 따라 정해진 것이라서 10% 커미션은 가격 인상으로 이어집니다.
Seperti yang anda ketahui, kami menggabungkan harga
스쁘르띠 양 안다 끄따후이, 까미 믕가붕깐 하르가
pokok barang yang diatur dengan komisi 10%.
뽀꼭 바랑 양 디아뚜르 등안 꼬미시 스뿔루ㅎ(10) 쁘르센.

A: 그러면 어떻게 계산하실 겁니까?
Kalau begitu bagaimana sebaiknya perhitungannya?
깔라우 브기뚜 바가이미니 스바익냐 쁘르히뚱안냐?

B: 우리는 각 상품에 5%의 커미션을 줄 수 밖에 없습니다.
Setiap barang kami hanya bisa memberikan komisi 5%.
스띠압 바랑 까미 한야 비사 음브리깐 꼬미시 리마 뻬르센.

3. 이나씨는 상대방에게 2%밖에 커미션을 줄 수 없다.
Ibu Ina tidak bisa memberikan komisi lebih dari 2%.
이부 이나 띠닥 비사 음브리깐 꼬미시 르비ㅎ 다리 두아(2) 뻬르센.

A: 이나씨 대리점에 커미션은 있어야지요.
Ibu Ina, ada komisi untuk agen, bukan?
이부 이나. 아다 꼬미시 운뚝 아겐. 부깐?

B: 일반적으로 저희는 커미션을 주지 않습니다.
Umumnya, kami tidak memberikan komisi.
우뭄냐. 까미 띠닥 음브리깐 꼬미시.

그렇지만 당신이 대량 주문하신 것을 생각해서 우리는 1%의 커미션을 주기로 했습니다. 어떻습니까?
Tetapi karena Anda berpikir untuk memesan dalam
뜨따삐 까르나 안다 브르삐끼르 운뚝 므므산 달람
jumlah besar saya sudah berjanji untuk memberikan
줌라ㅎ 브사르 사야 수다ㅎ 브르잔지 운뚝 음브리깐
1% komisi. Bagaiman?
사뚜 쁘르센 꼬미시. 바가이마나?

A: 그 정도의 커미션은 너무 적은데요.
Komisinya sangat sedikit.
꼬미시냐 상앗 스디낏.

일본에서 그 정도 대량을 구입하면 우리는 항상 3%의 커미션을 받았어요.
Di Jepang kalau membeli dalam jumlah sebanyak itu
디 즈빵 깔라우 믐블리 달람 줌라ㅎ 스반약 이뚜
kami selalu mendapatkan komisi 3%.
까미 슬랄루 믄다빳깐 꼬미시 띠가(3) 뻬르센.

다시 한 번 생각해 주세요.
Tolong pertimbangkan sekali lagi.
똘롱 쁘르띰방깐 스깔리 라기.

B: 그러면 2% 줄게요. 더 이상은 안 돼요.
Kalau begitu kami beri 2%. Tidak bisa lebih dari ini.
깔라우 브기뚜 까미 브리 두아(2)뻬르센.띠닥 비사 르비ㅎ 다리 이니.

 새로운 단어

- 국제 무역
  Perdagangan
  쁘르다강안
  internasional
  인뜨르나시오날

- 솔직히
  Sebenarnya
  스브나르냐

- 고려하다, 주의하다, 생각하다
  Mempertimbangkan
  음쁘르띰방깐
  lagi, memperhatikan
  라기, 음쁘르하띠깐
  lagi, memikirkan lagi.
  라기, 므미끼르깐 라기

- 생각(명사)/생각하다(동사)
  Berpikir
  브르삐끼르

- 받는다
  Mendapatkan
  믄다빳깐

- 받다
  Dapat
  다빳

Bab 16 커미션(수수료) • 111

A: 더 이상은 안 돼요?
Tidak bisa lebih lagi?
띠닥 비사 르비ㅎ 라기?

B: 솔직히 말하면 2% 커미션 주는 것은 실제로 예외적인 일이고 많이 고려한 거에요.
Sebenarnya pemberian komisi 2% merupakan
스브나르냐   뽐브리안   꼬미시 두아(2) 뻬르센 므루빠깐
pengecualian dan penuh pertimbangan.
뽕으쭈알리안   단   쁘누ㅎ 쁘르띰방안.

4. 딘다씨는 2%에서 3%로 커미션을 올리는 데 동의한다.
Ibu Dinda setuju dengan peningkatan komisi dari 2%
이부 딘다   스뚜주 등안 쁘닝까딴   꼬미시 다리 두아(2) 뻬르센
menjadi 3%.
믄자디 띠가(3) 뻬르센.

A: 딘다씨, 우리는 XYZ 양탄자 1000장을 주문했는데 2%의 커미션만 주시면 좀 적은 거 아니에요?
Ibu Dinda, kami memesan 1000 karpet XYZ tetapi
이부 딘다, 까미 므므산   스리부(1,000) 까르뻿 XYZ 뜨따삐
komisinya hanya 2%, apa tidak sedikit ?
꼬미시냐   란야 두아(2) 뻬르센,아빠 띠닥 스디낏?

B: 이건 잘 팔리는 물건이고 가격을 이미 제일 낮게 받잖아요. 그래서 커미션을 더 줄 수 없어요.
Ini adalah barang yang sangat laris dan harganya pun
이니 아달라ㅎ 바랑   양   상앗   라리스 단 하르가냐   뿐
sudah sangat rendah. Karena itu tidak beri komisi.
수다ㅎ 상앗   른다ㅎ.   까르나 이뚜 띠닥 브리 꼬미시.

A: 보통 우리는 다른 나라 물품 주문서에서 5%의 커미션을 받아요.
Biasanya kami mendapat komisi 5% dari pemesanan
비아사냐   까미 믄다빳   꼬미시 리마(5) 뻬르센 다리 쁘므사난
barang dari negara lain.
바랑   다리 느가라 라인.

B: 그럼 이렇게 합시다. 만약 주문이 많아지면 우리가 조금 더 줄 수 있도록 고려해 볼게요.
Kalau begitu, bila pemesanannya semakin banyak kami
깔라우 브기뚜, 빌라 쁘므사난냐   스마낀   반약   까미
akan pertimbangkan untuk memberi lebih banyak.
아깐 쁘르띰방깐   운뚝 믐브리   르비ㅎ 반약.

새로운 단어

- 장(양탄자의 분류사)
  Lembar
  름바르

- 카펫, 양탄자
  Karpet
  까르뻿

- 다른 나라
  Negara lain
  느가라 라인

- 제외
  Pengecualian
  뽕으쭈알리안

- 외에
  Kecuali
  끄쭈알리

- 상승
  Peningkatan
  쁘닝까딴

A: 예, 우리 200장 더 주문할게요.
Ya, kami akan memesan 200 lembar lagi.
야. 까미 아깐 므므산 두아라뚜ㅅ(200) 름바ㄹ 라기.

B: 그러면 우리가 3% 커미션을 줄게요.
Kalau begitu, kami akan berikan komisi 3%
깔라우 브기뚜. 까미 아깐 브리깐 꼬미시 띠가(3) 뻬ㄹ센.

꼭 알아둘 POINT

전에 나는 수수료를 받는 것에는 통계도 없고 쓰여진 증거도 없을 것이라 생각했지만 이제 마케팅과 판매 분과에서 공급자나 세금 대리점에서 수수료를 받는 것은 일종의 관례라는 것을 알았다. 인도네시아에서 월급은 세금 공제를 하지 않고 회사에서 세금을 직접 공제한다.

연습문제

1. 커미션 _____.
2. 공급자, 제조업자 _____.
3. 정말로, 실제로 _____.
4. 무역 활동 _____.
5. 마케팅 _____.
6. 고용하다 _____.
7. 광고 _____.
8. 신문과 방송 _____.
9. 규정 _____.
10. 국제 무역 _____.

Peraturan, ketentuan	Penyedia /pemasok	Surat Kontrak	Sebenarnya
Kegiatan perdagangan	Koran dan penyiaran	Perdagangan internasional	Merekrut, memperkerjakan
Iklan	Komisi	Hutang	Pemasaran

Bab 17

지불 방법
Cara Pembayaran
짜라 쁨바야란

✽ C1. 문장
Kalimat

새로운 단어

- 받다
 Menerima
 므누리마

- 결재하다
 Membayar
 믐바야르

- 신용
 Kredit
 끄레딧

- 보증
 Garansi
 가란시

- 상호의
 Saling
 살링

- 적용
 Menerapkan
 므느랍깐

- 체계
 Sistem
 시ㅅ뗌

- 구매
 Pengadaan
 쁭아다안

- 규모
 Berskala
 브르스깔라

1. 보통 우리는 변경할 수 없는 L/C at sight만 받아들입니다.
 Biasanya kami hanya menerima L/C at sight yang tidak bisa
 비아사냐 까미 한야 므누리마 엘 찌 앗 사잇 양 띠닥 비사
 diubah.
 디우바ㅎ.

2. 이 지불 방법은 우리의 수입 원가를 늘릴 겁니다.
 Cara pembayaran ini dengan meningkatkan harga impor.
 짜라 쁨바야란 이니 등안 므닝깟깐 하르가 임뽀ㄹ.

3. 변경할 수 없는 신용장은 수출품의 보증 정도를 확보합니다.
 Untuk surat kredit yang tidak bisa diubah, garansi produk
 운뚝 수랏 끄레딧 양 띠닥 비사 디우바ㅎ, 가란시 쁘로둑
 ekspornya disediakan.
 엑스뽀르냐 디세디아깐.

4. 서로 좀 양보합시다.
 Mari saling mengalah.
 마리 살링 믕알라ㅎ.

5. 보통 무슨 지불 방법을 적용하십니까?
 Biasanya pembayaran seperti apa yang diterapkan?
 비아사냐 쁨바야란 스쁘르띠 아빠 양 디뜨랍깐?

6. 우리는 신용장 개설 방법을 적용합니다.
 Kami menerapkan sistem pengadaan surat kredit.
 까미 므느랍깐 시ㅅ뗌 쁭아다안 수랏 끄레딧.

7. 천만달러 화물을 위한 신용장 개설 비용은 매우 큽니다.
 Untuk 10 juta dollar kargo, biaya pengadaan surat kreditnya
 울뚝 스뿔루ㅎ(10) 주따 돌라 까르고, 비아야 쁭아다안 수랏 끄레딧냐
 sangat besar.
 상앗 브사르.

8. 큰 규모의 주문에 대해서는 더욱 신용장 개설을 요구해야 합니다.
 Untuk pemesanan berskala besar, harus meminta pengadaan
 운뚝 쁘므사난 브르스깔라 브사ㄹ, 하루ㅅ 므민따 쁭아다안

surat kredit.
수랏 끄레딧.

8. 세계 금융 시장은 매우 불안정합니다.
Keuangan pasar dunia sangat tidak stabil.
끄우앙안   빠사ㄹ 두니아 상앗   띠닥 스따빌.

9. 박승주씨께서는 납품 30일 전에 신용장을 개설하셔야 합니다.
Untuk saudara Park Seung Ju, pengiriman barang
운뚝   사우다라 박 승 주, 쁭이리만   바랑
30 hari sebelumnya harus diadakan surat kredit.
띠가 뿔루ㅎ (30) 하리 스블룸냐 하루ㅅ 디아다깐 수랏 끄레딧.

10. 그래야 우리는 필요한 배치 시간을 갖출 수 있습니다.
Harus begitu sehingga kami bisa mempersiapkan waktu
하루ㅅ 브기뚜 스힝가   까미 비사 믐쁘ㄹ시앞깐   왁뚜
penempatan yang diperlukan.
쁘늠빠딴   양   디쁘ㄹ루깐.

11. 때로는 지불 은행에 제출하는 선적 서류를 준비하기 위해서 1주일 정도 걸리기 때문입니다.
Agar pengiriman dokumen barangnya dapat dibayarkan
아가ㄹ 쁭이리만   도꾸멘   바랑냐   다빳 디바야ㄹ깐
lewat bank, memakan waktu satu minggu.
레왓   방.   므마깐   왁뚜 사뚜 밍구.

12. 신용장은 선적 후 15일 내에 유효합니다.
Pengiriman surat kredit akan habis dalam 15 hari.
쁭이리만   수랏 끄레딧 아깐 하비ㅅ 달람   리마 블라ㅅ(15) 하리.

13. 우리의 의견을 좀 고려해 주시기 바랍니다.
Tolong pertimbangkan opini saya.
똘롱   쁘ㄹ띰방깐   오삐니 사야.

14. 우리는 선생님의 의견을 받아들일 수 없습니다.
Saya tidak bisa menyetujui opini guru.
사야   띠닥   비사 믄예뚜주이   오삐니 구루.

15. 한 달 전 납품 조건을 받아들이신다면 우리는 신용장 개설에 동의할 겁니다.
Bila disetujui pengiriman produk sebulan sebelumnya,
빌라 디스뚜주이 쁭이리만   쁘로둑   스불란   스블룸냐.
kami akan menyetujui pengadaan surat kreditnya.
까미   아깐 믄예뚜주이   쁭아다안   수랏 끄레딧냐.

새로운 단어

- 거액
  Jumlah uang (besar)
  줌라ㅎ 우앙 (브사ㄹ)

- 은행
  Bank
  방

- 원가
  Harga
  하르가

- 수입(하다)
  Mengimpor
  믕임뽀ㄹ

- 보증(하다)
  Menggaransi,
  믕가란시,
  memberikan garansi
  믐브리깐   가란시

- 재원
  Keuangan
  끄우앙안

- 돈
  Uang
  우앙

- 안정된
  Stabil
  스따빌

- 택배
  Pengiriman
  쁭이리만

- 준비하다
  Mempersiapkan
  믐쁘ㄹ시앞깐

- 준비
  Siap
  시앞

- 배치하다(동사) / 배치(명사)
  Penempatan
  쁘늠빠딴

새로운 단어

- 수출품
  Produk ekspor
  쁘로둑 엑스뽀르

- 양보(하다)
  Mengalah
  믕알라ㅎ

- 나머지 (부분)
  Yang tersisa (bagian)
  양 뜨르시사 (바기안)

- 비용
  Biaya
  비아야

- 요구하다
  Meminta
  므민따

- 확인하다
  Dipastikan
  디빠ㅅ띠깐

- 분할하다
  Dicicil
  디찌찔

- 경우
  Hal
  할

- 결정
  Keputusan
  끄뿌뚜산

- 공식적인
  Resmi
  레ㅅ미

- 이리오다
  Kemari
  끄마리

---

16. 선생님의 요구에 동의합니다.
    Kami setuju dengan permintaan guru.
    까미 쓰뚜주 등안 쁘르민따안 구루.

17. 그러나 납품 30일 전에 반드시 우리한테 신용장을 개설해 주셔야 합니다.
    Tetapi harus dipastikan pemberian pengadaan surat kredit
    뜨따삐 하루ㅅ 디빠ㅅ띠깐 쁨브리안 쁭아다안 수랏 끄레딧
    kepada kami jika pengiriman barangnya dalam 30 hari.
    끄빠다 까미 지까 쁭이리만 바랑냐 달람 띠가 뿔루ㅎ(30) 하리.

18. 우리의 이번 프린터 주문은 지불 방법이 어떻습니까?
    Kami ingin memesan printer kali ini bagaimana cara
    까미 잉인 므므산 쁘린떠 깔리 이니 바가이마나 짜라
    pembayarannya?
    쁨바야란냐?

19. 의견을 좀 말씀해 주십시오.
    Bisa bicarakan pendapat Anda.
    비사 비짜라깐 쁜다빳 안다.

20. 이번 주문은 할부로 해 주셨으면 좋겠습니다.
    Saya harap kalau pemesanannya bisa dicicil.
    사야 하랍 깔라우 쁘므사난냐 비사 디찌찔.

21. 이것은 회사의 의견을 물어봐야 되겠습니다.
    Untuk hal ini harus menanyakan opini perusahaan.
    운뚝 할 이니 하루ㅅ 므난야깐 오삐니 쁘루사하안.

22. 공식적인 결정이 나오면 바로 알려 드리겠습니다.
    Kalau keputusan resmi sudah keluar akan diberitahu.
    깔라우 끄뿌뚜산 르ㅅ미 수다ㅎ 끌루아르 아깐 디브리따후.

23. 박승주 회사에서는 보통 무슨 지불 방법을 적용합니까?
    Biasanya perusahaan Park Seung Ju memakai sistem
    비아사냐 쁘루사하안 박 승 주 므마까이 시ㅅ뜸
    pembayaran bagaimana?
    쁨바야란 바가이마나?

24. 어제 오후에 우리 회사에 오신 분은 이름이 뭐예요?
    Siapa nama orang yang datang kemari kemarin sore?
    시아빠 나마 오랑 양 다땅 끄마리 끄마린 소레?

25. 우리가 서로 좀 양보합시다.
    Mari kita saling mengalah.
    마리 끼따 살링 믕알라ㅎ.

26. (우리가) 세계 경제 상황에 대해 이야기합시다.
    Mari (kita) membicarakan tentang keadaan ekonomi dunia.
    마리 (끼따) 음비짜라깐   뜬땅   끄아다안 에꼬노미 두니아.

27. (우리가) 오후 5시에 만나자.
    Mari (kita) bertemu jam 5 sore.
    마리 (끼따) 브르뜨무 잠   리마(5) 소레.

28. 의견을 먼저 알려 주십시오.
    Tolong beritahu opininya terlebih dahulu.
    똘롱   브리따후 오삐니냐   뜨르르비ㅎ 다훌루.

1. 뚜띠씨와 거래자가 지불 방법에 대해 의논한다.
   Ibu Tuti dan pelanggan membicarakan tentang cara
   이부 뚜띠 단 뻴랑간   음비짜라깐   뜬땅   짜라
   pembayarannya.
   뻠바야란냐.

   A: 뚜띠씨의 회사는 보통 어느 지불 방법을 이용합니까?
      Perusahaan Ibu Tuti biasanya memakai cara pembayaran
      쁘루사하안   이부 뚜띠 비아사냐   므마까이 짜라 뻠바야란
      yang bagaimana?
      양   바가이마나?

   B: 일반적으로 우리는 취소불능 일람불 신용장만 받습니다.
      Kami biasanya hanya menerima pembatalan surat kredit
      까미   비아사냐   하냐   므느리마   쁨바딸란   수랏 끄레딧
      L/C.
      엘 찌.

   A: D/A 혹은 D/P 방식은 안 되겠습니까?
      Apakah boleh memakai sistem D/A atau D/P?
      아빠까ㅎ 볼레ㅎ 므마까이   시스뗌 데아 아따우 데뻬?

   B: 죄송하지만 안 될 것 같습니다.
      Maaf tapi sepertinya tidak bisa.
      마앞 따삐 스쁘르띠냐   띠닥 비사.

2. 뚜띠씨와 거래자가 결제 문제에 대해 의논한다.
   Ibu Tuti dan pelanggan membicarakan tentang pembayaran.
   이부 뚜띠 단 뻴랑간   음비짜라깐   뜬땅   뻠바야란.

   A: 뚜띠씨, 물품 운송 15일 전에 신용장을 개설하면 됩니까?
      Ibu Tuti, bisakah pengadaan kartu kredit untuk
      이부 뚜띠, 비사까ㅎ 쁭아다안   까르뚜 끄레딧 운뚝

※ **C2. 회화**
   Percakapan

   새로운 단어

   - 쇠퇴(하다)
     Memundurkan
     므문두르깐

   - 금융 시장
     Pasar keuangan
     빠사르 끄우앙안

   - 불안정(하다)
     Tidak stabil
     띠닥 스따빌
     (mentidakstabilkan)
     (믄띠닥스따빌깐)

   - 선적(하다)
     Mengangkut,
     믕앙꿋,
     mengapalkan
     믕아빨깐

   - 조항
     Artikel, pasal
     아르띠끌, 빠살

   - -에 대해서
     Tentang
     뜬땅

   - 경우
     Keadaan
     끄아다안

   - 말하다
     Membicarakan
     음비짜라깐

   - 말
     Bicara
     비짜라

Bab 17 지불 방법 ● 117

transportasi barang kurang dari 15 hari sebelumnya?
뜨란스뽀ㄹ따시 바랑   꾸랑   다리 리마블라ㅅ(15) 하리 스블룸냐?

B: 그러면 조금 늦는데요.
Kalau begitu sedikit terlambat.
깔아우 브끼뚜 스디낏   뜨ㄹ람밧.

선적하기 30일 전에는 신용장을 개설해야만 합니다.
Untuk pengiriman 30 hari sebelumnya harus membuat surat kredit.
운뚝   뻥이리만   띠가뿌루ㅎ(30) 하리 스블룸냐 하루ㅅ 믐부앗
수랏 끄레딧.

그래야만 저희가 정리하는 데 필요한 시간이 생겨요.
Harus begitu sehingga kami membutuhkan waktu untuk mengatur.
하루ㅅ 브기뚜 스힝가   까미 믐부뚜ㅎ깐   왁뚜 운뚝
믕아뚜ㄹ.

A: 예, 알겠습니다.
Ya, saya mengerti.
야. 사야 믕으ㄹ띠.

B: 그리고 한 가지 조건이 더 있어요.
Kemudian ada 1 persyaratan lagi.
끄무디안   아다 사뚜 뻐ㄹ샤라딴 라기.

신용장 기한을 선적 후 15일로 연장해 주셨으면 해요.
Surat kreditnya bisa diperpanjang setelah pengiriman hari ke 15.
수랏 끄레딧냐   비사 디쁘ㄹ반장   스뜰라ㅎ 뻥이리만
하리 끄 리마 블라ㅅ(15).

은행에 제출할 선적 서류를 준비하는 데 1주일 정도 걸리거든요.
Pengusulan pengiriman dokumen bank sudah disiapkan yang mana membutuhkan waktu seminggu.
뻥우술란   뻥이리만   도꾸멘   방   수다ㅎ 디시앞깐
양   마나 믐부뚜ㅎ깐   왁뚜   스밍구.

A: 그래요.
Benar/begitu.
브나ㄹ/브기뚜.

새로운 단어

- 건의(하다)
  Saran (menyarankan)
  사란   (믄야란깐)

- 프린터
  Printer
  쁘린떠

- 의견
  Opini
  오삐니

- 할부
  Cicilan
  찌찔란

- 늦다
  Terlambat
  뜨ㄹ람밧

- 그래서
  Sehingga
  스힝가

- 요구 사항
  Persyaratan/Syarat
  뻐ㄹ샤라딴 / 사랏

- 의견
  Usulan
  우술란

- 택배를 보내다
  Mengirim paket kilat
  믐이림   빠껫 낄랏

신용장은 선적 후 15일 동안 효력이 있도록 하겠습니다.
Setelah pengiriman surat kredit akan efektif selama
스뜰라ㅎ 뽕이리만   수랏 끄레딧 아깐 에펙띺 슬라마
15 hari.
리마 블라ㅅ(15) 하리.

3. 에디씨와 거래자는 할부 결제에 대해 의논한다.
Bapak Edi dan pelanggan membicarakan tentang
바빡   에디 단 뻴랑간   믐비짜라깐   뜬땅
pembayaran cicilan.
쁨바야란   찌찔란.

A: 에디씨씨, 이번에 저희가 주문한 프린터 결제를 어떻게 할까요?
Bapak Edi, printer yang saya pesan kali ini bagaimana
바박   에디. 쁘린떠 양   사야 쁘산 깔리 이니 바가이마나
pembayarannya?
쁨바야란냐?

B: 어떻게 하면 좋을지 먼저 말씀해 주세요.
Tolong beritahu terlebih dahulu bagaimana sebaiknya.
똘옹   브리따후 뜨ㄹ르비ㅎ 다훌루 바가이마나 스바익냐.

A: 저희는 할부로 결제했으면 합니다.
Kami memperbolehkan pembayaran cicilan.
까미   믐쁘ㄹ볼레ㅎ깐   쁨바야란   찌찔란.

괜찮습니까?
Tidak apa apa?
띠닥   아빠 아빠?

B: 회사에 먼저 물어봐야겠네요.
Saya akan menanyakan ke perusahaan terlebih dahulu.
사야 아깐 므난야깐   끄 쁘루사하안 뜨ㄹ르비ㅎ 다훌루.

A: 정식으로 결정이 나면 제가 바로 알려 드리겠습니다.
Bila keputusan sudah keluar secara resmi akan saya
빌라 끄뿌뚜산   수다ㅎ 끌루아ㄹ 스짜라 르ㅅ미 아깐 사야
segera hubungi.
스구라 후붕이.

새로운 단어

- 여러 번
  Berkali-kali, beberapa
  브ㄹ깔리-깔리, 브브라빠
  kali
  깔리

- 결정
  Pilihan, keputusan
  삘리한. 끄뿌뚜산

- 공식적
  Secara resmi
  스짜라 르ㅅ미

- 바로, 당장
  Langsung, segera
  랑숭.   스그라

- 분할
  Cicilan
  찌찔란

- 로/으로
  Secara
  스짜라

- 빠른 시간에
  Segera
  스그라

꼭 알아둘 POINT

인도네시아에는 집에 쓰레기를 버리는 공간이 따로 있는데 그 곳에 일반쓰레기나 음식물 쓰레기를 버리면 청소부가 리어카에 쓰레기를 담아간다. 음식물쓰레기를 버리게 되면 세금을 내야 되서 집에서 쓰레기를 태우는 경우도 있다. 인도네시아 거리에는 쓰레기통이 많고 캔, 비닐, 종이 등 따로 쓰레기를 버릴 수 있게 만들어 놨다.

연습문제

1. 지불 _____.
2. 받아들이다 _____.
3. 신용장 _____.
4. 보증(하다) _____.
5. 양보(하다) _____.
6. 요구하다 _____.
7. 금융 시장 _____.
8. 건의(하다) _____.
9. 할부 _____.
10. 공식적 _____.

Secara resmi	Cicilan	Mengalah	Meminta
Menyarankan, merekomendasikan	memberikan garansi	Pasar keuangan	Menyetujui, menerima
Surat kredit	membayar	Pembayaran bulanan	menghutang

Bab 18   납품 기한
Jangka Pengiriman
장까   빵이리만

1. 납품하기 위해서 당신 쪽은 보통 시간이 얼마나 필요하세요?
   Untuk pengiriman barang biasanya berapa waktu yang
   운뚝 뽕이리만   바랑   비아사냐 브라빠 왁뚜 양
   dibutuhkan?
   디부뿌ㅎ깐?

2. 신용장을 받은 후에 1달 안으로 납품할 수 있습니다.
   Setelah menerima surat kreditnya, barang dapat dikirimkan
   스뜰라ㅎ 므느리마 수랏 끄레딧냐. 바랑 다빳 드끼림깐
   dalam waktu sebulan.
   달람 왁뚜 스불란.

3. 특별한 주문은 어떻습니까?
   Bagaimana dengan pemesanan khusus?
   바가이마나 등안 쁘므사난 쿠수ㅅ?

4. 특별한 주문의 납품 기한은 3개월을 초과하면 안 됩니다.
   Pemesanan khusus tidak boleh melewati 3 bulan.
   쁘므사난 쿠수ㅅ 띠닥 볼레ㅎ 믈레와띠 띠가(3) 불란.

5. 도니께 6월에 납품을 요구하면 우리는 언제 신용장을 개설해야 합니까?
   Apabila Bapak Doni meminta pengiriman barang pada
   아빠빌라 바빡   도니 므민따 뽕이리만   바랑 빠다
   bulan Juni kapan kami harus membuat surat kreditnya?
   불란 주니 까빤 까미 하루ㅅ 믐부앗 수랏 끄레딧냐.

6. 납품 기한 전 한 달입니다.
   Waktu pengiriman barangnya tidak sampai sebulan.
   왁뚜 뽕이리만   바랑냐   띠닥 삼빠이 스불란.

7. 좀 더 일찍 납품하실 수 있습니까?
   Bisakah mengirim lebih cepat?
   비사까ㅎ 믕이림   르비ㅎ 쯔빳?

 C1. 문장
Kalimat

새로운 단어

- 납품(하다)
  Mengirimkan
  믕이림깐

- 특별한 주문
  Pemesanan khusus
  쁘므사난   쿠수ㅅ

- 절대로
  Tidak sama sekali
  띠닥 사마 스깔리

- 초과하다
  Melewati, melampaui
  믈레와띠,   믈람빠우이

- 화물 준비
  Persiapkan kargo
  쁘르시앞깐   까르고

- 한달
  Sebulan
  스불란

- 주문
  Pemesanan
  쁘마사난

- 특별하다(동사) / 특별(명사)
  Khusus
  쿠수ㅅ

- 지나다
  Melewati
  믈레와띠

- 가능하다
  Bisa/dapat
  비사/다빳

8. 우리한테 한 달 미만의 기간에 납품하기를 요구하지 않지요?
   Anda tidak meminta kami untuk mengirim kurang dari
   안다 띠닥 므민따 까미 운뚝 믕이림 꾸랑 다리
   sebulan, bukan?
   스불란, 부깐?

9. 돌아오는 대로 신용장 개설 수속에 착수하겠습니다.
   Sekembalinya, prosedur pembuatan surat kredit akan segera
   스끔발리냐, 쁘로세두ㄹ 쁨부아딴 수랏 끄레딧 아깐 스그라
   dimulai.
   디물라이.

10. 9월에 납품을 하실 수 있습니까?
    Bisakah dikirim pada bulan 9?
    비사까ㅎ 디끼림 빠다 불란 슴빌란(9)?

11. 가장 일찍 납품 가능한 시간은 언제입니까?
    Kapan waktu paling cepat untuk mengirim barang?
    까빤 왁뚜 빨링 쯔빳 운뚝 믕이림 바랑?

12. 우리 나라에서는 12월에 이 제품을 시장에 진출시켜야 하는 시점입니다.
    Di negara kami pada bulan Desember merupakan waktu
    디 느가라 까미 빠다 불란 데셈베ㄹ 므루빠깐 왁뚜
    peluncuran barang ini ke pasar.
    쁠룬쭈란 바랑 이니 끄 빠사ㄹ.

13. 10월 전에 선적을 마무리 해야 합니다. 그렇지 않으면 소비 시점이 늦을 겁니다.
    Sebelum bulan Oktober pengirimannya harus sudah
    스블룸 불란 옥또베ㄹ 쁭이리만냐 하루ㅅ 수다ㅎ
    diselesaikan. Kalau tidak begitu waktu konsumsinya akan
    디셀레사이깐. 깔라우 띠닥 브기뚜 왁뚜 꼰숨시냐 아깐
    telat.
    뜰랏.

14. 납품 시간은 우리에게 아주 중요합니다.
    Waktu pengiriman barangnya sangat penting bagi kita.
    왁뚜 쁭이리만 바랑냐 상앗 쁜띵 바기 끼따.

15. 아깝게도 우리는 더 일찍 납품할 수 없습니다.
    Meskipun sayang kita tidak bisa lebih cepat mengirim
    므ㅅ끼뿐 사양 끼따 띠닥 비사 르비ㅎ 쯔빳 믕이림
    barangnya.
    바랑냐.

새로운 단어

- 서류
  Dokumen
  도꾸멘

- 착수하다
  Memulai
  므물라이

- 수속
  Prosedur
  쁘로세두ㄹ

- 마음을 놓다, 안심하다
  Perasaan tenang
  쁘라사안 뜨낭

- 배치하다
  Menempatkan
  므늠빳깐

- 순서
  Prosedur
  쁘로세두ㄹ

- 나라
  Negara
  느가라

- 소비
  Konsumsi
  꼰숨시

- 그래도
  Meskipun
  므ㅅ끼뿐

16. 더 일찍 납품할 수 있는 방법이 있습니까?
    Ada cara untuk lebih awal mengirimkan barangnya?
    아다 짜라 운뚝 르비ㅎ 아왈 믕이림깐   바랑냐?

17. 새로운 주문을 끊임없이 받기 때문에 현재 우리 공장은 아주 바빠서 더 일찍 하기 힘들다고 봅니다.
    Karena terus menerus ada pemesanan baru maka akhir-
    까르나 뜨루ㅅ 므느루ㅅ 아다 쁘므사난   바루 마까 아키르
    akhir ini pabrik kami sangat sibuk jadi kalau lebih cepat
    아키르 이니 빠브릭 까미 상앗   시북 자디 깔라우 르비ㅎ 쯔빳
    agak susah/sulit.
    아각 수사ㅎ/술릿

18. 이것은 우리가 받아들일 수 있는 가장 빠른 기한입니다.
    Ini merupakan keputusan yang paling cepat.
    이니 므루빠깐   끄뿌뚜산   양 빨링 쯔빳.

19. 우리는 8월 말에 신용장을 개설할 겁니다.
    Pembuatan surat kreditnya di akhir bulan Agustus
    쁨부아딴   수랏 끄레딧냐 디 아키르 불란 아구ㅅ뚜ㅅ.

20. 9월에 납품할 수 있도록 우리는 최선을 다 하겠습니다.
    Kami akan usahakan agar dapat dikirimkan pada bulan
    까미 아깐 우사하깐   아가르 다빳 디끼림깐   빠다 불란
    September.
    셉뗌버ㄹ.

21. 제가 생각하기에는 일찍 납품할 수 있는 방법이 또 하나 있습니다.
    Menurut saya, ada cara pengiriman barang yang lebih cepat.
    므누룻   사야. 아다 짜라 쁭이리만   바랑 양 르비ㅎ 쯔빳.

22. 납품 항구는 중국에서 수라바야 주안다 공항으로 바꾸면 어떻습니까?
    Bisakah pengiriman barang di Cina dialihkan ke bandara
    비사까ㅎ 쁭이리만   바랑 디 찌나 디알리ㅎ깐 끄 반다라
    udara Juanda-Surabaya?
    우다라 주안다–수라바야?

23. 수라바야에서 납품하시면 우리가 화물을 받을 수 있는 시간은 훨씬 더 이릅니다.
    Kalau mengirim lewat Surabaya, kita lebih cepat menerima
    깔라우 믕이림   레왓 수라바야, 끼따 르비ㅎ 쯔빳 므느리마
    barang.
    바랑.

새로운 단어

- 10월 중순
  Pertengahan bulan
  쁘르뜽아한   불란
  10
  스뿔루ㅎ(10)

- 시장에 상품을 진출시키다
  Meluncurkan barang
  믈룬쭈르깐   바랑
  di pasar
  디 빠사르

- 세관 수속
  Prosedur bea cukai
  쁘로세두르 베아 쭈까이

- 소비 시기
  Waktu konsumsi
  왁뚜 꼰숨시

- 처음
  Awal
  아왈

- 공장
  Pabrik
  빠브릭

- 만들다
  Pembuatan
  쁨부아딴

- 만들다
  Buat
  부앗

- 인공
  Buatan
  부아딴

- 전화
  Dialihkan
  디알리ㅎ깐

- 공항
  Bandara udara
  반다라 우다라

새로운 단어

- 생산 계획
  Rencana produksi
  른짜나 쁘로둑시

- 심지어
  Pun
  뿐

- 특별히
  Khusus
  쿠수ㅅ

- 관심, 관심을 가지다
  Ketertarikan, tertarik
  끄뜨r따리깐, 뜨r따릭

- 어떻게하든
  Bagaimana pun
  바가이마나 뿐

- 국제적으로
  Secara spesifik
  스짜라 스뻬시픽

✱ **C2. 회화**
Percakapan

24. 우리가 수라바야 주안다 공항을 선택하면 3월 말 전에 납품하실 수 있습니까?
Jika kita memilih bandara udara Juanda-Surabaya, apakah
찌까 끼따 므밀리ㅎ 반다라 우다라 주안다-수라바야, 아빠까ㅎ
barang bisa dikirim pada waktu akhir Maret?
바랑 비사 디끼림 빠다 왁뚜 아키ㄹ 마렛?

25. 어떻게든지 4월 상순 안에 납품하겠습니다.
Bagaimanapun pada bulan April dalam 10 hari pertama
바가이마나뿐 빠다 불란 아쁘릴 달람 스뿔루ㅎ(10) 하리 쁘r따마
akan dikirim barangnya.
아깐 디끼림 바랑냐.

26. 납품하기 위해서 당신 쪽은 보통 시간이 얼마 필요해요?
Biasanya berapa waktu yang diperlukan untuk mengirim
비아사냐 브라빠 왁뚜 양 디쁘r루깐 운뚝 믕이림
barang?
바랑?

27. 일을 잘 완성하기 위해서 구체적인 계획을 세워야 합니다.
Harus ada rencana yang spesifik agar suatu kerjaan dapat
하루ㅅ 아다 른짜니 양 스뻬시픽 아가r 수아뚜 끄r자안 다빳
diselesaikan.
디셀레사이깐.

28. 신용장을 받은 후 1달 안으로 다 납품할 수 있습니다.
Setelah menerima surat kredit, dalam waktu 1 bulan barang
스뜰라ㅎ 므느리마 수랏 끄레딧, 달람 왁뚜 사뚜(1) 불란 바랑
bisa dikirimkan.
비사 디끼림깐.

1. 두 사람이 납품 기한에 대해 의논하고 있다.
2 orang sedang membicarakan tentang waktu pengiriman.
두아 오랑 스당 믐비짜라깐 뜬땅 왁뚜 쁭이리만.

A: 당신 쪽에서 납품하는 데 시간이 얼마나 필요합니까?
Berapa lama waktu yang diperlukan bagi Anda untuk
브라빠 라마 왁뚜 양 디쁘r루깐 바기 안다 운뚝
mengrim barang?
믕이림 바랑?

B: 일반적으로 신용장을 받은 후 한 달 안에 납품이 가능합니다.
Biasanya setelah menerima surat kredit dalam waktu
비아사냐 스뜰라ㅎ 므느리마 수랏 끄레딧 달람 왁뚜

sebulan bisa dikirimkan.
스불란 비사 디끼림깐.

A: 특별한 주문에 대해서는 어떻습니까?
Bagaimana dengan pesanan khusus?
바가이마나 등안 쁘사난 쿠수ㅅ?

B: 특별한 주문의 납품 기한은 조금 연장되지만 절대 3개월을 초과하지는 않습니다.
Untuk pemesanan khusus kita bisa memperpanjang
운뚝 쁘므사난 쿠수ㅅ 끼따 비사 음쁘ㄹ반장
waktunya tetapi tidak bisa melebihi 3 bulan.
왁뚜냐 뜨따삐 띠닥 비사 믈르비히 띠가(3) 불란.

2. 딘다씨가 납품 기한을 결정하기 위해 공장의 의견을 물어본다.
Ibu Dinda menanyakan opini pabriknya supaya dapat
이부 딘다 므난야깐 오삐니 빠브릭냐 수빠야 다빳
menentukan waktu pengirimannya.
므는뚜깐 왁뚜 쁭이리만냐.

A: 9월에 납품해 주실 수 있겠습니까?
Bisakah dikirimkan pada bulan September?
비사까ㅎ 디끼림깐 빠다 불란 셉뗌베ㄹ?

B: 제가 보기에는 불가능합니다.
Saya kira tidak bisa.
사야 끼라 띠닥 비사.

A: 그러면 납품 기한이 제일 빠르면 언제쯤입니까?
Kalau begitu kapan waktu pengiriman tercepat?
깔라우 브기뚜 까빤 왁두 쁭이리만 뜨르쯔빳?

B: 10월 중순입니다. 더 빨리는 안 됩니다.
Pertengahan bulan Oktober. Tidak bisa lebih cepat lagi.
쁘르뜽아한 불란 옥또베ㄹ. 띠닥 비사 르비ㅎ 쯔빳 라기.

A: 그러면 너무 늦습니다.
Kalau begitu lama sekali.
깔라우 브기뚜 라마 스깔리.

우리 나라에선 12월이 시장으로 상품을 출하하는 시기입니다.
Di negara kami pada bulan Desember produk akan
디 느가라 까미 빠다 불란 데셈브ㄹ 쁘로둑 아깐
diluncurkan ke pasar.
디룬쭈ㄹ깐 끄 빠사ㄹ.

새로운 단어

- 끊임없이
  Tiada akhir
  띠아다 아키ㄹ

- 현재
  Sekarang
  스까랑

- 공장
  Pabrik
  빠브릭

- 최선을 다 하다
  Melakukan sekuatnya
  믈라꾸깐 스꾸앗냐

- 길게 하다 × 짧게 하다
  Memperpanjang ×
  음쁘ㄹ빤장 ×
  memperpendek
  음쁘ㄹ뻰덱

- 빠르다 × 느리다
  Tercepat × terlambat
  뜨ㄹ쯔빳 × 뜨ㄹ람밧

- 중간
  Tengah
  뜽아ㅎ

- 중앙의
  Pertengahan
  쁘ㄹ뜽아한

- 출시
  Diluncurkan
  디룬쭈ㄹ깐

아시다시피 우리 쪽 세관 수속이 약간 복잡합니다.
Seperti yang anda ketahui prosedur bea cukai sedikit
스쁘르띠 양   안다 끄따후이 쁘로세두르 베아 쭈까이 스디낏
rumit.
루밋.

B: 제가 압니다만.
Saya mengerti.
사야 믕으르띠.

A: 10월 전에 납품해야 합니다. 그렇게 못하면 소비 시기를 놓칠 겁니다.
Pengirimannya harus sebelum bulan Oktober. Kalau
쁭이리만냐   하루ㅅ 스블룸   불란 옥또베르. 깔라우
tidak bisa waktu konsumsinya akan terlewatkan.
띠닥 비사 왁뚜   꼰숨시냐   아깐 뜨르레왓깐.

B: 저희 공장의 제 3사분기 생산 계획도 꽉 차 있습니다.
Di pabrik kami ada rencana produksi pada kuarter 3.
디 빠브릭 까미 아다 른짜나   쁘로둑시 빠다 꾸아르떼르 띠가(3).

많은 파트너들이 제 4사분기에 주문했습니다.
Banyak rekan kerja memesan pada kuarter 4.
반약   르깐 끄르자 므므산   빠다 꾸아르떼르 음빳(4).

A: 이나씨, 당신도 우리에게 납품 기한이 얼마나 중요한지 알지 않습니까?
Ibu Ina, Anda tentunya tahu seberapa pentingnya waktu
이부 이나, 안다 뜬뚜냐   다후 스브라빠   쁜띵냐   왁뚜
pengiriman bagi kami?
쁭이리만   바기 까미?

B: 그 점은 잘 알지요.
Saya mengerti poin itu.
사야 믕으르띠   뽀인 이뚜.

그렇지만 저희가 그 어떤 해보다도 올해 더 많은 양의 주문을 받았습니다.
Tetapi, dibandingkan tahun berapapun, tahun ini jumlah
뜨따삐, 디반딩깐   따훈 브라빠뿐, 따훈 이니 줌라ㅎ
permintaan kami lebih banyak.
쁘르민따안   까미 르비ㅎ 반약.

정말 유감스럽습니다만 우리는 더 일찍 납품해 드리기 어렵습니다.
Sangat disayangkan, kami sulit untuk mengirim lebih
상앗 디사양깐,   까미 술릿 운뚝   믕이림   르비ㅎ

새로운 단어

- 방법
  Sistem, cara
  시스뗌, 짜라
- 납품 항구
  Pelabuhan pengiriman
  쁠라부한   쁭이리만
- 옮기다
  Dipindahkan
  디뻰다ㅎ깐
- 세관
  Bea cukai
  베아 쭈까이
- 복잡하다
  Rumit
  루밋
- 지나간다
  Terlewatkan
  뜨르레왓깐
- 지나다
  Lewat
  레왓
- 얼마 중요하다
  Seberapa penting
  스브라빠 쁜띵
- 얼마든지
  Berapa pun
  브라빠 뿐
- 아쉽다
  Disayangkan
  디사양깐

awal.
아왈.

A: 저희의 요구에 각별히 신경 써 주시기 바랍니다.
Tolong perhatikan permintaan kami.
똘롱   쁘ㄹ하띠깐   쁘ㄹ민따안   까미.

B: 알겠습니다.
Baik.
바익.

제가 공장에 연락해 보고 그 쪽의 의견을 물어본 다음에 다시 의논합시다.
Saya akan menghubungi pabriknya dan akan
사야   아깐   믕후붕이   빠브릭냐   단   아깐
menanyakan pendapat mereka, nanti mari kita
므난야깐   쁜다빳   므레까,   난띠   마리   끼따
diskusikan lagi.
디ㅅ꾸시깐   라기.

3. 아디씨가 파트너와 더 일찍 납품하도록 노력하겠다는 약속을 한다.
Bapak Adi dan rekannya berjanji akan berusaha untuk bisa
바빡   아디   단   르깐냐   브르잔지   아깐   브루사하   운뚝   비사
mengirim barang lebih cepat.
믕이림   바랑   르비ㅎ 쯔빳.

A: 아디씨, 더 일찍 납품할 수 있는 방법이 있나요?
Bapak Adi, adakah cara yang lebih cepat untuk
바빡   아디, 아다까ㅎ 짜라   양   르비ㅎ 쯔빳   운뚝
mengirim barang?
믕이림   바랑?

B: 끊임없이 들어오는 주문서들 때문에 현재는 저희 공장도 너무 바쁘게 돌아가고 있습니다. 더 일찍은 어려울 것 같습니다.
Karena surat permintaan barang yang datang terus, maka
까르나   수랏   쁘ㄹ민따안   바랑   양   다땅   뜨루ㅅ,   마까
pabrik kami pun sangat sibuk, Sepertinya sangat sulit
빠브릭   까미   뿐   상앗   시북,   스쁘ㄹ띠냐   상앗   술릿
untuk lebih awal
운뚝 르비ㅎ 아왈

A: 그러면 10월 중순입니까?
Bagaimana kalau pertengahan bulan Oktober?
바가이마나   깔라우   쁘ㄹ뜽아한   불란   옥또베ㄹ?

새로운 단어

- (정기) 배편
  Lewat jalur laut
  레왓   잘루ㄹ 라웃
  (periodik)
  (쁘리오딕)

- 될 수 있는 대로 일찍
  Secepatnya kalau
  스쯔빳냐   깔라우
  mungkin
  뭉낀

- 주의
  Diperhatikan
  디쁘ㄹ하띠깐

- 주의 하다
  Perhatikan
  쁘ㄹ하띠깐

- 연락하다
  Menghubungi
  믕후붕이

- 사이
  Hubungan
  후붕안

- 중앙의
  Pertengahan
  쁘ㄹ뜽아한

- 중간
  Tengah
  뜽아ㅎ

Bab 18 납품 기한 • 127

새로운 단어

- 설치하다
  Pasang/memasang
  빠상/ 므마상

- 할 수 있는 만큼
  Sebisa
  스비사

B: 네, 그 때가 저희가 납품해 드릴 수 있는 가장 빠른 날짜입니다.
Ya, tanggal tersebut adalah pengiriman tercepat yang
야, 땅갈 뜨르스붓 아달라ㅎ 뽕이리만 뜨르쯔빳 양
bisa kami lakukan.
비사 까미 라꾸깐.

A: "10월 15일 또는 더 일찍 납품한다"란 문장을 넣으면 어떻습니까?
Bagaimana kalau kita pasang kalimat ini "pengiriman
바가이마나 깔라우 끼따 빠상 깔리맛 이니 "뽕이리만
bulan Oktober tanggal 15 atau lebih cepat"?
불란 옥또베르 땅갈 리마 블라ㅅ(15) 아따우 르비ㅎ 쯔빳"?

저희는 8월 말에 신용장을 열겠습니다.
Pada bulan Agustus akhir saya akan membuat surat
빠다 불란 아구ㅅ뚜ㅅ 아키르 사야 아깐 음부앗 수랏
kredit.
끄레딧.

B: 좋습니다. 그렇게 하죠.
Baik. Mari begitu.
바익. 마리 브기뚜.

저희는 9월에 납품이 될 수 있도록 최선을 다하겠습니다.
Kami akan lakukan sebisa kami agar dapat mengirim
까미 아깐 라꾸깐 스비사 까미 아가르 다빳 믕이림
barang pada bulan September.
바랑 빠다 불란 셒뗌베르.

연습문제

1. 특별한 주문
   a. Persiapkan kargo   b. Pemesanan khusus   c. Waktu konsumsi

2. 화물 준비
   a. Rencana produksi   b. Ketertarikan, tertarik   c. Persiapkan kargo

3. 소비 시기
   a. Waktu konsumsi   b. Tiada akhir   c. Pelabuhan pengiriman

4. 생산 계획
   a. Melakukan sekuatnya   b. Rencana produksi   c. Pelabuhan pengiriman

5. 관심, 관심을 가지다
   a. Ketertarikan, tertarik   b. Tiada akhir   c. Pertengahan bulan 10

6. 끊임없이
   a. Pemesanan khusus   b. Tiada akhir   c. Ketertarikan, tertarik

7. 최선을 다 하다
   a. Rencana produksi   b. Tiada akhir
   c. Melakukan sekuatnya/sebisanya

8. 납품 항구
   a. Waktu konsumsi   b. Dipindahkan   c. Pelabuhan pengiriman

9. 옮기다
   a. Dipindahkan   b. Waktu konsumsi   c. Persiapkan kargo

10. 10월 중순
    a. Tiada akhir   b. Pertengahan bulan 10   c. Dipindahkan

Bab 19   선적 조건
Persyaratan Pengiriman
쁘르샤라딴   뻥이리만

 C1. 문장
Kalimat

새로운 단어

- 선적(하다)
  Mengirim
  믕이림

- 조건
  Kondisi, syarat
  꼰디시, 샤랏

- 정기적
  Secara teratur
  스짜라 뜨르아뚜르

- 운송 회사
  Perusahaan
  쁘루사하안
  pengiriman
  뻥이리만

- 가득 찬
  Memenuhi
  므므누히

- 가득 찬
  Cangkir penuh
  짱끼르 쁘누ㅎ

- –에 따라
  Sesuai
  세수아이

- 화물
  Kargo
  까르고

- 루트
  Rute
  루뜨

- 포트
  Pelabuhan
  쁠라부한

1. 선적되는 시간에 대해 어떻게 생각하십니까?
   Kapan barangnya bisa dikirimkan?
   까빤   바랑냐   비사 디끼림깐?

2. 우리는 보통 일정하게 정해져 있는 선적 조건을 적용해요.
   Kami biasanya memilih pengiriman yang memenuhi syarat
   까미 비아사냐 므밀리ㅎ 뻥이리만   양   므므누히   샤랏
   sesuai jadwal.
   스수아이 잣왈.

3. 우리의 이번 화물을 바로 선적해 주실 수 있습니까?
   Bisakah kargo kami kali ini langsung dikirim?
   비사까ㅎ 까르고 까미 깔리 이니 랑숭   디끼리?

4. 몇 주 내로 모든 화물을 준비하라고 요청하시는 데에 맞춰 드리기 어렵습니다.
   Selama beberapa minggu ini kita mempersiapkan semua
   슬라마 브브라빠   밍구 이니 끼따 음쁘르시앞깐   스무아
   pengiriman, untuk menyesuaikan permintaan sepertinya
   뻥이리만,   운뚝 므예수아이깐   쁘르민따안   스쁘르띠냐
   sulit.
   술릿.

5. 만약에 그렇다면 우리 화물이 배에 실릴 시간은 언제인가요?
   Kalau seperti itu kapan kargonya bisa dikirim?
   깔라우 스쁘르띠 이뚜 까뻰   까르고냐   비사 디끼림?

6. 이 화물이 도착할 항구가 루트에 없기 때문에 그들이 다른 선박에 환적하도록 요청했습니다.
   Karena tidak ada rute ke pelabuhan untuk kargo ini,
   까르나 띠닥 아다 루떼 끄 쁠라부한   운뚝 까르고 이니,
   maka diminta untuk mengirim ke tempat lain.
   마까 디민따   운뚝 믕이림   끄 뜸빳   라인.

7. 환적 화물은 운반 시간이 더 걸리는데다가 파손 당할 우려가 있습니다.
Waktu pengirimannya akan lebih lama selain itu ada
왁뚜 쁭이리만냐 아깐 르비ㅎ 라마 슬라인 이뚜 아다
kemungkinan kerusakan.
끄뭉끼난 끄루사깐.

8. 환적 화물은 추가 비용을 부담해야 해서 우리한테 좋지 않습니다.
Karena berkeberatan dengan biaya tambahan pengepakan
까르나 브르끄브라딴 등안 비아야 땀바한 쁭으빠깐
kargonya maka tidak baik buat kami.
까르고냐 마까 띠닥 바익 부앗 까미.

9. 다른 해결 방안을 생각해 주셨으면 합니다.
Tolong dipikirkan rencana lain untuk menyelesaikan.
똘롱 디삐끼르깐 른짜나 라인 운뚝 믄옐르사이깐.

10. 당신이 이번에 주문하신 양이 아주 많습니다.
Jumlah yang Anda pesan kali ini sangat banyak.
줌라ㅎ 양 안다 쁘산 깔리 이니 상앗 반약.

11. 우리가 이번에 주문하는 상품은 계절 상품이기 때문에 한꺼번에 선적하는 것이 좋습니다.
Barang yang kami pesan kali ini adalah barang musiman
바랑 양 까미 쁘산 깔리 이니 아달라ㅎ 바랑 무시만
maka jika dikirim secara bersamaan akan bagus.
마까 지까 디끼림 스짜라 브르사마안 아깐 바구ㅅ.

12. 필요하시다면 우리는 운송 선박 용선을 담당할 수 있습니다.
Bila dibutuhkan Anda bisa percayakan reservasi
빌라 디부뚜ㅎ깐 안다 비사 쁘르짜야깐 레세르바시
pengirimannya kepada kami.
쁭이리만냐 끄빠다 까미.

13. 좋습니다. 향후 업무의 협조를 위해서 우리는 부분적으로 나누어 선적하는 것에 동의합니다.
Baik. Saya setuju dengan masalah pengiriman yang dibagi
바익. 사야 스뚜주 등안 마살라ㅎ 쁭이리만 양 디바기
merata guna kerjasama di masa depan.
므라따 구나 끄르자사마 디 마사 데빤.

14. 화물의 원산지에서 가까운 항구에서 선적하기 때문에 편리하기도 하지만 대금의 정산에도 편리합니다.
Karena pengiriman kargo Wonsanji dekat dengan pelabuhan,
까르나 쁭이리만 까르고 원산지 드깟 등안 쁠라부한,

새로운 단어

- 해정
  Rute laut
  루떼 라웃

- 허락(하다)
  Memberi izin
  음브리 이진

- 다른 배로 옮겨 싣다
  Memindahkan ke
  므민다ㅎ깐 끄
  kapal lain
  끼빨 라인

- 또한
  Selain itu
  슬라인 이뚜

- 반대하다
  Berkeberatan
  브르끄브라딴

- 반대
  Keberatan
  끄브라딴

- 계절에 다라
  Musiman
  미누만

- 예약
  Reservasi
  레스르바시

- 어디든지 있다
  Merata
  므라따

- 플랫
  Rata
  라따

dan juga nyaman tetapi pembayaran Jongsan lebih baik.
단 주가 냐만 뜨따삐 쁨바야란 정산 르비ㅎ 바익.

15. 운송은 우리가 발리 해운 회사에 부탁하려고 합니다.
Untuk pengirimannya kami meminta bantuan ke perusahaan
운뚝 쁭이리만냐 까미 므민따 반뚜안 끄 쁘루사하안
pelayaran Bali.
쁠라야란 발리.

16. 차이가 가능하지만 매번 화물은 적재 예상량의 5%를 넘게 실으면 안 됩니다.
Bisa ada perbedaan, tetapi beberapa pengiriman ini menurut
비사 아다 쁘르베다안. 뜨따삐 브브라빠 쁭이리만 이니 므누룻
perkiraan pemasokan jika melebihi 5% tidak bisa dikirim.
쁘르끼라안 쁘마소깐 지까 믈르비히 리마(5) 뻬르센 띠닥 비사 디끼림.

17. 차이가 나는 선적량은 계약 가격대로 정산될 것입니다.
Perbedaan pengirimannya merupakan penyesuaian harga di
쁘르베다안 쁭이리만냐 므루빠깐 쁜예수아이안 하르가 디
kontrak.
꼰뜨락.

18. 화물이 다 준비된 후에 15일에서 25일 이내에 선적을 하시는 것이 좋습니다.
Setelah kargo dipersiapkan, lebih baik pengirimannya
스뜰라ㅎ 까르고 디쁘르시앞깐, 르비ㅎ 바익 쁭이리만냐
dalam 15 sampai 25 hari.
달람 리마 블라ㅅ(15) 삼빠이 두아 뿔루ㅎ 리마(25) 하리.

19. 지금 이번 화물에 대한 FOB 납품 조건에 대해 의논합시다.
Mengenai pengiriman mari sekarang didiskusikan tentang
믕으나이 쁭이리만 마리 스까랑 디디ㅅ꾸시깐 뜬땅
kondisi pengiriman FOB.
꼰디시 쁭이리만 엪오베.

20. 사는 사람인 선생님 쪽은 용선, 창고를 담당하여 주시고 정확한 시간에 저희 쪽에 선박 스케줄과 선박 명칭을 알려 주시기 바랍니다.
Tolong informasikan pada kami nama kapal carteran yang
똘롱 인포르마시깐 빠다 까미 나마 까빨 짜르떼란 양
dibeli, orang yang bertanggung jawab untuk penitipan
디벨리, 오랑 양 브르땅궁 자왑 운뚝 쁘니띠빤
gudang serta waktu dan nama pengirimannya.
구당 스르따 왁뚜 단 나마 쁭이리만냐.

새로운 단어

- 손해
  Kerusakan
  끄루사깐

- 직접 운송
  Pengiriman langsung
  쁭이리만 랑숭

- 용선(하다)
  Meminjam kapal
  므민잠 까빨

- 도움
  Bantuan
  반뚜안

- 택배를 보내다
  Pengiriman
  쁭이리만

- 택배
  Kiriman
  끼리만

- 정보
  Informasi
  인포르마시

- 책임하다
  Bertanggung jawab
  브르땅궁 자왑

- 창고
  Gudang
  구당

21. 저희는 본선에 실리기 전까지의 모든 비용을 부담합니다.
    Kami keberatan atas semua biaya sebelum keuntungan.
    까미   끄브라딴   아따ㅅ 스무아 비아야 스블룸   끄운뚱안.

22. 수출을 위한 관세와 수속 비용을 모두 다 포함합니다.
    Demi ekspor semua biaya prosedur dan tarif sudah
    드미   엑ㅅ뽀르 스무아 비아야 쁘로세두ㄹ 단 따맆 수다ㅎ
    termasuk.
    뜨르마숙.

23. 리나씨 쪽 역시 선적 10일전에 저희에게 선박 명칭, 선적 일
    정, 선적량, 선박 회사 대리점 등을 알려주셔야 합니다.
    Ibu Lina, 10 hari sebelum pengiriman mohon informasikan
    이부 리나. 스뿔루ㅎ 하리 스블룸   뻥이리만   모혼   인포르마시깐
    kepada kami nama pengiriman, jadwal pengiriman, jumlah
    끄빠다 까미 나마 뻥이리만,   잣왈   뻥이리만,   줌라ㅎ
    pengiriman, perusahaan pelayaran serta agen dan yang
    뻥이리만,   쁘루사하안   쁠라야란   스르따 아겐 단   양
    lainnya.
    라인냐.

24. 그러면 우리의 화물이 배에 실릴 시간은 언제입니까?
    Kalau begitu kapan barang akan diangkut di kapal?
    깔라우 브기뚜 까빤   바랑   아깐   디앙꿋 디 까빨?

25. 그러면 그 계획에 동의할까요?
    Kalau begitu apakah Anda setuju dengan rencananya?
    깔라우 브기뚜 아빠까ㅎ 안다 스뚜주 등안   른짜나냐?

26. 그러면 나는 안 갈 거예요.
    Kalau begitu saya tidak akan pergi.
    깔라우 브기뚜 사야 띠닥 아깐 쁘르기.

27. 그녀는 능력이 있고 게다가 일도 열심히 합니다.
    Wanita itu punya ketrampilan dan bekerja keras juga.
    와니따 이뚜 뿐야 끄뜨람삘란   단 브끄르자 끄라ㅅ 주가.

28. 매번 화물은 적재 예상량의 5%를 초과하면 안 돼요.
    Perkiraan jumlah barang setiap kali tidak di perbolehkan
    쁘르끼라안 줌라ㅎ 바랑   스띠압 깔리 띠닥 디 쁘르볼레ㅎ깐
    lebih dari 5%.
    르비ㅎ 다리 리마(5) 뻬르센.

29. 이 상품의 가격은 작년에 비해 10% 증가했다.
    Harga barang ini dibandingkan dengan tahun lalu
    하르가 바랑 이니 디반딩깐   등안   따훈 랄루

새로운 단어

- 부가 비용
  Biaya tambahan
  비아야 땀바한

- 공급자
  Penyedia, pemasok
  쁘녜디아, 쁘마속

- 계절적 화물
  Produk musiman
  쁘로둑 므시만

- 이익
  Keuntungan/Untung
  끄운뚱안/   운뚱

- -위해서
  Demi
  데미

- 요금
  Tarif
  따맆

- 운반하다
  Diangkut
  디앙꿋

- 운반
  Pengangkutan
  쁭앙꾸딴

- 숙련
  Ketrampilan
  끄뜨람삘란

meningkat 10%.
므닝깟   스뿔루ㅎ 뻬ㄹ센(10%).

30. 우리는 사장님의 말씀대로 하겠습니다.
Kami akan lakukan sesuai kata-kata bos.
까미 아깐 라꾸깐 스수아이 까따-까따 보ㅅ.

✱ C2. 회화
Percakapan

1. 두 사람이 선적 시간에 대해 토의 중이다.
2 orang berbicara tentang pengiriman waktunya.
두아 오랑 브르비짜라 뜬땅   뽕이리만   왁뚜냐.

A: 당신은 선적 시간에 대해 어떻게 생각합니까?
Bagaimana menurut Anda tentang waktu pengirimannya?
바가이마나 므누룻 안다 뜬땅 왁뚜 뿡이리만냐?

B: 우리는 보통 일정하게 정해져 있는 선적 조건을 적용해요.
Kami biasanya memilih dari pengiriman yang
까미 비아사냐 므밀리ㅎ 다리 뽕이리만 양
memenuhi syarat yang sudah terjadwal terlebih dahulu.
므므누히   샤랏 양 수다ㅎ 뜨르잣왈 뜨르르비ㅎ 다훌루.

A: 선적을 더욱 빨리 끝낼 수 있도록 도와주시겠습니까?
Bisakah membantu pengirimannya agar lebih cepat
비사까ㅎ 음반뚜   뽕이리만냐   아가르 르비ㅎ 쯔빳
selesai?
슬르사이?

B: 저는 도와드릴 수 없습니다.
Saya tidak bisa membantu.
사야 띠닥 비사 음반뚜.

모든 제품을 몇 주 안에 준비하는 것이 불가능하겠군요.
Semua barang tidak bisa disediakan dalam beberapa
스무아 바랑   띠닥 비사 디스디아깐 달람 브브라빠
minggu ini.
밍궁   이니.

A: 그렇다면 우리 제품이 선적될 날짜는 언제입니까?
Kalau begitu kapan tanggal pengiriman barangnya?
깔라우 브기뚜 까빤 땅갈 뽕이리만   바랑냐?

B: 9월 초 또는 10월 말입니다.
Pada awal bulan September dan akhir bulan Oktober.
빠다 아왈 불란 셉뗌베르 단 아키르 불란 옥또베르.

새로운 단어

• 화물 출처
Sumber produk
숨브르 쁘로둑

• 결산(하다)
Mempertimbangkan
음쁘르띵방깐

• 부피가 크다
Jumlah besar
줌라ㅎ 브사르

• - 에 따라
Menurut
므누룻

• 가능합니까
Bisakah
비사까ㅎ

• 택배를 보내다
Pengiriman
뽕이리만

2. 뚜언 씨는 생산업체가 보름 더 일찍 선적하자는 제의에 대해 환적하여 운송하는 것에 동의한다.
Bapak Tuon setuju dengan pengiriman 15 hari lebih
바빡 뚜온 스뚜쭈 등안 쁭이리만 리마블라ㅅ 하리 르비ㅎ
awal dengan penukaran transportasi.
아왈 등안 쁘루까란 뜨란ㅅ뽀르따시.

A: 뚜언 씨, 저는 조금 전에 써니 해운 회사로부터 소식을 들었어요.
Bapak Tuon tadi saya mendengar berita dari perusahaan
바빡 뚜온 따디 사야 믄등아르 브리따 다리 쁘루사하안
pelayaran Bapak Sony.
쁠라야란 바빡 소니.

이 제품들의 도착항구가 노선(루트)에 없기 때문에 환적하여 운송하는 것에 대해 허락해 줄 것을 요구했어요.
Karena tidak adanya jalur pelabuhan barang jadi kami
까르나 띠닥 아다냐 잘루ㄹ 쁠라부한 바랑 자디 까미
meminta izin untuk pengiriman.
므민따 이진 운뚝 쁭이리만.

B: 제품을 환적하여 운송하면 운송 시간이 더 걸리고 게다가 파손 당할 우려가 있어요. 우리가 목적지에 환적하지 않고 바로 운송되었으면 좋겠어요.
Kalau barangnya dikirim selain menghabiskan waktu
깔라우 바랑냐 디끼림 슬라인 믕하비ㅅ깐 왁뚜
lebih lama juga bisa rusak.
르비ㅎ 라마 주가 비사 루삭.
Kami tidak mentransit barang ke tempat tujuan, kalau
까미 띠닥 믄뜨란싯 바랑 끄 뜸빳 뚜주안, 깔라우
barangnya dikirim langsung lebih baik.
바랑냐 디끼림 랑숭 르비ㅎ 바익.

A: 제 생각에는 지금 다른 배를 빌리면 시간이 안 될 것 같아요.
Menurut saya kalau sekarang meminjam kapal lain
므누룻 사야 깔라우 스까랑 므민잠 까빨 라인
maka waktunya tidak cukup.
마까 왁뚜냐 띠닥 쭈꿉.

우리는 환적하여 운송하도록 요청해야 해요.
Kami meminta untuk pengiriman transit.
까미 므민따 운뚝 쁭이리만 뜨란싯.

B: 환적하여 운송하는 상품은 추가적인 비용이 더 들 것이고 이 일은 우리에게 좋지 않습니다.

 새로운 단어

• 유통성
Bersirkulasi, dapat
브르시ㄹ꿀라시, 다빳
negosiasi
네고시아시

• 차액
Perbedaan
쁘르베다안

• 창고 비용
Biaya pemakaian
비아야 쁘마까이안
gudang
구당

• 항해하다
Pelayaran
쁠라야란

• 항해
Layar
라야ㄹ

• 레인
Jalur
잘루ㄹ

• 포트
Pelabuhan
쁠라부한

• 시간 낭비
Menghabiskan waktu
믕하비ㅅ깐 왁뚜

• 운송하다
Mentransit/
믄뜨란싯/
Memindahkan
므민다ㅎ깐

• 운송
Transit
뜨란싯

B: Hal ini tidak bagus bagi kita, biaya tambahan untuk
할 이니 띠닥 바구ㅅ 바기 끼따, 비아야 땀바한 운뚝
pengiriman transit bertambah banyak.
뼁이리만   뜨란싯 브르땀바ㅎ 반약.

다른 해결 방안을 생각해 주셨으면 합니다.
Memiikirkan rencana untuk menyelesaikannya.
므미끼ㄹ깐   른짜나   운뚝   믄옐레사이깐냐.

3. 원성희 씨는 공급자와 회의 후 여러 단계에 걸친 선적을 동의한다.
Beberapa tahapan dalam pengiriman disetujui setelah
브브라빠   따하빤   달람   뼁이리만   디스뚜주이 스뜰라ㅎ
Bapak Won Seong Hee rapat dengan pemasok.
바빡   원   성   희   라빳   등안   쁘마속.

A: 원성희 씨, 이번에 주문하신 양이 아주 많습니다.
Won Song Hi , kali ini jumlah yang dipesan banyak
원   성   희, 깔리 이니 줌라ㅎ   양   디쁘산   반약
sekali.
스깔리.

상품 준비와 선박 예약의 편리함을 위해 여러 단계에 걸쳐 선적할 수 있도록 허락해 주셨으면 합니다.
Tolong berikan ijin untuk memberi ketentuan-ketentuannya
똘롱   브리깐   이진 운뚝   믐브리   끄뜬뚜안-끄뜬뚜안냐
agar persiapan pengiriman produk lebih nyaman.
아가르 쁘ㄹ시아빤   뼁이리만   쁘로둑   르비ㅎ 냐만.

B: 우리가 이번에 주문하는 상품은 계절 상품이기 때문에 한꺼번에 선적하는 것이 좋습니다.
Pesanan kami kali ini adalah barang musiman maka
쁘사난   까미 깔리 이니 아달라ㅎ 바랑   무시만   마까
secara bersamaan dikirim lebih bagus.
스짜라 브르사마안   디끼림   르비ㅎ 바구ㅅ.

A: 그렇게 많은 양을 보관할 수 있는 항구의 물류창고를 한 번에 빌릴 방법이 없습니다.
Tidak ada cara peminjaman untuk sekali menggunakan
띠닥   아다 짜라 쁘민자만   운뚝 스깔리 믕구나깐
gudang pelabuhan jika jumlahnya yang disimpan begitu
구당   쁠라부한   지까 줌라ㅎ냐   양   디심빤   브기뚜
banyak.
반약.

새로운 단어

- 부담하다
  Keberatan
  끄브라딴

- 납품(하다)
  Mengirim
  믕이림

- 담당하다
  Bertanggung jawab
  브르땅궁   자왑

- 선박 일정
  Jadwal pelayaran
  잣왈   쁠라야란

- 낳아졌다
  Bertambah
  브르땀바ㅎ

- 추가
  Tambahan
  땀바한

- 같이
  Bersama
  브르사마

- 포트
  Pelabuhan
  쁠라부한

B: 선적 항구가 사이공 항구 맞습니까?
Pelabuhannya pelabuhan Priok?
뻴라부한냐   뻴라부한   쁘리옥?

통상적으로 우리 선적 항구는 "프리옥에 있는 항구"라고 규정합니다.
Biasanya kami mengatur pengirimannya di pelabuhan
비아사냐   까미   믕아뚜ㄹ   쁭이리만냐   디 뻴라부한
Priok.
쁘리옥.

4. 뜨씨와 사업 파트너는 선박 용선과 선적시 선적량의 차이에 대해 토론 중이다.
Tuan Tusi dengan rekan bisnis sedang berdiskusi mengenai
뚜안   뚜시 등안   르깐   비스니스 스당   브르디스꾸시 믕으나이
perbedaan jumlah kapal carteran dengan pengiriman.
쁘르베다안   줌라ㅎ   까빨   짜르뜨란   등안   쁭이리만.

A: 뜨씨, 비료처럼 부피가 큰 상품들은 판매자 쪽에서 선박 용선에 대해 담당해야 합니다.
Tusi, sepertinya pupuk barang besar yang lain harus di
뚜시,   스쁘르띠냐   뿌뿍   바랑   브사ㄹ   양   라인 하루스 디
pertanggung jawabkan kepada pembeli.
쁘르땅궁   자왑깐   끄빠다   쁨블리.

B: 우리는 인도네시아 해운회사에서 용선할 예정입니다.
Kami ingin mencarter kapal dari perusahaan pelayaran
까미   잉인   믄짜르데르   까빨   다리   쁘루사하안   쁠라야란
Indonesia.
인도네시아.

A: 그럼 좋죠.
Kalau begitu bagus.
깔라우   브기뚜   바구스.

상품 준비가 다 된 후에 15일부터 25일 이내에 선적해 주세요.
Tolong dikirim antara tanggal 15 sampai tanggal
똘롱   디끼림   안따라   땅갈   리마블라스(15) 삼빠이 땅갈
25, setelah barang dipersiapkan semuanya.
누아뿔루ㅎ 리마(25), 스뜰라ㅎ 디쁘르시앞깐 스무아냐.

5. 서로 운송, 선적 등에 대하여 토론 중이다.
Kedua pengiriman, sedang dilangsungkan diskusi mengenai
끄두아 쁭이리만,   스당   디랑숭깐   디스꾸시 믕으나이

새로운 단어

- 운송 선박
  Pengiriman embargo
  쁭이리만   음바르고

- 포함하다
  Termasuk
  뜨르마숙

- 관세
  Bea cukai
  베아 쭈까이

- 수속 비용
  Prosedur biaya
  쁘로세두르 비아야

- 관리하다
  Mengatur
  믕아뚜르

- 교칙
  Aturan
  아뚜란

- 비료
  Pupuk
  뿌뿍

- -하다
  Dilangsungkan
  딜랑숭깐

- 바로
  Langsung
  랑숭

Bab 19 선적 조건 • 137

pengiriman.
뽕이리만.

A: 지금 우리 이 상품의 FOB 납품 조건에 대해 이야기해 봅시다.
Mari kita bicarakan tentang persyaratan pengiriman
마리 까따 비짜라깐 뜬땅 쁘르샤라딴 뽕이리만
barang FOB.
바랑 엪오베.

B: 예.
Ya.
야.

A: 구매자인 귀사에서 선박을 용선하고 항구에서 제품을 보관할 창고를 책임지는 것과 함께 저희에게 선박명과 스케쥴을 알려 주십시오.
Tolong beri tahu nama kapal dan jadwalnya beserta
똘롱 브리 따후 나마 까빨 단 잣왈냐 브스르따
orang yang bertanggung jawab atas gudang untuk
오랑 양 브르땅궁 자왑 아따ㅅ 구당 운뚝
penyimpanan produk dan peminjaman kapal di
쁜임빠난 쁘로둑 단 쁘민자만 까빨 디
pelabuhannya pengiriman perusahaan pelanggan.
쁠라부한냐 뽕이리만 쁘루사하안 쁠랑간.

B: 귀사의 책임은 언제까지면 끝납니까?
Sampai kapan perusahaan itu bertanggung jawab?
삼빠이 까빤 쁘루사하안 이뚜 브르땅궁 자왑?

A: 선적항에서 상품이 배의 난간을 넘어가면 끝납니다.
Bila kapal barang sudah melewati pengiriman pelabuhan
빌라 까빨 바랑 수다ㅎ 믈레와띠 뽕이리만 쁠라부한
maka sudah selesai.
마까 수다ㅎ 슬르사이.

B: 운송비 전부를 당신 쪽에서 지불합니까?
Anda membayar semua biaya transportasinya kah?
안다 음바야르 스무아 비아야 뜨란ㅅ뽀르따시냐 까ㅎ?

A: 예, 우리는 상품이 운송하는 배에 실릴 때까지의 비용 전부를 책임집니다.
Ya, kami bertanggung jawab atas biaya transportasi
야, 까미 브르땅궁 자왑 아따ㅅ 비아야 뜨란ㅅ뽀르따시
pengiriman kapal pengangkut barang itu.
뽕이리만 까빨 뽕앙꿋 바랑 이뚜.

새로운 단어

- 화물 수량
Jumlah/
줌라ㅎ/
Kuantitas produk
꾸안띠따ㅅ 쁘로둑

- 예정 일시
Jadwal
잣왈

- 규정(하다)
Mengatur
믕아뚜르

- 선적량
Jumlah pengiriman
줌라ㅎ 뽕이리만

- 책임하다
Bertanggung jawab
브르땅궁 자왑

- 위에
Atas
아따ㅅ

- 보관(명사)/보관하다(동사)
Penyimpanan
쁜임빠난

- 포함
Termasuk
뜨르마숙

B: 어떤 비용들이 포함됩니까?
Apa biaya sudah termasuk?
아빠 비아야 수다ㅎ 뜨르마숙?

A: 수출 수속 비용과 관세 비용을 모두 포함합니다.
Semuanya termasuk dengan biaya prosedur ekspor dan
스무아냐 뜨르마숙 등안 비아야 쁘로세두르 엑ㅅ뽀르 단
pajak.
빠작.

B: 그리고 우리에게 충분하게 항구 주변의 물류 창고를 알아보고 준비할 수 있도록 당신 쪽은 30일 전에 우리에게 상품 수량, 선적항 그리고 선적 화물의 도착 예정 시간을 알려 주셔야 합니다.
Tolong beritahu kami 30 hari sebelumnya mengenai
똘롱 브리따후 까미 띠가뿔루ㅎ 하리 스블룸냐 믕으나이
kuantitas barang, tempat pelabuhannya, dan kapan
꾸안띠따ㅅ 바랑, 뜸빳 쁠라부한냐, 단 까빤
kargo itu datang. Agar dapat mengetahui cukupnya
까르고 이뚜 다땅. 아가르 다빳 믕으따후이 쭈꿉냐
gudang sekitar.
구당 스끼따르.

연습문제

1. 조건 _____.
2. 정기적 _____.
3. 운송 회사 _____.
4. 허락(하다) _____.
5. 손해 _____.
6. 직접 운송 _____.
7. 부가 비용 _____.
8. 공급자 _____.
9. 화물 출처 _____.
10. 창고 비용 _____.
11. 선박 일정 _____.
12. 포함하다 _____.
13. 관세 _____.
14. 수속 비용 _____.
15. 선적량 _____.

Jumlah pengiriman	Biaya Prosedur	Secara teratur	Penyedia, pemasok
Biaya tambahan	Perusahaan pengiriman	Sumber produk	Secara random
Jadwal pelayaran	Biaya pemakaian gudang	Memberi izin	Bea cukai
Pengiriman langsung	Kondisi, syarat	Termasuk	Kerusakan

Bab 20

포장
Pengepakan
쁭으빠깐

1. 포장에 대해 좀 의논해도 될까요?
   Bolehkah kami berkonsultasi mengenai pengepakannya?
   볼레ㅎ까ㅎ 까미 브르꼰술따시 믕으나이 쁭으빠깐냐?

2. 우리가 주문한 여성 명주 옷은 어떻게 포장하려고 하실지 모르겠습니다.
   Kami tidak tahu bagaimana semestinya mengepak baju
   까미 띠닥 따후 바가이마나 스므ㅅ띠냐 믕으빡 바주
   sutra yang kami pesan.
   수뜨라 양 까미 쁘산.

3. 명주 옷을 위한 포장 방법은 한 PE 봉지에 하나를 넣는 것입니다.
   Strategi pengepakan baju sutra adalah menaruh satu di
   스뜨라뜨기 쁭으빠깐 바주 수뜨라 아달라ㅎ 므나루ㅎ 사뚜 디
   kantong plastik PE.
   깐똥 쁠라ㅅ띡 뻬에.

4. 10다스는 한 종이 박스에 넣습니다.
   10 lusin ditaruh di satu kotak kertas.
   스뿔루ㅎ(10) 루신 디따루ㅎ 디 사뚜 꼬딱 끄르따ㅅ.

5. 박스에 넣을 때 한 박스에 2나 3 모양을 넣어 주시면 좋겠습니다.
   Ketika menaruh di kotak, akan bagus bila menaruh 2
   끄띠까 므나루ㅎ 디 꼬딱, 아깐 바구ㅅ 빌라 므나루ㅎ 두아(2)
   atau 3 jenis di kotaknya.
   아따우 띠가 (3) 즈니ㅅ 디 꼬딱냐.

6. 해운을 위해 이러 종이 박스를 사용하는 것이 튼튼하지 못할 것 같습니다.
   Untuk pengiriman laut dengan penggunaan kotak kertas
   운둑 쁭이리만 라웃 등안 쁭구나안 꼬딱 끄르따ㅅ
   seperti ini tidak begitu kuat.
   스쁘르띠 이니 띠닥 브기뚜 꾸앗.

※ C1. 문장
Kalimat

새로운 단어

- 상담하다
  Berkonsultasi
  브르꼰술따시

- 상담
  Konsultasi
  꼰술따시

- ~해야 되다
  Semestinya
  스므ㅅ띠냐

- 포장하다/싸다
  Mengepak
  믕으빡

- 놓다/두다
  Menaruh
  므나루ㅎ

- 내 놓다
  Taruh
  따루ㅎ

- 내 두다
  Ditaruh
  디따루ㅎ

- 용도
  Penggunaan
  쁭구나안

- 상자
  Kotak
  꼬딱

7. 나무로 만든 상자를 사용하면 안 됩니까?
   Apa tidak boleh menggunakan kotak yang terbuat dari
   아빠 띠닥 볼레ㅎ 믕구나깐   꼬딱 양 뜨르부앗 다리
   pohon?
   뽀혼?

8. 종이 박스는 꽤 가볍고 운송하기 쉽습니다.
   Kotak dari kertas cukup ringan dan (transportasi/
   꼬딱   다리 끄르따ㅅ 쭈꿉   링안   단 (뜨란ㅅ뽀르따시/
   pengangkutan) nya mudah.
   뻥앙꾸딴)냐   무다ㅎ.

9. 보강 방법이 있습니까?
   Adakah cara untuk menguatkan?
   아다까ㅎ 짜라 운뚝 믕우앗깐?

10. 어떤 박스를 사용해도 해운에 적합하고 진동과 충돌을 견딜 수 있으면 됩니다.
    Kotak apapun asal sesuai, tahan getaran dan benturan bagus
    꼬딱   아빠뿐 아살 스수아이, 따한 그따란   단 븐뚜란   바구ㅅ
    untuk pengiriman laut.
    운뚝   뻥이리만   라웃.

11. 혹시 방수 처리 방법이 있습니까?
    Adakah cara untuk membuat kedap air?
    아다까ㅎ 짜라 운뚝   믐부앗   끄닾 아이르?

12. 종이 박스 안은 방수 봉지가 입혀 있습니다.
    Kotak kertas dibungkus plastik kedap air.
    꼬딱   끄르따ㅅ 디붕꾸ㅅ 쁠라ㅅ띡 끄닾   아이르.

13. 종이 박스는 찢기가 쉽기 때문에 절도 위험을 줍니다.
    Karena kotak kertas mudah robek maka rentan pencurian.
    까르나 꼬딱 끄르따ㅅ 무다ㅎ 로벡   마까 른딴   쁜쭈리안.

14. 박은성씨 꼭 그렇게 원하시면 우리는 목재 상자를 사용하겠습니다.
    Kalau Park Eun Seong ingin begitu saya akan memakai
    깔라우 박   은   성   잉인 브기뚜 사야 아깐 므마까이
    kotak dari kayu.
    꼬딱   다리 까유.

15. 이 완구는 어떤 포장 방법을 사용하시려고 합니까?
    Mainan ini harus menggunakan cara pengepakan yang mana?
    마이난 이니 하루ㅅ 믕구나깐   짜라 쁭으빡깐   양   마나?

새로운 단어

- 소비(하다)
  Konsumsi
  꼰숨시
  (mengkonsumsi)
  (믕꼰숨시)

- 가게
  Toko
  또꼬

- 다스
  Lusin
  루신

- 종이 박스
  Kotak kertas/kardus
  꼬딱 끄르따ㅅ/까르두ㅅ

- 중량
  Berat
  브랏

- 적당하다
  Cukup
  쭈꿉

- 방수
  Kedap air
  끄닾 아이르

- 플라스틱/비닐
  Plastik
  쁠라ㅅ띡

- 찢어지다
  Robek
  로벡

- 약하다/예민하다
  Rentan
  른딴

16. 우리는 보통 종이 박스를 사용해서 완구를 포장합니다.
    Kami biasanya memakai kotak kertas untuk mengepak
    까미   비아사냐 므마까이   꼬딱   끄르따ㅅ 운뚝   믕으빡
    mainan.
    마이난.

17. 모양과 색깔은 서양 사람의 심리와 습관에 대한 관심을 가지고 있으면 좋겠습니다.
    Sebaiknya tertarik pada psikologi dan kebiasaan pola dan
    스바익냐   뜨르따릭   빠다   쁘시꼴로기 단   끄비아사안   뽈라   단
    warna orang barat.
    와르나 오랑   바랏.

18. 이것이 우리의 포장 디자인입니다.
    Inilah disain pengepakan kami.
    이닐라ㅎ 디사인   쁭으빠깐   가미.

19. 당신 쪽은 어떻게 포장하려고 할지 모르겠습니다.
    Anda tidak tahu cara pengepakan.
    안다   띠닥   따후 짜라   쁭으빠깐.

20. 이 제품은 어때요?
    Bagaimana dengan produk ini?
    바가이마나   등안   쁘로둑   이니?

21. 이것이 우리의 포장 디자인입니다.
    Ini adalah desain (kemasan/pengepakan) kami.
    이니 아달라ㅎ 데사인 (끄마산/   쁭으빠깐)   까미.

    이 분이 우리 회사의 사장님입니다.
    Saudara ini adalah bos di perusahaan kami.
    사우다라 이니 아달라ㅎ   보ㅅ 디 쁘루사하안   까미.

22. 우리도 포장을 개선할 수 있으면 좋겠습니다.
    Akan baik bila kami juga bisa memperbagus
    아깐   바익 빌라 까미 주가   비사   믐쁘르바구ㅅ
    pengepakannya.
    쁭으빠깐냐.

 새로운 단어

- 분배(하다), 유통(하다)
  Menyalurkan/
  믄얄루르깐/
  membagikan/
  믐바기깐/
  menditribusikan
  믄디ㅅ드리부시깐

- 소매점
  Pengeceran
  쁭에쩨란

- 튼튼하다
  Kuat
  꾸앗

- 나무로 만든 상자
  Kotak dari pohon
  꼬딱 다리 뽀혼

- 심리
  Psikologi
  쁘시꼴로기

- 습관
  Kebiasaan
  끄비아사안

- 디자인
  Desain
  데사인

- 비단
  Sutra
  수뜨라

1. 아디씨와 파트너는 명주옷 포장 방법에 대해 토론 중이다.
   Bapak Adi dan rekannya sedang berdiskusi tentang
   바빡   아디 단 르깐냐   스당   베르디ㅅ꾸시   뜬당
   pengepakan baju sutra.
   쁭으빠깐   바주 수뜨라.

✱ **C2. 회화**
Percakapan

A: 아디씨, 우리 포장 일에 대해 잠시 토론할까요?
Bapak Adi, bagaimana kalau kami bicarakan soal
바빡   아디, 바가이마나   깔라우 까미 비짜라깐 소알
pengepakan sebentar?
쁭으빠깐   스븐따ㄹ?

B: 예.
Ya.
야.

A: 우리가 주문한 여성 명주옷 상품은 당신 쪽에서 어떻게 포장하기로 되어 있는지 몰라요.
Kami tidak tahu bagaimana pengepakan saudara pada
까미   띠닥 따후 바가이마나   쁭으빠깐   사우다라 빠다
barang baju sutra untuk pakaian wanita yang kami
바랑   바주 수뜨라 운뚝   빠까이안 와니따   양   까미
pesan.
쁘산.

B: 명주옷 포장 방법은 PE 포장지로 감싸는 것이에요.
Cara pengepakan baju sutra dikemas dengan plastik PE.
짜라   쁭으빠깐   바주 수뜨라 디끄마스   등안   쁠라ㅅ띡 뻬에.

이 방법은 소비에 편리해요.
Ini cara nyaman untuk pembelian.
이니 짜라 냐만   운뚝   쁨블리안.

A: 좋아요.
Bagus.
바구ㅅ.

그럼 매장에 직접 전시할 수 있겠네요.
Kalau begitu di setiap stand bisa langsung dipajang ya.
깔라우 브기뚜 디 스띠압 스뗀 비사 랑숭   디빠장   야.

겉포장은 어떻게 하죠?
Pengepakan luarnya bagaimana?
쁭으빠깐   루아ㄹ냐 바가이마나?

B: 한 종이 상자에 10다스를 넣어요.
Taruh 10 lusin di sebuah kotak kertas.
따루ㅎ 스뽈루ㅎ (10) 루신 디 스부아ㅎ 꼬딱 끄ㄹ따ㅅ.

각 상자 중량은 25kg쯤이에요.
Setiap kotak beratnya kira-kira 25 kg.
스띠압 꼬딱   브랏냐   끼라-끼라 두아뿔루ㅎ 리마(25) 낄로그람.

새로운 단어

- 보강 방법
  Cara menguatkan
  짜라 믕우앗깐

- 적합하다, 부합하다
  Cocok, berpatutan
  쪼쪽,   브르바뚜딴

- 진동(하다)
  Mengguncang
  믕군짱

- 충돌(하다)
  Menabrak
  므나브락

- 노천 항구
  Pelabuhan luar
  쁠라부한   루아르

- 잠시/잠깐
  Sebentar
  스븐따르

- 포장되다
  Dikemas
  디끄마ㅅ

- 포장
  Kemasan
  끄마산

- 전시되다
  Dipajang
  디빠장

- 전시하다
  Memajang
  므마장

- 장식
  Pajangan
  빠장안

144 • 비즈니스 인도네시아어 - 한국어

A: 한 상자에 2~3가지를 넣어 주세요.
Tolong letakkan 2~3 jenis di satu kotak.
똘롱   르딱깐   두아 띠가(2~3) 즈니ㅅ 디 사뚜 꼬딱.

그럼 소매상에 분배하기가 편해요.
Kalau begitu pengecer dapat mendistribusikan dengan
깔라우 브기뚜 뻥에쩨르   다빳   믄디ㅅ뜨리부시깐   등안
mudah.
무다ㅎ.

2. 데디씨는 손님과 해운 화물을 위한 포장 방식에 대해 토론 중이다.
Bapak Dedi dan pelanggan membicarakan sistem
바빡   데디 단   쁠앙간   음비짜라깐   시ㅅ뗌
pengepakan untuk mengirimkan kargo.
쁭으빠깐   운뚝   믕이림깐   까르고.

A: 데디씨, 해운을 위해 이런 종이 상자를 사용하면 제 생각에 튼튼하지 않을 것 같군요.
Bapak Dedi, menurut saya kalau pakai kotak kertas
바빡   데디, 므누룻   사야   깔라우 빠까이 꼬딱   끄르따ㅅ
seperti ini tidak akan kuat.
스쁘르띠 이이 띠닥 아깐   꾸앗.

나무 상자로 바꿀 수 있습니까?
Bisa ganti menggunakan kotak kayu?
비사 간띠   믕구나깐   꼬딱   까유?

B: 우리는 튼튼한 종이 상자를 사용해요.
Kami menggunakan kotak kertas yang kuat.
까미   믕구나깐   꼬딱   끄르따ㅅ 양   꾸앗.

종이 상자는 상당히 가볍고 운송하기도 쉬워요.
Pastinya kotak kertas ringan dan akan mudah
빠ㅅ띠냐 꼬딱   끄르따ㅅ 링안 단   아깐   무다ㅎ
ditransportasikan.
디뜨란ㅅ뽀르따시깐.

게다가 종이 상자는 보통 무거운 짐과 같이 싣지 않아요.
Selain itu kotak kertas biasanya tidak dimuatkan
슬라인 이뚜 꼬딱 끄르따ㅅ 비아사냐 띠닥   디무앗깐
bersama koper yang berat.
브르사마 꼬뻬르 양   브랏.

A: 추가로 보강 방법이 있나요?
Adakah cara untuk menambahkan kekuatannya?
아다까ㅎ 짜라 운뚝   므남바ㅎ깐   끄꾸아딴냐?

 새로운 단어

- 습기
  Lembab
  름밥

- 빗물
  Air hujan
  아이르 후잔

- 침투하다
  Menyerap
  믄예랍

- 방수(하다)
  Menahan air
  므나한   아이르

- 완구
  Mainan
  마이난

- 소매자
  Pengecer
  뻥에쩨르

- 소매
  Eceran
  에쩨란

- 유통시키다
  Mendistribusikan
  믄디ㅅ뜨리부시깐

- 유통
  Distribusi
  드ㅅ뜨리부시

- 항해하다
  Melayarkan
  믈라야르깐

- 돛
  Layar
  라야르

- 틀림없이
  Tidak salah lagi
  띠닥   살라ㅎ 라기

- 내용물
  Muatan
  무아딴

Bab 20 포장 • 145

새로운 단어

- 보기 좋다
  Enak dilihat
  에낙 딜리핫

- 심리
  Penyidangan,
  쁜이당안,
  mentalitas
  멘딸리따ㅅ

- 습관
  Kebiasaan
  끄비아사안

- 설계(하다), 디자인(하다)
  Merancang,
  므란짱,
  mendesain
  믄데사인

- 튼튼하게 만들다
  Menguatkan
  믕우앗깐

- 튼튼하다
  Kuat
  꾸앗

- 참다
  Menahan
  므나한

- 흔들리다
  Guncangan
  군짱안

- 충돌
  Benturan
  븐뚜란

- 걱정하다/염려하다
  Khawatir
  카와띠르

- 습하다
  Lembab
  름밥

- 방수
  Tahan air
  따한 아이르

- 물체
  Materi
  마떼리

B: 있습니다. 우리는 철끈으로 보강하는 방법을 사용해요.
Ada. Kami menguatkan dengan tali logam.
아다. 까미 믕우앗깐 등안 딸리 로감.

A: 어떤 상자를 사용하든지 단지 해운에 부합되고 진동과 충돌에 견딜 수만 있으면 됩니다.
Bisa asal kotak yang dipakai tahan guncangan dan
비사 아살 꼬딱 양 디빠까이 따한 군짱안 단
benturan.
븐뚜란.

B: 걱정 마시고 안심하세요.
Tenang jangan khawatir.
뜨낭 장안 카와띠르.

3. 데디씨는 파트너와 함께 중계 운송 상품에 대한 포장 방법을 토론한다.
Bapak Dedi dan rekannya membicarakan tentang cara
바빡 데디 단 르깐냐 믐비짜라깐 뜬땅 짜라
pengepakan.
쁭으빠깐.

A: 데디씨, 이 상품은 우리가 사이공 또는 싱가폴에 중계 운송합니다.
Bapak Dedi, barang ini akan ditransitkan ke Saigon dan
바빡 데디, 바랑 이니 아깐 디뜨란싯깐 끄 사이곤 단
Singapura.
싱가푸라.

만약 노천 항구에 종이 상자를 쌓아두면 습기와 빗물이 상자 안으로 침투할 수 있습니다.
Apabila kotaknya dikumpulkan di luar pelabuhan maka
아빠빌라 꼬딱냐 디꿈뿔깐 디 루아르 쁠라부한 마까
bisa lembab dan tahan air.
비사 름밥 단 따한 아이르.

당신이 어떤 방수 처리 방법을 가지고 있는지 궁금하군요.
Saya ingin tahu cara apa yang Anda gunakan untuk
사야 잉인 따후 짜라 아빠 양 안다 구나깐 운뚝
membuat tahan air.
믐부앗 따한 아이르.

B: 종이 상자는 방수 재질로 되어 있습니다.
Materi dari kotak kertas dapat menahan air.
마떼리 다리 꼬딱 끄르따ㅅ 다빳 므나한 아이르.

걱정하지 마세요.
Jangan khawatir.
장안 카와띠르.

A: 종이 상자는 찢어져 열리기 쉽고 쉽게 도둑 맞을 수 있습니다.
Karena kotak kertas mudah dirobek dan dibuka maka
까르나 꼬딱 끄르따ㅅ 무다ㅎ 디로벡 단 디부까 마까
bisa kecurian.
비사 끄쭈리안.

B: 손상되는 종이 박스는 발견하기가 쉬워요. 이 일은 도둑 맞을 가능성을 줄일 수 있습니다.
Kotak yang terbuat dari kertas mudah rusak. Dalam hal
꼬딱 양 뜨르부앗 다리 끄르따ㅅ 무다ㅎ 루삭. 달람 할
ini dapat mengurangi kasus kecurian.
이니 다빳 뭉우랑이 까수ㅅ 끄쭈리안.

A: 저는 여전히 걱정이 되는군요.
Saya masih khawatir.
사야 마시ㅎ 카와띠르.

나무 상자를 쓰실 수 있습니까?
Bisakah memakai kotak kayu?
비사까ㅎ 므마까이 꼬딱 까유?

B: 만약 당신이 꼭 그렇게 원하신다면 우리는 나무 상자를 쓸 것입니다.
Apabila Anda ingin begitu maka kami akan memakai
아빠빌라 안다 잉인 브기뚜 마까 까미 아깐 므마까이
kotak kayu
꼬딱 까유.

하지만 비용이 좀 비싼데다가 납품 시간 역시 늦습니다.
Tetapi selain biaya pemakaiannya mahal waktu
뜨따삐 슬라인 비아야 쁘마까이안냐 마할 왁뚜
pengirimannya juga lama
쁭이리만냐   주가 라마.

A: 그럼 종이 상자로 포장해 주세요.
Kalau begitu tolong dikepak dengan kotak kertas.
깔라우 브기뚜 똘롱 디끄빡 등안 꼬딱 끄르따ㅅ.

4. 파트너는 빈씨에게 본래 있던 통조림 상품을 위한 상표를 사용하지 말 것을 요구한다.
Rekan meminta kepada Bapak Bin agar tidak memakai
르깐 므민따 끄빠다 바빡 빈 아가르 띠닥 므마까이

새로운 단어

- 참고(하다)
  Merujuk, mengacu
  므루죽.   몽아쭈
- 식품
  Makanan
  미까난
- 라벨, 상표
  Lebel, merek
  레벨.메렉
- 수입자, 수입업자
  Pengimpor
  쁭임뽀ㄹ
- 뜯어지다
  Terobek
  뜨ㄹ로벡
- 찢어진
  Robek
  로벡
- 찢어진 것
  Robekan
  로벡깐
- 도둑 맞다
  Kecurian
  끄쭈리안
- 훔치다
  Curi
  쭈리
- 훔친 물건
  Curian
  쭈리안
- 사용
  Pemakaian
  쁘마까이안
- 사용하다
  Pakai
  빠까이

barang makanan kalengan merek itu.
바랑 마까난 깔렝안 메렉 이뚜.

A: 빈씨, 우리 나라의 식품 수입에 대한 규정에 따라 우리가 이번에 구매하기로 한 통조림은 당신 회사의 상표를 사용할 수 없습니다.
Bapak Bin, di negara kami menurut hukum yang berlaku
바빡 빈. 디 느가라 까미 므누룻 후꿈 양 브ㄹ라꾸
mengenai barang impor pembelian makanan kaleng kali
믕으나이 바랑 임뽀르 쁨블리안 마까난 깔렝 깔리
ini tidak bisa menggunakan merek Anda.
이니 띠닥 비사 믕구나깐 메렉 안다.

B: 왜 그렇죠?
Kenapa begitu?
끄나빠 브기뚜?

우리의 통조림과 다른 포장식품 종류들은 세계에 널리 팔리고 있습니다.
Kalengan kami dengan kemasan yang lain terjual luas
깔렝안 까미 등안 끄마산 양 라인 뜨ㄹ주알 루앗
di dunia.
디 두니아.

이 상표는 대다수 손님과 외국 수입업자들에게 받아들여졌습니다.
Merek ini telah disetujui oleh pembeli dalam jumlah
메렉 이니 뜰라ㅎ 디스뚜주이 올레ㅎ 쁨블리 달람 줌라ㅎ
besar.
브사르.

A: 저도 이것을 알지만 우리는 우리 나라의 법률에 따라야 합니다.
Saya juga tahu mengenai hal ini tetapi kami harus
사야 주가 따후 믕으나이 할 이니 뜨따삐 까미 하루ㅅ
melakukan menurut hukum yang berlaku di negara
믈라꾸깐 므누룻 후꿈 양 브ㄹ라꾸 디 느가라
kami.
까미.

B: 그럼 당신은 어쩌실 생각입니까?
Kalau begitu bagaimana menurut Anda?
깔라우 브기뚜 바가이마나 므누룻 안다?

새로운 단어

- 준수하다
  Mentaati
  믄따아띠

- 법률
  Aturan
  아뚜란

- 통관(하다)
  Memperbolehkan
  음쁘ㄹ볼레ㅎ깐

- 표면
  Permukaan
  쁘ㄹ무까안

- 법
  Hukum
  후꿈

- 넓다 × 좁다
  Luas × sempit
  루아ㅅ × 슴삣

- 적용하다
  Berlaku
  브ㄹ라꾸

- 그러면
  Kalau begitu
  깔라우 브기뚜

A: 당신은 상표가 없는 통조림 상품을 수라바야 주안다 공항에서 납품할 수 있습니까?
Bisakah Anda mengirim barang kalengan tanpa merek
비사까ㅎ 안다 믕이림 바랑 깔렝안 딴빠 메렉
ke Bandar udara Juanda Surabaya?
끄 반다ㄹ 우다라 주안다 수라바야?

B: 물론이죠.
Tentu saja.
뜬뚜 사자.

연습문제

1. 포장 방법
   a. Berat   b. Nyaman   c. Cara mengepak

2. 편하다, 편리하다
   a. Nyaman   b. Kebiasaan   c. Berat

3. 소비(하다)
   a. Merujuk, mengacu
   b. Kebiasaan
   c. Konsumsi(mengkonsumsi)

4. 중량
   a. Berat   b. Enak dilihat   c. Kebiasaan

5. 소매점
   a. Enak dilihat   b. Pengeceran   c. Merujuk, mengacu

6. 나무로 만든 상자
   a. Permukaan   b. Kotak dari pohon c. Enak dilihat

7. 진동(하다)
   a. Permukaan   b. Menguncang   c. Permukaan

8. 습기
   a. Mentaati   b. Lembab   c. Permukaan

9. 보기 좋다
   a. Enak dilihat   b. Nyaman   c. Mentaati

10. 습관
    a. Kebiasaan   b. Pengeceran   c. Kotak dari pohon

11. 설계(하다), 디자인(하다)
    a. Pengeceran   b. Kebiasaan   c. Merancang, mendesain

12. 참고(하다)
    a. Lembab   b. Menguncang   c. Merujuk, mengacu

13. 수입자, 수입업자
    a. Enak dilihat   b. Pengimpor   c. Menguncang

14. 준수하다
    a. Pengimpor   b. Mentaati   c. Merancang, mendesain

15. 표면
    a. Permukaan   b. Mentaati   c. Merujuk, mengacu

Bab 21 보험
Asuransi
아수란시

1. 보험회사는 운송 과정에 발생하는 자연 화재, 예상 외의 사고 등 외부 원인으로 인한 손실에 대해 책임집니다.
   Perusahaan asuransi yang bertanggung jawab atas
   쁘루사하안   아수란시   양   브ㄹ땅궁   자왑 아따ㅅ
   transportasi kebakaran, antisipasi kecelakaan, kerugian yang
   뜨란ㅅ뽀ㄹ따시 끄바까란,   안띠시빠시   끄쫄라까안,   끄루기안   양
   tidak terduga yang dikarenakan oleh penyebab eksternal.
   띠닥 뜨르두가 양   디까르나깐   올레ㅎ 쁜예밥   엑스데르날.

2. 보험 책임은 최종 항구에서 보험된 화물을 선박에서 내린 후 60일까지 지속됩니다.
   Tanggung jawab asuransi di pelabuhan yang terakhir
   땅궁   자왑   아수란시 디 쁠라부한   양   뜨라키르
   berlanjut sampai 60 hari setelah pengiriman kargo.
   브르란줏 삼빠이 으남뿔루ㅎ 하리 스뜰라ㅎ 뻥이리만   까르고.

3. 이 두 종류의 기본 보험 범위는 어떻습니까?
   Secara umum bagaimana peraturan kedua jenis asuransi
   스짜라 우뭄   바가이마나   쁘라뚜란   끄두아 즈니ㅅ 아수란시
   ini?
   이니?

4. 보험 범위는 기본 보험증 그리고 보험 조항 부분에서 기록되어 있습니다.
   Peraturan asuransi merupakan sertifikat dasar asuransi dan
   쁘라뚜란   아수란시   므루빠깐   스ㄹ띠피깟 다사ㄹ 아수란시 단
   bagian dari catatan asuransi.
   바기안 다리 짜따딴   아수란시.

5. 파손 보험을 추가시켜 주실 수 있습니까?
   Bisa tambahkan asuransi kerusakan?
   비사   땀바ㅎ깐   아수란시   끄루사깐?

6. 김정원씨 요구하시면 파손 보험을 추가시켜 드릴 수 있습니다.
   Kami bisa memberikan asuransi kerusakan kalau Bapak
   까미 비사   믐브리깐   아수란시   끄루사깐   깔라우 바빡

❋ C1. 문장
Kalimat

새로운 단어

- 주요 조항
  Ketentuan utama
  끄뜬뚜안   우따마

- 보험
  Asuransi
  아수란시

- 손실
  Kerugian
  끄루기안

- 자연 화재
  Kebakaran alam
  끄바까란   알람

- 고의적인 행위
  Kesalahan perbuatan
  끄살라한   쁘ㄹ부아딴

- 불을 나다
  Kebakaran
  끄바까란

- 예방하다
  Antisipasi
  안띠시빠시

- 사고 나다
  Kecelakaan
  끄쯸라까안

- 사고
  Celaka
  쯸라까

- 손해를 입다
  Kerugian
  끄루기안

새로운 단어

- 단독 손해 담보 보험
  Kerugian dengan
  끄루기안   등안
  jaminan asuransi
  자미난   아수란시

- 전위험 담보 보험
  Asuransi segala resiko
  아수란시 스갈라 레시꼬
  keamanan
  끄아마난

- 보험 기간
  Jangka asuransi
  장까   아수란시

- 증명서
  Sertifikat
  스르띠피깟

- 기초
  Dasar
  다사르

- 필기/노트
  Catatan
  짜따딴

- 보험
  Asuransi
  아수란시

- 손상
  Kerusakan
  끄루사깐

- 고장이 나다
  Rusak
  루삭

- 을/를 부담주다/무겁게 하다
  Memberatkan
  음브랏깐

- 무겁다
  Berat
  브랏

- 시청인/신청자
  Pendaftar
  쁜닾따르

- 신청하다
  Mendaftar
  믄닾따르

- 등록하다
  Mendaftarkan
  믄닾따르깐

Kim Jeong Won minta.
김 정 원 민따.

7. 발생하는 보험료는 보험 신청자가 부담합니다.
Premi yang dikenakan memberatkan pendaftar asuransinya.
쁘레미 양 이끄나깐 믐브랏깐   쁜닾따르   아수란시냐.

8. 매번 선적을 한 뒤 제시간에 보험에 들기 위해서 우리한테 바로 알려 주십시오.
Tolong beritahu kami segera setiap kali ada pengiriman
똘롱   브리따후 까미 스그라 스띠압 깔리 아다 쁭이리만
untuk waktu asuransinya.
운뚝   왁뚜   아수란시냐.

9. 김정원씨 어떤 보험을 신청하려고 하십니까?
Bapak Kim Jeong Won ingin mendaftar asuransi yang
바빡   김 정 원   잉인 믄닾따르   아수란시 양
mana?
마나?

10. 보통 "단독 손해 담보 보험"을 받아들이지만 필요하면 다른 보험을 신청하셔도 됩니다.
Biasanya "asuransi segala kecelakaan" disetujui tetapi
비아사냐 "아수란시 스갈라 끄쯀라까안" 디스뚜주이 뜨따삐
apabila dibutuhkan dapat mendaftar asuransi lain.
아빠빌라 디부뚜ㅎ깐 다빳 믄닾따르 아수란시 라인.

11. 게다가 우리는 외국 출장을 가야 됩니다.
Selain itu kami harus pergi keluar negeri untuk bisnis trip.
슬라인 이뚜 까미 하루ㅅ 쁘르기 끌루아르 느그리 운뚝 비ㅅ니ㅅ 뜨륖.

12. 그것에 비해서는 이것이 더 좋다.
Dibanding dengan yang itu, yang ini lebih bagus.
디반딩   등안   양 이뚜. 양 이니 르비ㅎ 바구ㅅ.

13. 그래서 보험료도 "단독 손해 무담보 보험"보다 더 높습니다.
Karena itu premi "asuransi kecelakaan tanpa keamanan"
까르나 이뚜 쁘레미 "아수란시 끄쯀라까안   딴빠 끄아마난"
lebih tinggi.
르비ㅎ 띵기.

14. 이 컴퓨터는 그 컴퓨터보다 질이 좋다.
Komputer ini dibandingkan komputer itu lebih bagus
꼼뿌떠   이니 디반딩깐   꼼뿌떠 이두 르비ㅎ 바구ㅅ
kualitasnya.
꾸알리따ㅅ냐.

1. 베니 사장님과 거래처는 해운화물보험에 대해 얘기하고 있다.
   Bapak Direktur Beni dan pelanggan membicarakan tentang
   바빡   디렉뚜ㄹ 베니 단 쁠랑간   음비짜라깐   뜬땅
   asuransi pengiriman barang.
   아수란시 쁭이리만   바랑.

   A: 베니 사장님, 바하 회사의 해운화물보험의 주요 조항에 대해 말씀해 주시겠습니까?
   Bapak Direktur Beni, bisa berikan informasi mengenai
   바빡   디렉뚜ㄹ 베니, 비사 브리깐   인포ㄹ마시 믕으나이
   artikel kebanyakan asuransi pengiriman barang
   아ㄹ띠끌 끄반야깐   아수란시 쁭이리만   바랑
   perusahaan Baha?
   쁘루사하안   바하?

   B: 좋습니다. 보험회사는 운송 과정에 발생하는 자연 화재, 예상 외의 사고 등 외부 원인으로 인한 손실에 대해 책임집니다.
   Baik. Perusahaan asuransi mempertanggungjawabkan
   바익. 쁘루사하안   아수란시   음쁘ㄹ땅궁자왑깐
   kecelakaan yang terjadi selama pengiriman seperti
   끄쩰라까안   양   뜨ㄹ자디 슬라미 쁭이리만   스쁘ㄹ띠
   kecelakaan karena alam, kecelakaan yang tidak
   끄쩰라까안   까르나 알람, 끄쩰라까안   양   띠닥
   terprediksi dan kecelakaan diluar perkiraan.
   뜨ㄹ쁘레딕시 단   끄쩰라까안   디루아ㄹ 쁘ㄹ끼라안.

   A: 이것은 제가 압니다.
   Saya mengerti hal ini.
   사야 믕으ㄹ띠   할 이니.

   B: 보험회사는 보험 가입자의 고의적인 행위에 대해 책임지지 않습니다.
   Perusahaan asuransi tidak bertanggungjawab atas
   쁘루사하안   아수란시 띠닥   브ㄹ땅궁자왑   아따ㅅ
   tindakan yang disengaja.
   띤다깐   양   디승아자.

   A: 보험조항 안에는 어떤 보험 조건이 있습니까?
   Dalam bidang asuransi apa persyaratannya?
   달람   비당   아수란시 아빠 쁘ㄹ샤라딴냐?

   B: 주요한 조항은 단독 손해 무담보 보험, 단독 손해 담보 보험, 전위험 담보 보험의 3종류가 있습니다. 그 밖에는 특별한 부가 위험 보험이 있습니다.
   Ketentuan utama asuransi kecelakaan tanpa keamanan,
   끄뜬뚜안   우따마 아수란시 끄쩰라까안   딴빠   끄아마난,

C2. 회화
Percakapan

새로운 단어

- 범위
  Ruang lingkup
  루앙   링꿉

- 의외, 뜻밖에
  Tidak terduga
  띠닥   뜨ㄹ두가

- 배상(하다)
  Rekompensasi, denda
  레꼼뻰사시,   덴다

- 해운
  Pelayaran
  쁠라야란

- 육지
  Daratan
  다라딴

- 보상금/보너스
  Premi
  쁘레미

- 정보
  Informasi
  인포ㄹ마시

- 책임을 치다
  Mempertanggung jawabkan
  음쁘ㄹ땅궁 자왑깐

- 책임
  Tanggung jawab
  땅궁 자왑깐

- 예상되다
  Terprediksi
  뜨ㄹ쁘레딕시

- 예상
  Prediksi
  쁘레딕시

Bab 21 보험 • 153

asuransi kecelakaan, ada 3 jenis keamanan.
아수란 끄쯜라까안, 아다 띠가(3) 즈니스 끄아마난.
Selain itu ada asuransi khusus beresiko tambahan.
슬라인 이뚜 아다 아수란시 쿠수ㅅ 브레시꼬 땀바한.

A: 보험 기간은 얼마나입니까?
Berapa lama masa asuransinya?
브라빠 라미 마사 아수란시냐?

B: 보험 책임은 최종 항구에서 보험된 화물을 선박에서 내린 후 60일까지 지속됩니다.
Tanggung jawab asuransi di pelabuhan terakhir akan
땅궁 자왑 아수란시 디 쁠라부한 뜨르아키ㄹ 아깐
dilanjutkan sampai 60 hari setelah pengiriman kargo.
디란줏깐 삼빠이 으남뿔루ㅎ 하리 스뜨라ㅎ 뽕이리만 까르고.

2. 이승준씨와 손님이 벽돌 화물의 보험에 대해 의논하고 있다.
Ibu Lee Seung Jun bersama para tamu mendiskusikan
이부 이 승 준 브ㄹ사마 빠라 따무 믄디ㅅ꾸시깐
asuransi kargo batu bata.
아수란시 까르고 바뚜 바따.

A: 이승준씨, 이번 벽돌 계약서가 CIF 가격으로 체결되면 어떤 위기의 보험을 신청할까요?
Ibu Lee Seung Jun, kalau pada kesempatan kali ini surat
이부 이 승 준. 깔라우 빠다 끄슴빠딴 깔리 이니 수랏
kontrak batu bata menurut harga CIF, maka harus
꼰뜨락 바뚜 바따 므누룻 하르가 쩨이엪. 마까 하루ㅅ
mendaftar asuransi beresiko yang mana?
믄답따ㄹ 아수란시 브레시꼬 양 마나?

B: 우리의 가격은 부가 보험을 포함하지 않아서 우리는 "단독 손해 담보 보험"만 신청할 겁니다.
Karena harga kami tidak termasuk asuransi
까르나 하르가 까미 띠닥 뜨르마숙 아수란시
tambahan maka kami akan mendaftar "asuransi
땀바한 마까 까미 아깐 믄답따ㄹ "아수란시
keamanan kecelakaan"
끄아마난 끄쯜라까안."

A: 파손 보험을 추가시켜 주실 수 있습니까?
Bisa ditambahkan asuransi kerusakan?
비사 디땀바ㅎ깐 아수란시 끄루사깐?

새로운 단어

- 제한(하다)
  Tahanan, batasan,
  따하난. 바따산.
  penyempitan
  쁘녬삐딴
- 백분율
  Tingkat distribusi
  띵깟 디ㅅ뜨리부시
- 보험료
  Premi asuransi
  쁘레미 아수란시
- 보험증
  Sertifikat asuransi
  스ㄹ띠피깟 아수란시
- 오염(하다)
  Polusi, pencemaran
  뽈루시, 쁜쯔마란
- 행동
  Tindakan
  띤다깐
- 일부러 × 함부로
  Sengaja × tidak sengaja
  승아자 × 띠닥 승아자
- 치안
  Keamanan
  끄아마난
- 안전
  Aman
  아만
- 위험성
  Beresiko
  브레시꼬
- 리스크/위험
  Resiko
  레시꼬
- ~에 의해서
  Menurut
  므누룻

B: 파손 보험은 보통 부가 보험에 속하지 않습니다.
Asuransi kerusakan biasanya tidak termasuk asuransi
아수란시 끄루사깐 비아사냐 띠닥 뜨르마숙 아수란시
tambahan.
땀바한.

그러나 요구하시면 파손 보험을 추가시켜 드릴 수 있습니다.
Tetapi kalau meminta dapat diberikan asuransi
뜨따삐 깔라우 므민따 다빳 디브리깐 아수란시
kerusakan.
끄루사깐.

A: 파손 보험료는 어느 쪽이 부담합니까?
Premi asuransi kerusakan memberatkan siapa?
쁘레미 아수란시 끄루사깐 음브랏깐 시아빠?

B: 발생하는 보험료는 보험 신청자가 부담합니다.
Para pelanggan merasa terberatkan oleh premi
빠라 쁠랑간 므라사 뜨르브랏깐 올레ㅎ 쁘레미
asuransinya.
아수란시냐.

A: 예. 파손 보험을 추가시켜 주십시오.
Ya, tolong tambahkan asuransi kerusakan.
야, 똘롱 땀바ㅎ깐 아수란시 끄루사깐.

3. 안정원씨 거래처가 FOB 가격 화물의 보험에 대해 의논하고 있다.
Bapak An Jeong Won, mendiskusikan tentang harga
바빡 안 정 원. 믄디ㅅ꾸시깐 뜬땅 하르가
asuransi barang FOB pelanggan.
아수란시 바랑 엪오베 쁠랑간.

A: 안정원씨, 이 화물은 FOB 가격으로 체결되기 때문에 부디씨은 보험을 부담합니다.
Bapak An Jeong Weon, karena kargo ini termasuk harga
바빡 안 정 원. 까르나 까르고 이니 뜨르마숙 하르가
FOB maka Bapak Budi merasa keberatan.
엪오베 마까 바빡 부디 므라사 끄브라딴.

B: 예, 매번 선적을 한 후에, 제시간에 보험에 들기 위해서 우리한테 바로 알려 주십시오.
Ya, setiap kali sesudah mengirim, tolong beritahu kami
야, 스띠앞 깔리 스수다ㅎ 믕이림, 똘롱 브리따후 까미
segera karena hal ini berkaitan dengan waktu
스그라 까르나 할 이니 브르까이딴 등안 왁뚜

새로운 단어

- 침몰(하다)
Tenggelam, karam
띵글람. 까람
(mencelakakan,
(믄쩰라까깐,
menenggelamkan)
므능글람깐)

- 충돌(하다)
Tabrakan, tubrukan
따브라깐. 뚜브루깐
(menabrakan)
(므나브라깐)

- 폭발(하다)
Ledakkan
르닥깐
(meledakkan)
(믈르닥깐)

- 느끼다
Merasa
므라사

- 감정/느낌
Rasa
라사

새로운 단어

- 피난(하다)
  Pengungsian
  뻥웅시안
  (mengungsi)
  (릉웅시)

- 파손(하다)
  Kerusakan (merusak)
  끄루사깐 (므루삭)

- 파업(하다)
  Pemogokan
  쁘모고깐
  (melakukan
  (믈라꾸깐
  pemogokan)
  쁘모곡깐)

- 폭동
  Kerusuhan,
  끄루수한,
  pemberontakan
  쁨브론따깐

- 부담스럽다
  Keberatan
  끄브라딴

- 무겁다 × 가볍다
  Berat × ringan
  브랏 × 링안

- 연결되다
  Terkait
  뜨르까잇

- 연결
  Kaitan
  까이딴

asuransinya.
아수란시냐.

A: 이승주씨 어떤 보험을 신청하려고 하십니까?
Saudara Lee Seung Ju ingin mendaftar asuransi yang
사우다라 이 승 주 잉인 믄닾따르 아수란시 양
mana?
마나?

B: 보험 회사는 보통 어떤 종류의 보험을 받아들입니까?
Biasanya perusahaan asuransi menyetujui asuransi jenis
비아사냐 쁘루사하안 아수란시 믄예뚜주이 아수란시 즈니스
apa?
아빠?

A: 보통 "단독 손해 담보 보험"을 받아들이지만 필요하면 다른 보험을 신청하셔도 됩니다.
Biasanya "asuransi kecelakaan keamanan" disetujui
비아사냐 "아수란시 끄쯜라까안 끄아마난" 디스뚜주이
tetapi kalau membutuhkan asuransi lain pun juga bisa.
뜨따삐 깔라우 믐부뚜ㅎ깐 아수란시 라인 뿐 주가 비사.

B: 좋습니다. 감사합니다.
Bagus. Terimakasih.
바구ㅅ. 뜨리마까시ㅎ.

연습문제

1. Perlu ini supaya ada yang menjamin adanya hal-hal buruk _____.
   a. Ketentuan utama   b. Asuransi   c. Kebakaran alam

2. Bukan keuntungan, melainkan _____.
   a. Kerugian   b. Jangka asuransi   c. Tidak terduga

3. Bentuk kecelakaan ini bisa terjadi di hutan jika bermain-main dengan api. Kecelekaan apa itu?
   a. Banjir   b. Tanah longsor   c. Kebakaran alam

4. Anda akan terkena _____ jika terlambat membayar.
   a. Denda, kompensasi   b. Kesalahan perbuatan   c. Bunga

5. _____ berlaku mulai dari sampai 23 Agustus 2015 sampai 23 Agustus 2018.
   a. Jangka asuransi   b. Ruang lingkup   c. Tidak terduga

6. Anda akan terkena _____ jika terlambat membayar.
   a. Kompensasi, denda   b. Daratan   c. Tingkat distribusi

7. Apa nama pengirim barang lewat laut?
   a. Penerbangan   b. Daratan   c. Pelayaran

8. Tidak mau bekerja = _____
   a. Pemogokan   b. Kerusuhan   c. Lembur

Bab 22

계약 체결
Keputusan Kontrak
끄뿌뚜산 꼰뜨락

✿ C1. 문장
Kalimat

1. 우리는 언제 계약서를 받을 수 있습니까?
   Kapan kami mendapat surat kontraknya?
   까빤 까미 믄다빳 수랏 꼰뜨락냐?

2. 우리는 며칠 후에 계약서를 준비하겠습니다.
   Kami akan menyiapkan surat kontraknya beberapa hari
   까미 아깐 믄이앞깐 수랏 꼰뜨락냐 브브라빠 하리
   kemudian.
   끄무디안.

3. 오늘 우리한테 계약서를 주실 수 있습니까?
   Bisakah memberikan surat kontrak kepada kami hari ini?
   비사까ㅎ 음브리깐 수랏 꼰뜨락 끄빠다 까미 하리 이니?

4. 우리는 정말 제 시간에 작성하지 못 할 겁니다.
   Kami sungguh tidak bisa membuat tepat waktu.
   까미 숭구ㅎ 띠닥 비사 믐부앗 뜨빳 왁뚜.

5. 내일까지 계약서 작성을 마무리 하지 못하면 이승주 대리님이 서명하기 위해서 우편을 보내 드리겠습니다.
   Untuk menjelaskan kepada kepala Lee Seung Ju apabila
   운뚝 믄즐라ㅅ깐 끄빠다 끄빨라 이 승 주 아빠빌라
   tidak dapat membuat surat kontrak sampai besok, kami akan
   띠닥 다빳 믐부앗 수랏 꼰뜨락 삼빠이 베속, 까미 아깐
   mengrimkan perangko.
   믕이림깐 쁘랑꼬.

6. 이것은 우리가 작성한 계약서입니다.
   Ini adalah surat kontraknya.
   이니 아달라ㅎ 수랏 꼰뜨락냐.

7. 예, 우리가 모든 조항에 대해 일치해야 합니다.
   Ya, kami harus menyetujui semua ketentuannya.
   야, 까미 하루ㅅ 믄예뚜주이 스무아 끄뜬뚜안냐.

새로운 단어

- 의견
  Opini, pendapat
  오삐니, 쁜다빳

- 조항
  Ketentuan, pasal
  끄뜬뚜안

- 계약서, 계약
  Surat kontrak, kontrak
  수랏 꼰뜨락, 꼰뜨락

- 계약서
  Surat kontrak
  수랏 꼰뜨락

- 재시간
  Tepat waktu
  뜨빳 왁뚜

- 만약/만일
  Apabila
  아빠빌라

- 규정
  Ketentuan
  끄뜬뚜안

8. 이것에 대해 의견이 있으십니까?
   Adakah pendapat mengenai ini?
   아다까ㅎ 쁜다빳 믕으나이 이니?

9. 기본적으로 우리가 협의한 내용을 충분히 기록했습니다.
   Secara umum kami sudah mencatat cukup lengkap isi
   스짜라 우뭄 까미 수다ㅎ 믄짜땃 쭈꿉 릉깝 이시
   konferensi kami.
   꼰페렌시 까미.

10. 그러면 계약서에 서명해 주십시오.
    Kalau begitu tolong tanda tangani surat kontraknya.
    깔라우 브기뚜 똘롱 딴다 땅아니 수랏 꼰뜨락냐.

11. 계약서 안에 있는 각 조항을 다시 한 번 보십시오.
    Tolong dilihat sekali lagi ketentuan surat kontraknya satu
    똘롱 디리핫 스깔리 라기 끄뜬뚜안 수랏 꼰뜨락냐 사뚜
    per satu.
    쁘르 사뚜.

12. 포장과 선적에 대해 의견 있으십니까?
    Adakah pendapat mengenai pengcpakannya dan
    아다까ㅎ 쁜다빳 믕으나이 쁭으빠깐냐 단
    pengiriman?
    쁭이리만?

13. 각 조항에 대해 의견이 일치했다면 여기에 서명하세요.
    Kalau sudah menyetujui setiap ketentuannya silahkan tanda
    깔라우 수다ㅎ 믄예뚜주이 스띠압 끄뜬뚜안냐 시라ㅎ깐 딴다
    tangani disini.
    땅아니 디시니.

14. 우리의 거래가 원만하게 성공함을 축하합니다.
    Selamat atas pelanggan kami yang sukses.
    슬라맛 아따ㅅ 쁠랑간 까미 양 숙세ㅅ.

15. 지금부터 합작이 나날이 잘 되기를 바랍니다.
    Mulai sekarang semoga kerja sama setiap hari semakin
    물라이 스까랑 스모가 끄르자 사미 스띠압 하리 스마낀
    baik.
    바익.

16. 납품 기간은 10월 2일 전이지요.
    Pengirimannya sebelum tanggal 2 bulan Oktober, kan?
    쁭이리만냐 스블룸 땅갈 두아(2) 불란 옥또베르, 깐?

새로운 단어

- 며칠 후
  Beberapa hari
  브브라빠 하리
  kemudian
  끄무디안

- 출발(하다)
  Berangkat
  브랑깟

- 작성하다
  Menyusun
  믄유순

- 필기하다
  Mencatat
  믄짜땃

- 필기/노트
  Catatan
  짜따딴

- 완성시키다
  Lengkapi
  릉까삐

- 찬성하다
  Menyetujui
  믄으뚜주이

17. 두번째 협의를 할 때 여러분의 사장님이 그렇게 동의하셨습니다.
    Kepala direktur saudara kalian telah menyetujui pada
    끄빨라   디렉뚜ㄹ   사우다라   깔리안   뜰라ㅎ 믄예뚜주이   빠다
    konferensi yang kedua kali.
    꼰프렌시   양   끄두아 깔리.

18. 죄송하지만 이 점에 대해 또 변경이 있습니다.
    Maaf akan tetapi ada perubahan di poin ini.
    마앞   아깐   뜨따삐 아다 쁘루바한   디 포인 이니.

19. 다른 조항은 무슨 문제가 있습니까?
    Ada masalah apa pada ketentuan lain?
    아다 마살라ㅎ 아빠 빠다 끄뜬뚜안   라인?

20. 다음 주 월요일에 계약을 체결할 수 있지요?
    Bisakah menyelesaikan kontraknya Senin depan?
    비사까ㅎ 믄옐르사이낀   꼰뜨락냐   스닌 드빤?

21. 영어로 된 계약서가 있습니까?
    Ada surat kontrak dalam bahasa Inggris?
    아다 수랏 꼰뜨락   달람 바하사 잉그리ㅅ?

22. 일치하지 않는 부분이 있는지 좀 보십시오.
    Silahkan lihat bagian yang tidak disetujui.
    시라ㅎ깐 리핫 바기안   양   띠닥 디스뚜주이.

23. 이것은 계약서의 부록입니다.
    Ini adalah tambahan pada surat kontraknya.
    이니 아달라ㅎ 땀바한   빠다 수랏 꼰뜨락냐.

24. 이것은 베트남어로 된 것입니다.
    Ini yang dalam bahasa Indonesia.
    이니 양   달람   바하사 인도네시아.

25. 그리고 이것은 한국어로 된 것인데 갖고 계십시오.
    Dan tolong disimpan yang ini dalam bahasa Korea.
    단 똘롱 디심빤   양 이니 달람 바하사 꼬레아.

26. 오늘 우리한테 계약서를 주실 수 있습니까?
    Bisa berikan kami surat kontraknya hari ini?
    비사 브리깐   까미 수랏   꼰뜨락냐   하리 이니?

27. 저는 내일 오후에 사장님께 전화해 드리겠습니다.
    Saya akan telepon bos besok sore.
    사야 아깐 뜰레뽄 보ㅅ 베속   소레.

새로운 단어

- 일치(하다)
  Menyesuaikan,
  믄에수아이깐,
  mencocokan
  믄쪼쪼깐

- 중단시키다, 취소하다
  Membatalkan
  믐바딸깐

- 2월 하순
  10 hari terakhir
  스뿔루ㅎ(10) 하리 뜨락키ㄹ
  pada bulan Februari
  빠다 불란   페브루아리

- 학술제
  Konferensi
  꼰프렌시

- 규정
  Ketentuan
  끄뜬뚜안

- 끝내다
  Menyelesaikan
  믄을레사이깐

28. 계약서 안에 있는 각 조항을 다시 한 번 보십시오.
Tolong lihat sekali lagi setiap ketentuan pada surat
똘롱   리핫 스깔리 라기 스띠압 끄뜬뚜안   빠다 수랏
kontraknya.
꼰뜨락냐.

29. 계좌 잔액을 다시 확인하세요.
Mohon diperiksa kembali uang yang ada di tabungan.
모혼   디쁘릭사 끔발리   우앙   양   아다 디 따붕안.

30. 자본금이 부족해서 그 프로젝트에 투자하지 못했습니다.
Karena modalnya kurang kami tidak bisa memberi investasi
까르나 모달냐   꾸랑   까미 띠닥 비사 음브리   인베스따시
pada proyek itu.
빠다 쁘로옉   이뚜.

31. 저는 이번 주 목요일에 출장을 가겠습니다.
Saya akan pergi untuk (bisnis trip/dinas kerja) Kamis ini.
사야 아깐 쁘르기 운뚝 (비스니스/ 디나스 끄르자) 까미스 이니.

1. 한재성씨가 상대방에게 계약서를 빨리 작성해 달라고 재촉한다.
Bapak Han Jae Seong meminta lawan bicara untuk cepat
바빡   한 재 성   므민따   라완 비짜라 운뚝 쯔빳
membuat surat kontraknya.
음부앗   수랏 꼰뜨락냐.

A: 한재성씨, 우리는 조항들에 대해 의견이 없습니다.
Bapak Han Jae Seong, kami tidak ada pendapat
바빡   한 재 성.   까미 띠닥 아다 쁜다빳
mengenai ketentuannya.
믕으나이   끄뜬뚜안냐.

우리는 언제 계약을 할 수 있나요?
Kapan kami bisa memulai kontraknya?
까빤   까미 비사 므물라이 꼰뜨락냐?

B: 우리는 며칠 뒤에 계약을 준비할 것입니다.
Kami akan persiapkan surat kontraknya beberapa hari
까미 아깐 쁘르시압깐   수랏 꼰뜨락냐   브브라빠 하리
kemudian.
끄무디안.

A: 좀 더 빨리 해 주세요.
Tolong lebih cepat sedikit.
똘롱   르비ㅎ 쯔빳 스디깟.

새로운 단어

- 내용
  Topik
  또삑

- 계약에 서명하다
  Menandatangani
  므난다땅아니
  kontraknya
  꼰뜨락냐

- 서명하다
  Menandatangani
  므난다땅아니

✱ **C2. 회화**
Percakapan

새로운 단어

- 예금
  Tabungan
  따붕안

- 예금하다
  Menabung
  므나붕

- 예금하다
  Tabung
  똘롱

- 자본
  Modal
  모달

- 프로젝트
  Proyek
  쁘로옉

Bab 22 계약 체결 • 161

오늘 계약을 성사시켜 주시면 안 될까요?
Apakah hari ini bisakah diselesaikan?
아빠가ㅎ 하리 이니 비사 디슬레사이깐?

B: 오늘은 안 돼요.
Hari ini tidak bisa.
하리 이니 띠닥 비사.

A: 회사에서 빨리 돌아오라고 재촉하고 있어요.
Di perusahaan disuruh untuk cepat menyelesaikan.
디 쁘루사하안 디수루ㅎ 운뚝 쯔빳 믄옐레사이깐.

저는 내일 저녁 비행기표를 사 놓았어요.
Saya sudah membeli tiket pesawat untuk besok malam.
사야 수다ㅎ 믐블리 띠껫 쁘사왓 운뚝 베속 말람.

B: 이렇게 합시다?!
Bagaimana kalau begini?!
바가이마나 깔라우 브기니?!

만약 내일에도 계약이 끝나지 못하면 우리가 우편으로 보내 드릴게요.
Apabila besok juga tidak selesai maka kami akan mengirimkan perangko.
아빠빌라 베속 주가 띠닥 슬르사이 마까 까미 아깐 믕이림깐 쁘랑꼬.

A: 그렇게 해도 됩니다.
Bisa juga dilakukan seperti itu.
비사 주가 디라꾸깐 스쁘르띠 이뚜.

2. 조항들을 다 통일한 후 서로 싸인이 진행되고 있다.
Setelah menyatukan ketentuan kedua belah pihak perlu untuk menandatangani.
스뜰라ㅎ 믄야뚜깐 끄뜬뚜안 끄두아 블라ㅎ 삐학 쁘를루 운뚝 므난다땅아니.

A: 정지현씨, 여기 우리가 작성한 계약서예요.
Jong Ji Hyeon, ini adalah surat kontrak yang kami tulis.
정 지 현. 이니 아달라ㅎ 수랏 꼰뜨락 양 까미 뚤리ㅅ.

자세히 보시고 어디 이해되지 않는 부분이 있으신가요?
Setelah dilihat dengan cermat, adakah bagian yang tidak dimengerti?
스뜰라ㅎ 디리핫 등안 쯔르맛. 아다까ㅎ 바기안 양 띠닥 디믕으르띠?

새로운 단어

- 축하하다
  Menyelamati,
  믄옐라마띠,
  memberikan selamat
  믐브리깐 슬라맛

- 거래
  Transaksi
  뜨란삭시

- 성공하다
  Berhasil
  브르하실

- 시키다
  Suruh
  수루ㅎ

- 하게끔
  Menyuruh
  믄유루ㅎ

- 명령
  Suruhan
  수루한

- 우표
  Perangko
  쁘랑꼬

- 정확한
  Cermat/Teliti
  쯔르맛/ 뜰리띠

B: 네, 우리는 모든 조항들을 통일시켜야 됩니다.
Baik, kami harus menyetujui semua ketentuannya.
바익, 까미 하루ㅅ 믄예뚜주이 스무아 끄뜬뚜안냐.

A: 맞아요.
Benar.
브나ㄹ.

이 문제에 무슨 질문이 있으신가요?
Adakah pertanyaan atas masalah ini?
아다까ㅎ 쁘ㄹ딴야안 아따ㅅ 마살라ㅎ 이니?

B: 여기에 "만약 한 쪽은 이 계약에 있는 조항들을 준수하지 않으면 다른 쪽은 계약을 취소할 권리가 있습니다"라는 문장을 추가시켜 주세요.
Disini tolong ditambahkan dalam kalimat "apabila di
디시니 똘롱 디땀바ㅎ간 달람 깔리맛 "아빠빌라 디
satu pihak ada yang tidak taat maka pihak lain bisa
사뚜 삐학 아다 양 띠닥 따앗 마까 삐학 라인 비사
membatalkan kontrak".
믐바딸깐 꼰뜨락".

B: 네.
Ya.
야.

A: 그리고 선적 시간은 2월 하순입니다.
Dan waktu pengirimannya adalah 10 hari terakhir
단 왁뚜 쁭이리만냐 아달라ㅎ 스뿔루ㅎ(10) 하리 뜨라키ㄹ
bulan Februari.
불란 펩루아리.

B: 노트를 다시 봐야 돼요.
Harus melihat catatannya kembali.
하루ㅅ 믈리핫 짜따딴냐 끔발리.

A: 네, 2월 하순입니다. 또 뭐 없으신가요?
Ya, 10 hari terakhir bulan Februari. Apa ada yang mau
야, 스뿔루ㅎ(10) 하리 뜨ㄹ아키ㄹ 불란 펩루아리. 아빠 아다 양 마우
ditambahkan lagi?
디땀바ㅎ간 라기?

B: 됐어요.
Sudah.
수다ㅎ.

 새로운 단어

- 원만하다
  Langgeng
  랑긍

- 합작
  Kerja sama,
  끄ㄹ자 사마,
  kolaborasi
  꼴라보라시

- 이해해 주다
  Tolong mengerti
  똘롱 믕으ㄹ띠

- 지키다
  Taat
  따앗

- 필기/노트
  Catatan
  짜따딴

- 미지믹
  Terakhir
  뜨ㄹ아키ㄹ

- 끝
  Akhir
  아키ㄹ

새로운 단어

- 부록
Tambahan
땀바한

- 가지다
Bawa
바와

- 편
Pihak
삐학

- 쌍방/양측
Kedua belah pihak
끄두아 블라ㅎ 삐학

- 포함되다; 내포되다
Tercantum
뜨ㄹ짠뚬

- 양끝을 이어 붙이다
Mencantum
믄짠뚬

- 무엇인지
Apa pun
아빠 뿐

- 어디서든지
Dimana pun
디마나 뿐

- 어떻게 하는지
Bagaimana pun
바가이마나 뿐

- 어디든지
Dimana pun
디마나 뿐

- 누구든지
Siapa pun
시아빠 뿐

- 언제든지
Kapan pun
까빤 뿐

- 어디든지
Kemana pun
끄마나 뿐

A: 기본적으로 우리가 토의한 것에 대해서 다 적었어요.
Secara umum, kami sudah menulis semua yang kami diskusikan.
스짜라 우뭄, 까미 수다ㅎ 믄눌리ㅅ 스무아 양 까미 디ㅅ꾸시깐.

B: 그럼 계약에 서명하세요.
Kalau begitu tolong ditanda tangani surat kontraknya.
깔라우 브기뚜 똘롱 디딴다 땅아니 수랏 꼰뜨락냐.

A: 네.
Baik.
바익.

3. 계약을 다 끝낸 후 양쪽이 서로 축하한다.
Kedua belah pihak saling memberikan selamat setelah kontraknya selesai.
끄두아 블라ㅎ 삐학 살링 믐브리깐 슬라맛 스뜰라ㅎ 꼰뜨락냐 슬르사이.

A: 권우현씨, 계약에 있는 조항들을 다시 한 번 보세요.
Gwon Woo Hyon, silahkan dilihat sekali lagi ketentuan yang tercantum di surat kontrak.
권 우 현, 실라ㅎ깐 딜리핫 스깔리 라기 끄뜬뚜안 양 뜨ㄹ짠뚬 디 수랏 꼰뜨락.

확인해 보시고 아직 동의할 수 없는 곳은 있으신가요?
Tolong diperiksa kembali apakah ada hal yang tidak disetujui?
똘롱 디쁘릭사 끔발리 아빠까ㅎ 아다 할 양 띠닥 디스뚜주이?

B: 네.
Baik.
바익.

A: 포장과 선적에 대해 의견이 있으세요?
Adakah pendapat mengenai pengepakan dan pengirimannya?
아다까ㅎ 쁜다빳 믕으나이 쁭으빠깐 단 쁭이리만냐?

B: 전 아무 의견 없어요.
Saya tidak punya pendapat apapun.
사야 띠닥 뿐야 쁜다빳 아빠뿐.

A: 그리고 선적 시간은요?
　　Dan bagaimana dengan waktu pengirimanya?
　　답 바가이마나 등안 왁뚜 쁭이리만냐?

B: 당신 쪽에서 2008년 9월보다 늦으면 안 된다고 썼어요.
　　Untuk Anda tidak boleh lebih telat dari bulan September
　　운뚝 안다 띠닥 볼레ㅎ 르비ㅎ 뜰랏 다리 불란 셒뎀브르
　　tahun 2008.
　　따훈 두아리부 들라빤(2008).

　　됐어요.
　　Sudah.
　　수다ㅎ.

A: 우리는 조항들에 의견이 일치했으니까 여기에 서명해 주세요.
　　Kami menyetujui pendapat tentang ketentuannya maka
　　까미 믄예뚜주이 쁜다빳 뜬땅 끄뜬뚜안냐 마까
　　tolong tandatangani di sini.
　　똘롱 딴다땅아니 디 시니.

B: 네.
　　Ya.
　　야.

A: 우리의 거래가 순탄히 성사된 것을 축하합시다.
　　Mari rayakan selesainya transaksi kita.
　　마리 라야깐 슬르사이냐 뜨란삭시 끼따.

B: 지금부터 우리의 동업이 잘 되길 바래요.
　　Semoga bisnis kita mulai sekarang semakin baik.
　　스모가 비스니스 끼따 물라이 스까랑 스마낀 바익.

4. 이해금씨가 사장님 대신에 상대방과 계약의 조항들에 대해 의논을 한다.
　　Lee Hae Gem menggantikan bos untuk membicarakan
　　이 해 금 믕간띠깐 보스 운뚝 믐비자라깐
　　tentang ketentuan kontraknya ke lawan bicaranya.
　　뜬땅 끄뜬뚜안 꼰뜨락냐 끄 라완 비짜라냐.

A: 이해금씨 납품 날짜는 10월 2일 전으로 해 주세요.
　　Lee Hae Gem, tolong pengirimannya dibuat sebelum
　　이 해 금. 똘롱 쁭이리만냐 디부앗 스블룸
　　tanggal 2 bulan Oktober.
　　땅갈 두아(2) 불란 옥또베르.

새로운 단어

- 늦다
　Telat
　뜰랏
- 허락하다
　Menyetujui
　믄으뚜주이
- 찬성×반대
　Setuju×tidak setuju
　스뚜주×띠닥 스뚜주
- 만들어지다
　Dibuat
　디부앗
- 만들다
　Membuat
　믐부앗
- 만들다
　Buat
　부앗
- 생산하다
　Pembuatan
　쁨부아딴
- 공급자/생산자
　Pembuat
　쁨부앗

B: 적은 것을 다시 확인해 볼게요.
Saya akan periksa yang sudah ditulis
사야 아깐 쁘릭사 양 수다ㅎ 디뚤리스.

A: 두번째 의논할 때 당신의 사장님은 그렇게 동의를 하셨어요.
Pada diskusi kedua kali, bos Anda telah menyetujui.
빠다 디스꾸시 끄두아 깔리, 보스 안다 뜰라ㅎ 믄예뚜주이.

당신도 그 때 거기 있었잖아요.
Anda ada disana pada waktu itu, kan?
안다 아다 디사나 빠다 왁뚜 이뚜, 깐?

B: 오, 정말 죄송해요. 이 점은 다시 바뀌었어요.
Oh, maaf sekali. Tolong diganti yang ini.
오ㅎ, 마앞 스깔리. 똘롱 디간띠 양 이니.

사장님이 납품 시간을 단축시킬 수 없다고 하시던데요.
Bos tidak bisa membuat waktu pengiriman barangnya
보스 띠닥 비사 믐부앗 왁뚜 쁭이리만 바랑냐
dibuat lebih pendek.
디부앗 르비ㅎ 뻰덱.

부디 이해해 주시길 바래요.
Tolong dimengerti.
똘롱 디믕으르띠.

A: 그렇구나.
Saya tahu.
사야 따후.

B: 다른 조항들 중에는 문제가 없으신가요?
Apakah ada masalah di ketentuan lainnya?
아빠까ㅎ 아다 마살라ㅎ 디 끄뜬뚜안 라인냐?

A: 우리는 다른 조항들에 대해 의견이 없어요.
Kami tidak ada pendapat pada ketentuan lain.
까미 띠닥 아다 쁜다빳 빠다 끄뜬뚜안 라인.

다음 주 월요일에 계약서에 서명할 수 있나요?
Apakah bisa menandatangani surat kontrak pada Senin
아빠까ㅎ 비사 므난다땅아니 수랏 꼰뜨락 빠다 스닌
depan?
데빤?

새로운 단어

- 검사하다
  Periksa/Memeriksa
  쁘릭사/ 므므릭사

- 기타
  Lain
  라인

- 규정
  Ketentuan
  끄뜬뚜안

우리는 화요일에 귀국하기로 결정했어요.
Kami memutuskan untuk kembali ke negara kami hari
까미 므무뚜ㅅ깐 운뚝 끔발리 끄 느가라 까미 하리
Selasa.
슬라사.

B: 아무 문제 없어요.
Tidak ada masalah.
띠닥 아다 마살라ㅎ.

5. 양쪽은 서로 계약과 부록을 다시 검토한다.
Kedua belah pihak saling mengecek surat kontrak dan
끄두아 블라ㅎ 삐학 살링 릉으쩩 수랏 꼰뜨락 단
apendiksnya.
아뻰딕ㅅ냐.

A: 유한조씨 여기 우리가 작성한 계약서예요.
Yu Han Jo ini adalah surat kontrak yang kami buat.
유 한 조 이니 아달라ㅎ 수랏 꼰뜨락 양 까미 부앗.

확인해 보세요.
Tolong dicek.
똘롱 디쩩.

B: 좋습니다.
Bagus.
바구ㅅ.

혹시 영어로 된 계약서는 없나요?
Apakah ada yang dalam bahasa Inggris?
아빠까ㅎ 아다 양 달람 바라사 잉그리ㅅ?

A: 있어요. 여기 영어로 된 거예요.
Ada. Ini yang dalam bahasa Inggris.
아다. 이니 양 달람 바하사 잉그리ㅅ.

보세요.
Coba lihat.
쪼바 리핫.

B: 고마워요.
Terima kasih.
뜨리마 까시ㅎ.

A: 그리고 여기 계약 부록인데요.
Dan ini apendiks kontraknya.
단 이니 아뻰딕ㅅ 꼰뜨락냐.

 새로운 단어

- 결정하다
  Memutuskan
  므무뚜ㅅ깐

- 결론/결정
  Keputusan
  끄뿌뚜산

- 부록
  Apendiks
  아뻰딕ㅅ

Bab 22 계약 체결 ● **167**

다시 한 번 확인해 보세요.
Tolong dicek kembali.
똘롱   디쩩   끔발리.

B: 확인했어요.
Sudah dicek.
수다ㅎ 디쩩.

아무 문제 없어요.
Tidak ada masalah.
띠닥   아다 마살라ㅎ.

A: 아주 좋아요.
Sangat bagus.
상앗   바구ㅅ.

B: 여기 인도네시아어로 된 계약서요.
Ini adalah surat kontrak dalam bahasa Indonesia.
이니 아달라ㅎ 수랏 꼰뜨락   달람   바하사 인도네시아.

그리고 이건 한국어로 된 거요. 가져 가세요.
Dan ini adalah surat kontrak yang dalam bahasa Korea.
단   이니 아달라ㅎ 수랏 꼰뜨락   양   달람   바하사   꼬레아.
Silahkan dibawa.
실라ㅎ깐 디바와.

꼭 알아둘 POINT

Singkatan-약어

Korsel	꼬르셀	Korea Selatan	남한
Korut	꼬룻	Korea Utara	북한
Kpd	끄빠다	Kepada	-에게
Jamsostek	잠소ㅅ떽	JaminanaSosialTenagaKerja	노동자사회보장
Jatim	자띰	JawaTimur	동부 자바
Jateng	자뗑	Jawa Tengah	중부 자바
Jabar	자빠르	Jawa Barat	서부 자바
JHT	즈하떼	JaminanHariTua	노후보장
Curhat	쭈르핫	CurahanHati	마음이 기운

DKI (Jakarta)	데까이 (자카르타)	Daerah Khusus Ibu Kota	자카르타 특별지역
Dll	데 엘 엘	Dan lain-lain	기타 등등
Mn	마나	Mana	어느
Yg	양	Yang	어느
HUT	훗	Hariulangtahun	생일
Kec	끄짜마딴	Kecamatan	읍, 면
Kel	끌루라한	Kelurahan	동, 리
Kedubes	끄두베ㅅ	KedutaanBesar	대사관
Letjen	렛젠	Letnan Jenderal	중장
LN	엘엔	Luar Negri	외국
LPU	엘뻬우	Lembaga PemilihanUmum	일반선거기구
Narkoba	나ㄹ꼬바	Narkotika dan Obat Terlarang	마약류
Napi	나삐	Nara pidana	죄수
NPWP	엔뻬웨뻬	Nomer Pokok Wajib Pajak	납세의무번호
NIIP	엔이이뻬	Nomer Induk Pegawai	공무원일련번호
Org	오랑	Orang	사람
Orkes	올라ㅎ라가 단 쓰세하딴	Olahraga dan Kesehatan	건강과운동
Ortu	오르뚜	Orang Tua	부모님 (노인)
OSIS	오시ㅅ	Organisasi Siswa Intra Sekolah	교내학생기구
PKL	뻬까엘	Pedagang Kaki Lima	중소기업인
KB	까베	Keluarga Berencana	가족계획
PLN	뻬엘엔	Perusahaan Listrik Negara	국가전력회사
PMI	뻬엠이	Palang Merah Indonesia	인도네시아 적십자
PR	뻬에르	Pekerjaan Rumah	숙제
PRT	뻬에르떼	Pembantu RumahTangga	가정부
Puskesmas	뿌ㅅ끄ㅅ마ㅅ	Pusat Kesehatan Masyarakat	주민건강센터
Rukan	루깐	Rumah Kantor	사무소
Ruko	루꼬	Rumah Toko	상점
RSU	에르에ㅅ우	Rumah Sakit Umum	시민병원
RT	에ㄹ떼	Rumah Tangga	이웃 (주민)
RW	에르웨	Rumah Warga	이웃, 지역 (호)
Satpam	삿빰	Satuan Pengaman	경비조직
SD	에ㅅ데	Sekolah Dasar	초등학교

SMP	에스엠뻬	Sekolah Menengah Pertama	중학교
SMA	에스엠아	Surat Sekolah Menengah Atas	고등학교
SIM	심	Surat Izin Mengemudi	운전면허증
SPBU	에스뻬뻬우	Stasiun Pengisian Bahan Bakar Untuk Umum	일반연료보충소
STNK	에스떼엔까	Surat Tanda Nomer Kendaraan	자동차번호등록증
Tabanas	따바나스	Tabungan Nasional	국민개발저축
Tgl	땅갈	Tanggal	날짜
Thn	따훈	Tahun	년
THR	떼하에르	Tunjangan Hari Raya	르바란 축제상여금
TKI	떼까이	Tenaga Kerja Indonesia	인도네시아노동자
TKR	떼까에르	Tentara Keamanan Rakyat	국여금민방위군
TKW	떼까워	Tenaga Kerja Wanita	여성노동자
TNI	떼엔이	Tentara Nasional Indonesia	인도네시아 군인
UD	우데	Usaha Dagang	상업
UGM	우게엠	Universitas Gajah Mada	가자마다대학
UI	우이	Universitas Indonesia	인도네시아국립대학
UMP	우엠뻬	Upah Minimum Pekerja	주 기본 임금
UMR	우엠에르	Upah Minimum Regional	표준기본임금
UU	우우	Undang-Undang	헌법
Valas	빨라스	Valutas Asing	환율
WC	웨쩨	Toilet	화장실
WTS	웨떼에스	Wanita Tuna Susila	호스테스
Wapres	와쁘레스	Wakil Presiden	부통령
Warkop	와르꼽	Warung Kopi	커피점
Warnet	와르넷	Warung Internet	인터넷방
Wartel	와르뗄	Warung Telepon	전화국
WIB	웨이베	Waktu Indonesia Barat	인도네시아표준시
Wisman	위스만	Wisatawan Mancanegara	외국관광객
WNI	웨엔이	Warga Negara Indonesia	인도네시아국민
WNA	웨엔아	Warga Negara Asing	외국인
DPR	데뻬에르	Dewan Perwakilan Rakyat	국회
PPH	뻬뻬하	Pajak Penghasialan	소득세
PPN	뻬뻬엔	Pajak Pertambahan Nilai	부가가치세
PMA	뻬엠아	Penanaman Modal Asing	외국계 기업

PMDN	뻬엠데엔	Penanaman Modal Dalam Negeri	현지 기업
BPN	베뻬엔	Badan Pertahanan Nasional	등기소
KPP	까뻬뻬	Kantor Pelayanan Pajak	세무서
Bea Cukai	베아 쭈까이	Bea Cukai	세관
PT	뻬떼	Perseroan Terbatas	주식회사
PDAM	뻬데아엠	Perusahaan Daerah Air Minum	수도공사
PGN	뻬게엔	Perusahaan Gas Negara	가스공사

연습문제

1. 의견
   a. Opini, pendapat   b. Ketentuan   c. Berangkat

2. 조항
   a. Ketentuan/pasal   b. Menyusun   c. Opini, pendapat

3. 작성하다
   a. Membatalkan   b. Topik   c. Menyusun

4. 취소하다
   a. Topik   b. Menandatangani   c. Membatalkan

5. 서명하다
   a. Menandatangani   b. Menyelamati   c. Transaksi

6. 거래
   a. Transaksi   b. Berhasil   c. kolaborasi

7. 성공하다
   a. Tambahan   b. Langgeng   c. Berhasil

8. 합작
   a. Bawa b. Kerja sama c. Tolong mengerti

9. 이해해 주다
   a. Memberi pengertian b. Menandatangani c. Menyelamati

10. 가지다
    a. Terbawa b. Tambahan c. Langgeng

Bab 23   무역 합작
Kerjasama Perdagangan
끄ㄹ자사마   쁘ㄹ다강안

1. 듣기로는 귀사가 외국 업체와 무역 합작 계획이 있다면서요?
   Saya dengar perusahaannya mempunyai rencana kerja sama
   사야 등아ㄹ 쁘루사하안냐   음뿐야이   른짜나   끄ㄹ자 사마
   perdagangan dengan perusahaan luar?
   쁘ㄹ다강안   등안   쁘루사하안   루아ㄹ.

2. 우리는 양지원씨 쪽의 무역 합작 방식에 대해 알아보고 싶습니다.
   Kami ingin mengetahui sistem kerjasama perdagangan Ibu
   까미 잉인   믕으따후이   시스뗌 끄ㄹ자사마   쁘ㄹ다강안   이뷰
   Yang Ji Won.
   양   지 원

3. 우리의 상품이 국제 시장에 빨리 진출하면 좋겠습니다.
   Sebaiknya produk kami cepat diluncurkan di pasar
   스바익냐   쁘로둑   까미 쯔빳   디룬쭈ㄹ깐   디 빠사ㄹ
   international.
   인뜨르나시오날.

4. 무역 합작은 양쪽의 매출액을 늘릴 수 있습니다.
   Kerjasama perdagangan akan memperluas penjualanan
   끄ㄹ자사마   쁘ㄹ다강안   아깐 믐쁘ㄹ루아스   쁜주알란
   kedua belah pihak.
   끄두아 블라ㅎ 삐학.

5. 무역 합작 계약서와 관련된 구체적인 조항들을 보십시오.
   Lihatlah ketentuan yang konkret dan surat kontrak kerja
   리핫라ㅎ 끄뜬뚜안   양 꼰끄렛 단   사랏   꼰뜨락   끄ㄹ자
   sama perdagangan.
   사마 쁘ㄹ디강인.

6. 이번에는 우리가 박영민씨과 같이 무역 합작에 대해 논의히려고 합니다.
   Kali ini kami ingin membicarakan kerjasama perdagangan
   깔리 이니 까미 잉인   믐비짜라깐   끄ㄹ자사마   쁘ㄹ다강안
   dengan Bapak Park Yeong Min.
   등안   바빡   박   영   민.

C1. 문장
Kalimat

새로운 단어

- 계획
  Rencana
  른짜나

- 무역 합작
  Kerjasama
  끄ㄹ자사마
  bisnis, kerjasama
  비스니스, 끄ㄹ자사마
  perdagangan
  쁘ㄹ다강안

- 외국 업체
  Perusahaan asing
  쁘루사한   아싱

- 경험
  Pengalaman
  쁭알라만

- 계획
  Rencana
  른짜나

- 진수되다
  Diluncurkan
  디룬쭈ㄹ깐

- 진수하다
  Meluncurkan
  믈룬쭈ㄹ깐

- 진수
  Peluncuran
  쁠룬쭈란

- 현실/실제
  Konkret
  꼰끄렛

7. 여러분은 우리와 같이 어떤 품목에 대해 합작하고 싶습니까?
   Saudara sekalian, apakah ingin bekerja sama untuk
   사우다라 스깔리안, 아빠까ㅎ 잉인 브끄르자 사마 운뚝
   membuat suatu produk bersama kita?
   음부앗 수아뚜 쁘로둑 브르사마 끼따?

8. 한국에서 발리 수공예품에 대한 합작입니다.
   Di Korea ada kerjasama kerajinan tangan Bali.
   디 꼬레아 아다 끄르자사마 끄라지난 땅안 발리.

9. 우리 상품 장사를 하시기 때문에 우리 측은 50% 이상 받아야 하지요.
   Karena kami berdagang produk kami, kami harus mendapat
   까르나 까미 브르다강 쁘로둑 까미, 까미 하루ㅅ 믄다빳
   keuntungan 50 % lebih.
   그운뚱안 리마 뿔루ㅎ 뻐르센 (50%) 르비ㅎ.

10. 구체적인 조항은 내일 의논합시다.
    Mari bicarakan ketentuan lebih spesifik besok.
    마리 비짜라깐 끄뜬뚜안 르비ㅎ 스뻬시픽 베속.

11. 우리와 함께 어떤 품목에 대해 합작하실 예정입니까?
    Apakah saudara ada rencana untuk bekerja sama usaha
    아빠까ㅎ 사우다라 아다 른짜나 운뚝 브끄르자 사마 우사하
    patungan dengan kami untuk membuat suatu produk?
    빠뚱안 등안 까미 운뚝 음부앗 수아뚜 쁘로둑?

12. 합작 전망이 어떻다고 생각하십니까?
    Bagaimana menurut anda mengenai gambaran kerjasamanya?
    바가이마나 므누룻 안다 믕으나이 감바란 끄르자사마냐?

13. 발리 도자기는 한국에서 잘 팔려요.
    Barang keramik Bali sangat laris di Korea.
    바랑 끄라믹 발리 상앗 라리ㅅ 디 꼬레아.

14. 예상으로는 1년에 5억원의 매출액에 달할 수 있습니다.
    Diperkirakan dalam 1 tahun penjualan bisa mencapai
    디쁘르끼라깐 달람 사뚜(1) 따훈 쁜주알란 비사 믄짜빠이
    5 juta won.
    리마(5) 주따 원.

15. 우리는 박영민씨과 같이 발리 도자기에 대한 합작에 동의합니다.
    Kami dengan Park Yeong Min setuju untuk bekerja sama
    까미 등안 박 영 민 스뚜주 운뚝 브끄르자 사마
    (usaha patungan) keramik Bali.
    (우사하 빠뚱안) 끄라믹 발리.

새로운 단어

- 방식
  Metode, cara, sistem
  메또데, 짜라, 시ㅅ뗌

- 진출하다
  Semi finalis
  스미 피날리ㅅ

- 국제 시장
  Pasar internasional
  빠사르 인뜨르나시오날

- 수공업
  Kerajinan tangan
  끄라지난 땅안

- 이익
  Keuntungan
  끄운뚱안

- 이득
  Untung
  운뚱

- 운이 좋다
  Beruntung
  브룬뚱

- 예시
  Gambaran
  감바란

- 동업
  Usaha patungan
  우사하 빠뚱안

16. 우리는 그쪽과 함께 인도네시아에서 컴퓨터 생산에 대한 합작을 하고 싶습니다.
Kami ingin bersama memproduksi komputer dengan
까미 잉인 브르사마 므쁘로둑시 꼼뷰터 등안
saudara di Indonesia.
사우다라 디 인도네시아.

17. 백태훈씨 쪽은 무슨 조건이 있습니까?
Apa persyaratan Bapak Baek Thae Hyun?
아빠 쁘르샤라딴 바빡 백 태 휸?

18. 우리나라 시장에서 장사하기 때문에 가격은 우리 쪽이 결정합니다.
Karena Anda berdagang di pasar negara kami, maka kami
까르나 안다 브르다강 디 빠사르 느가아 까미, 마까 까미
yang menentukan harga.
양 므는뚜깐 하르가.

19. 백태훈씨의 상표를 사용할 수 있습니다.
Kami bisa memakai merek produk Bapak Baek Thae Hyun.
까미 비사 므마까이 메렉 쁘로둑 바빡 백 태 휸.

20. 발리 실크 상품은 한국에서 잘 팔립니까?
Apakah sutra Bali di Korea laris?
아빠까ㅎ 수뜨라 발리 디 꼬레아 라리스?

21. 소득이 증가하면 좋겠습니다.
Bagus bila pendapatannya meningkat.
바구ㅅ 빌라 쁜다빠딴냐 므닝깟.

22. 우리는 백태훈씨 쪽과 같이 한국 시장에서 이 제품에 대한 합작을 진행하고 싶습니다.
Kami ingin bekerja sama (usaha patungan) mengenai
까미 잉인 브끄르자 사마 (우사하 빠뚱안) 믕으나이
barang ini bersama Bapak Baek Thae Hyun di pasar Korea.
바랑 이니 브르사마 바빡 백 태 훈 디 빠사르 꼬레아.

23. 이것은 제가 결정할 수 없습니다. 회사 이사회의 의견을 알아봐야 합니다.
Saya tidak dapat memutuskan hal ini. Saya harus
사야 띠닥 다빳 므무뚜ㅅ깐 할 이니. 사야 하루ㅅ
mengetahui opini perusahaan.
믕으따후이 오삐니 쁘루사하안.

 새로운 단어

- 매출액
  Penjualan
  쁜주알란

- 감독하다
  Mengawasi,
  믕아와시,
  mengontrol
  믕온뜨롤

- 의논하다
  Membicarakan,
  음비짜라깐,
  memperbincangan
  믐쁘ㄹ빈짱안

- 자격
  Persyaratan
  쁘ㄹ샤라딴

- 자격
  Syarat
  샤랏

- 명품/브랜드
  Merek
  메렉

- 잘 팔리다
  Laris
  라리ㅅ

- 소득
  Pendapatan
  쁜다빠딴

- 의견/수장
  Pendapat
  쁜다빳

- 의견/주장
  Opini
  오삐니

새로운 단어

- 이익
  Keuntungan
  끄운뚱안

- 고용하다
  Memperkerjakan
  믐쁘ㄹ끄ㄹ자깐

- 해고하다
  Memecat
  므므짯

- 희망
  Harapan
  하라빤

- 기대하다
  Berharap
  브르하랍

- 협력/협동
  Kerjasama
  끄ㄹ자사마

- 얘기하다
  Memperbincangkan
  믐쁘ㄹ빈짱깐

- 의논하다
  Mendiskusikan
  믄디ㅅ꾸시깐

- 이야기하다
  Membicarakan
  음비짜라깐

- 토론/의논하다
  Diskusi
  디ㅅ꾸시

- 말하다
  Bicara
  비짜라

- 칭찬
  Pujian
  뿌지안

---

24. 어떤 회사가 우리한테 이런 희망을 제시했습니다.
    Ada suatu perusahaan mempunyai harapan seperti ini
    아다 수아뚜 쁘루사하안   믐뿐야이   하라빤   스쁘ㄹ띠 이니
    kepada kita?
    끄빠다   기따?

25. 듣기로는 귀사가 외국 업체와 무역 합작 계획이 있다면서요?
    Saya dengar Anda mempunyai rencana kerjasama dengan
    사야 등아ㄹ 안다   믐뿐야이   른짜나   끄ㄹ자사마   등안
    perusahaan luar?
    쁘루사하안   루아ㄹ?

26. 듣기로는 이 제품의 질이 아주 좋다고요.
    Saya dengar kualitas produk ini sangat bagus.
    사야 등아ㄹ 꾸알리따ㅅ 쁘로둑 이니 상앗   바구ㅅ.

27. 이번에는 우리가 이명수씨과 같이 무역 합작에 대해 논의하려고 합니다.
    Pada kesempatan kali ini kami hendak memperbincangkan
    빠다   끄슴빠딴   깔리 이니 까미 흔닥   믐쁘ㄹ빈짱깐
    kerja sama bisnis bersama Bapak Lee Myeong Su.
    끄ㄹ자 사마 브ㅅ니ㅅ 브ㄹ사마 바빡   이   명   수.

28. 저는 당신과 같이 이 문제에 대해 토론하고 싶습니다.
    Saya ingin mendiskusikan masalah ini dengan Anda.
    사야 잉인   믄디ㅅ꾸시깐   마살라ㅎ 이니 등안   안다.

29. 저는 현재 그와 같이 일하고 있습니다.
    Saya bekerja sama dengan (orang itu/beliau) sekarang.
    사야 브끄ㄹ자 사마 등안   (오랑   이뚜/블리아우) 스까랑.

30. 이 상품은 그 상품보다 더 좋지요.
    (Barang/produk) ini lebih bagus dibandingkan (barang/
    (바랑/   쁘로둑) 이니 르비ㅎ 바구ㅅ 디반딩깐   (바랑/
    produk) itu.
    쁘로둑) 이뚜.

31. 그는 사장님에게서 칭찬을 받았어요.
    Orang itu mendapat pujian dari bosnya.
    오랑   이뚜 믄다빳   뿌지안 다리 보ㅅ냐.

32. 그녀는 교통 사고를 당했다.
    Orang itu mengalami kecelakaan di jalan.
    오랑   이뚜 믕알라미   끄쯀라까안   디 잘란.

❋ C2. 회화
Percakapan

1. 양쪽은 서로의 무역합작을 긴밀하게 알아보고 있는 중이다
   Kedua belah pihak sedang saling mencari tahu secara detil.
   끄두아 블라ㅎ 삐학 스당 살링 믄짜리 따후 스짜라 드띨.

   A: 안똔씨 듣기로는 당신의 회사는 외국의 기업과 무역합작을 할 계획을 가지고 있다던데 사실인가요?
   Bapak Anton, saya dengar perusahaan anda akan ada
   바빡 안똔, 사야 등아ㄹ 쁘루사하안 안다 아깐 아다
   kerja sama bisnis perdagangan dengan perusahaan luar,
   끄르자 사마 비스니스 쁘르다강안 등안 쁘루사하안 루아ㄹ,
   benarkah itu?
   브나ㄹ까ㅎ 이뚜?

   B: 예, 맞아요.
   Ya, benar.
   야, 브나ㄹ.

   우리는 무역합작의 계획이 있지만 아직 경험이 없습니다.
   Kami punya bisnis kerja sama perdagangan tetapi belum
   까미 뿐야 비스니스 끄르자 사마 쁘르다강안 뜨따삐 블룸
   ada pengalamannya.
   아다 쁭알라만냐.

   A: 우리 회사는 무역합작에 큰 흥미를 느끼고 있습니다. 그래서 우리는 당신 쪽에서 무역합작에 대한 방법을 알아보고 싶습니다.
   Perusahaan kami mempunyai keinginan yang besar
   쁘루사하안 까미 믐뿐야이 끄잉이난 양 브사ㄹ
   untuk usaha patungan. Karena itu kami ingin
   운뚝 우사하 빠뚱안. 까르나 이뚜 까미 잉인
   mengetahui cara kerja sama bisnis saudara.
   믕으따후이 짜라 끄르자 사마 비스니스 사우다라.

   B: 우리는 외국 기업과 합작하는 것은 주로 우리의 상품을 빨리 국제시장에 진출시키기를 바라는 것입니다.
   Kami ingin kerja sama dengan perusahaan membuat
   까미 잉인 끄르자 사마 등안 쁘루사하안 믐부앗
   produk kita dapat cepat diluncurkan di pasar
   쁘로둑 끼따 다빳 쯔빳 이룬쭈ㄹ깐 디 빠사ㄹ
   internasional.
   인뜨ㄹ나시오날.

   무역합작을 하면 양쪽의 수익을 올릴 수 있을 것입니다.
   Jika usaha patungan kedua belah pihak dapat
   지까 우사하 빠뚱안 끄두아 블라ㅎ 삐학 다빳

새로운 단어

- 수공예품
  Kerajinan tangan
  끄라지난 땅안

- 투자하다
  Menginvestasikan
  믕인베ㅅ따시깐

- 이윤, 이익, 이득
  Keuntungan
  끄운뚱안

- 자세히
  Detil
  드띨

- 희망
  Keinginan
  끄이잉난

- 원하다/~고 싶다
  Ingin
  잉인

- 만들다
  Membuat
  믐부앗

- 동업
  Usaha patungan
  우사하 빠뚱안

Bab 23 무역 합작 ● 177

새로운 단어

- 전망
  Prospek, pandangan
  쁘로ㅅ뻭, 쁘만당안

- 동의하다
  Persetujuan
  쁘르스두주안

- 규정하다
  Mengatur
  믕아뚜ㄹ

- 선택하다/선호하다
  Memilih
  므밀리ㅎ

- 선택
  Pilih
  삘리ㅎ

- 산택
  Pilihan
  삘리한

- 의논하다
  Merundingkan
  므룬딩깐

- 빌리다
  Meminjam
  므민잠

- 빌려주다
  Meminjamkan
  므민잠깐

- 비린
  Pinjam
  삔잠

- 비린 것
  Pinjaman
  삔자만

- 해고
  Pemecatan
  쁘므짜딴

- 해고하다
  Pecat
  쁘짯

meningkatkan keuntungan.
므닝깟깐   끄운뚱안.

A: 만약 무역합작을 한다면 우리쪽 회사원은 상품의 품질을 관리할 수 있는 권리는 가지는 것이죠?
Apabila melakukan usaha patungan karyawan kita akan
아빠빌라 믈라꾸깐   우사하 빠뚱안   까ㄹ야완   끼따 아깐
mengatur kualitas barang juga, kan?
믕아뚜ㄹ   꾸알리따ㅅ 바랑   주가, 깐?

B: 당연합니다.
Tentu saja.
뜬뚜   사자.

A: 상품의 가격은 한 쪽에서 정하는 것인가요? 아니면 양쪽에서 상의를 할까요?
Kita harus memilih salah satu dari harga barangnya,
끼따 하루ㅅ 므밀리ㅎ 살라ㅎ 사뚜 다리 하르가 바랑냐,
kan? Haruskah kita merundingkan keduanya?
깐? 하루ㅅ까ㅎ 끼따 므룬딩깐   끄두아냐?

B: 상품의 가격은 양쪽이 상의를 해서 국제시장의 가격을 따르고 반드시 양쪽에 이득을 줄 수 있게끔 신경을 써야 합니다.
Kedua harga barang dipastikan untuk mengikuti harga
끄두아 하르가 바랑   디빠ㅅ띠깐 운뚝 믕이꾸띠 하르가
pasar internasional dan harus dipastikan keduanya
빠사ㄹ 인뜨ㄹ나시오날 단 하루ㅅ 디빠ㅅ띠깐 끄두아냐
mendapat keuntungan.
믄다빳   끄운뚱안.

A: 아주 좋아요.
Sangat bagus.
상앗   바구ㅅ.

자본을 모은 쪽은 직원을 빌리는 것과 해고시키는 권리가 있죠?
Ada modal yang dikumpulkan untuk meminjam
아다 모달 양 디꿈뿔깐   운뚝   므민잠
karyawan dan pemecatannya, bukan?
까ㄹ야완   단 쁘므짜딴냐,   부깐?

우리는 이 문제에 대해 많은 관심을 가지고 있습니다.
Kami sangat tertarik akan masalah ini.
까미 상앗 뜨르따릭 아깐 마살라ㅎ 이니.

B: 그러면 무역합작 계약서와 관련 있는 구체적인 조항들을 보시지요.
　Kalau begitu coba periksa surat kontrak usaha patungan
　깔라우 브기뚜 쪼바 쁘릭사 수랏 꼰뜨락 우사하 빠뚱안
　dan ketentuan-ketentuan detil yang ada.
　단 끄뜬뚜안- 끄뜬뚜안 드띨 양 아다.

　관련이 있는 것들은 제가 당신을 도와 드리겠습니다.
　Kami akan membantu Anda dalam hal-hal yang
　까미 아깐 음반뚜 안다 달람 할-할 양
　bersangkutan.
　브ㄹ상꾸딴.

A: 정말 감사합니다.
　Terima kasih banyak.
　뜨리마 까시ㅎ 반약.

　제가 귀찮게 만들어서 죄송합니다.
　Maaf karena membuat Anda repot.
　마앞 까르나 음부앗 안다 레뽓.

2. 한국 쪽에서는 수시씨와 발리 수공예품을 한국에서 무역합작을 하고 싶어한다.
　Ingin berusaha patungan bersama Ibu Susi kerajinan tangan
　잉인 브루사하 빠뚱안 브ㄹ사마 이부 수시 끄라지난 땅안
　Bali di Korea.
　발리 디 꼬레아.

A: 수시씨 우리는 이번에 무역합작에 대해서 당신과 의논해 보고 싶어서 왔습니다.
　Ibu Susi, pada kesempatan kali ini kami ingin
　이부 수시, 빠다 끄슴빠딴 깔리 이니 까미 잉인
　membicarakan dengan Anda mengenai usaha patungan
　음비짜라깐 등안 안다 믕으나이 우사하 빠뚱안
　kita.
　끼따.

B: 당신들은 우리와 어떤 상품을 가지고 무역합작을 하고 싶어하시는 것입니까?
　Produk apa yang Anda ingin tawarkan untuk bekerja
　쁘로둑 아빠 양 안다 잉인 따와ㄹ깐 운뚝 브끄르자
　sama dengan kami?
　사마 등안 까미?

A: 한국에서의 발리 수공예품을 무역합작하고 싶습니다.
　Saya ingin berbisnis kerajinan tangan Bali di Korea.
　사야 잉인 브ㄹ비ㅅ니ㅅ 끄라지난 땅안 발리 디 꼬레아.

 새로운 단어

- 생산(하다)
  Memproduksi
  음쁘로둑시

- 컴퓨터
  Komputer
  컴퓨터

- 기술자
  Teknisi
  떽니시

- 검사하다
  Periksa
  쁘릭사

- 연결이 되다
  Bersangkutan
  브ㄹ상꾸딴

- 연결하다
  Menyangkut
  믄양꿋

- 사업하다
  Berbisnis
  브ㄹ비ㅅ니ㅅ

B: 당신의 합작 조건은 무엇입니까?
Apa persyaratan usaha patungannya?
아빠 쁘ㄹ샤라딴   우사하 빠뚱안냐?

A: 서로 50%씩 투자를 하고 이익금을 반으로 나눠 가지는 것입니다.
Masing-masing menginvestasikan 50% dan
마싱- 마싱   믕인베ㅅ따시깐   리마 뿔루ㅎ 쁘ㄹ센 단
keuntungannya dibagi dua.
끄운뚱안냐   디바기 두아.

당신의 생각은 어떠십니까?
Bagaimana menurut Anda?
바가이마나   므누룻   안다?

B: 이 조건은 알맞지 않습니다. 왜냐하면 우리의 상품 무역을 하기 때문에 우리 쪽이 50% 이상을 더 가져가야 합니다.
Kondisi ini tidak cocok. Karena kami
꼰디시   이니 띠닥 쪼쪽.   까르나 까미
memperdagangkan produk kami, kami seharusnya bisa
믐쁘ㄹ다강깐   쁘로둑 까미,   까미 스하루ㅅ냐   비사
mendapatkan lebih dari 50%.
믄다빳깐   르비ㅎ 다리 리마 불루ㅎ(50) 뻬ㄹ센.

A: 이 문제를 합의하는 데 어려움이 없습니다.
Masalah ini sulit untuk disetujui.
마살라ㅎ 이니 술릿 운뚝   디스뚜주이.

자세한 조항은 내일 의논하죠.
Kita bicarakan ketentuan lebih spesifik besok.
끼따 비짜라깐   끄뜬뚜안   르비ㅎ 스뻬시픽 베속.

3. 안정한씨과 베트남 쪽은 한국에서 베트남 도자기로 무역합작을 하려고 예정하고 있다.
Bapak An Jeong Han ingin bekerjasama berbisnis barang
바빡 안 정   한 잉인   브끄ㄹ자사마   브ㄹ비ㅅ니스 바랑
keramik Bali di Korea.
끄라믹   발리 디 꼬레아.

A: 안정한씨 우리와 어떤 물건으로 무역합작을 할 예정이십니까?
Bapak An Jeong Han, barang apa yang akan dipilih
바빡 안 정 한.   바랑 아빠 양   아깐 디삘리ㅎ
untuk diperdagangkan?
운뚝   디쁘ㄹ다강깐?

새로운 단어

• 시설, 장비
Fasilitas
파실리따ㅅ

• 원료, 재료
Bahan
바한

• 제품, 상품
Produk
쁘로둑

• 상표
Merek
메렉

• 거래하다
Memperdagangkan
믐쁘ㄹ다강깐

• 판매하다, 사업하다
Dagang
다강

• ~해야 하다
Seharusnya
스하룻냐

• ~해야 되다
Semestinya
스메ㅅ띠냐

B: 인도네시아의 도자기요.
   Keramik Indonesia.
   끄라믹   인도네시아.

A: 당신이 보기에 무역합작의 전망은 어때요?
   Bagaimana menurut prediksi Anda mengenai perdagangan?
   바가이마나 므누룻   쁘렉시 안다 믕으나이 쁘르다강안?

B: 베트남의 도자기는 한국에서 잘 팔리는 거예요.
   Keramik Bali sangat laris di Korea.
   끄라믹 발리 상앗   라리ㅅ 디 꼬레아.

   저는 사실 데이터을 믿어요.
   Saya percaya data yang asli.
   사야 쁘르짜야 데이터 양   아ㅅ리.

A: 당신이 예상하기에 우리가 만약 무역합작을 한다면 얼마의 매출 수량을 올릴 수 있을 것 같아요?
   Menurut perkiraan anda bila ingin melakukan usaha
   므누룻   쁘르끼라안 안다 빌라 잉인 믈라꾸깐   우사하
   patungan berapa jumlah barang dagang yang bisa
   빠뚱안   브라빠 줌라ㅎ 바랑   다강   양 비사
   ditingkatkan?
   디띵깟깐?

B: 예상으로는 매년 500,000,000원의 매출 수량을 올릴 수 있어요.
   Diperkirakan tiap tahun jumlah penjualan bisa
   디쁘르끼라깐 띠앞 따훈 줌라ㅎ 쁜주알란   비사
   ditingkatkan sebesar 500,000,000 won.
   디띵깟깐   스브사ㄹ 리마 라뚜ㅅ 주따(500.000.000)원.

A: 정말 좋군요.
   Sangat bagus.
   상앗   바구ㅅ.

   우리는 발리 도자기 무역합작에 동의할게요.
   Kami setuju untuk berdagang keramik Bali.
   까미 스뚜주 운뚝   브르다강   끄라믹 발리.

4. 발리 쪽은 민대리님이 발리 실크를 한국에서 공동 경영하기를 요구한다.
   Ibu kepala Min meminta sutra Bali untuk diperdagangkan
   이부 끄빨라 민 므민따 수뜨라 발리 운뚝 디쁘르다강깐
   di Korea.
   디 꼬레아.

새로운 단어

- 실크
  Sutra
  수뜨라

- 이사회
  Dewan direksi
  데완   디렉시

- 지망, 지원
  Bantuan, permohonan
  반뚜안   쁘르모호난

- 진짜 × 가짜
  Asli × palsu
  아ㅅ리 × 빨수

- 등급
  Tingkat
  띵깟

- 늘리다
  Ditingkatkan
  디띵깐깐

A: 민씨 발리의 실크를 한국에서 판매하기가 어떻습니까?
Ibu Min, bagaimana penjualan sutra Bali di Korea?
이부 민, 바가이마나 쁜주알안 스뜨라 발리 디 꼬레아?

B: 상당히 잘 팔립니다. 해마다 판매가 좋아졌습니다.
Cukup laris. Setiap tahun penjualannya semakin baik.
쭈꿒 라리ㅅ. 스띠앞 따훈 쁜주알란냐 스마낀 바익.

A: 우리는 매출액이 오르기를 바랍니다.
Semoga penjualannya meningkat.
스모가 쁜주알란냐 므닝깟.

B: 우리도 그러기를 바랍니다.
Kami juga berharap begitu.
까미 주가 브ㄹ하랍 브기뚜.

A: 우리는 당신쪽과 이 상품을 가지고 한국 시장에서 인도네시아 전통 옷 바틱 사업을 하고 싶습니다. 당신이 보기에는 어떠세요?
Kami ingin bersama dengan Anda membawa barang ini
까미 잉인 브ㄹ사마 등안 안다 믐바와 바랑 이니
ke Korea dan membuka bisnis pakaian tradisional
끄 꼬레아 단 믐부까 비ㅅ니ㅅ 빠까이안 뜨라디시오날
Indonesia Batik. Menurut Anda bagaimana?
인도네시아 바띡. 므누룻 안다 바가이마나?

B: 이 문제는 제가 결정할 수 없습니다. 우리 회사 사장님의 의견이 반드시 필요합니다.
Saya tidak bisa memutuskan masalah ini. Kami
사야 띠닥 비사 므무뚜ㅅ깐 마살라ㅎ 이니. 까미
membutuhkan pendapat dari pemilik perusahaan.
믐부뚜ㅎ깐 쁜다빳 다리 쁘미릭 쁘루사하안

A: 당신 쪽에서 빨리 의견을 듣고 싶군요.
Kami ingin mendengar pendapat Anda secepatnya.
까미 잉인 믄등아ㄹ 쁜다빳 안다 스쯔빳냐.

B: 네, 제가 되도록 빨리 답변을 해 드리지요.
Baik, saya akan berikan jawaban secepatnya.
바익. 사야 아깐 브리깐 자와반 스쯔빳냐.

새로운 단어

- 소유자
 Pemilik
 쁘밀릭

- 소유하다
 Milik
 밀릭

- 답
 Jawaban
 자와반

- 대답
 Jawab
 자왑

- 대답하다
 Menjawab
 믄자왑

연습문제

1. 듣기로는 귀사가 외국 업체와 무역 합작 계획이 있다면서요?

   > Saya dengar perusahaannya mempunyai _____ dengan perusahaan luar?

   a. rencana kerja sama perdagangan
   b. memperluas
   c. kerajinan tangan

2. 우리의 상품이 국제 시장에 빨리 진출하면 좋겠습니다.

   > Sebaiknya produk kami cepat _____ di pasar international.

   a. ketentuan   b. diluncurkan   c. penjualanan

3. 무역 합작 계약서와 관련된 구체적인 조항들을 보십시오.

   > Lihatlah ketentuan yang _____ dan surat kontrak kerja sama perdagangan.

   a. sangat laris   b. persyaratan   c. konkrit

4. 한국에서 발리 수공예품에 대한 합작입니다.

   > Di Korea ada kerjasama _____ Bali.

   a. kerajinan tangan b. ketentuan   c. keuntungan

5. 합작 전망이 어떻다고 생각하십니까?

   > Bagaimana menurut anda mengenai _____ kerjasamanya?

   a. Gambaran, prospek b. Barang keramik   c. penjualan

6. 백태훈씨 쪽은 무슨 조건이 있습니까?

   > Apa _____ Bapak Baek Thae Hyun?

   a. Berdagang   b. persyaratan   c. pasar

7. 우리나라 시장에서 장사하기 때문에 가격은 우리 쪽이 결정합니다.

> Karena anda berdagang di pasar negara kami, maka kami yang menentukan _____.

   a. Peraturan   b. Harga   c. Diskon

8. 백태훈씨의 상표를 사용할 수 있습니다.

> Kami bisa memakai _____ produk Bapak Baek Thae Hyun.

   a. Pendapatan   b. usaha patungan   c. merek

9. 발리 실크 상품은 한국에서 잘 팔립니까?

> Apakah _____ di Korea laris?

   a. usaha patungan   b. sutra bali   c. opini

10. 듣기로는 이 제품의 질이 아주 좋다고요.

> Saya dengar _____ produk ini sangat bagus.

   a. Pujian   b. masalah   c. kualitas

Bab 24

사무실 문건
Peralatan di Kantor
쁘랄라딴   디 깐또르

1. 프린터 출력이 안 돼요.
   Printernya tidak bekerja.
   쁘린터냐   띠닥 브끄르자.

2. 종이가 걸렸어요.
   Ada kertas yang tersangkut.
   아다 끄르따ㅅ 양   뜨르상꼿.

3. 프린터가 왜 안되네요?
   Kenapa printernya ngak bisa?
   끄나빠   쁘린터냐   응악 비사?

4. 잉크가 다 된 것 같아요.
   Sepertinya tintanya hampir habis.
   스쁘르띠냐   띤따냐   함삐르 하비ㅅ.

5. 카트리지를 교체해야겠어요.
   Tempat tintanya harus diganti.
   뜸빳   띤따냐   하루ㅅ 디간띠.

6. 한 면에 두 페이지가 나오게 출력하고 싶은데 어떻게 하는지 아세요?
   Saya ingin mengeprint satu kertas bolak balik dua halaman.
   사야 잉인   믕으쁘린트 사뚜 끄르따ㅅ 볼락 발릭 두아 할라만.
   Tapi bagaimana caranya ya?
   따삐 바가이마나   짜라냐   야?

7. 응, 올리아씨 잘 보세요.
   Olia, coba perhatikan ini.
   올리아, 쪼바 쁘르하띠깐   이니.

8. 양면 복사해 오세요.
   Tolong fotokopi bolak balik ya.
   똘롱   포또꼬삐 볼락   발릭   야.

9. 대리님, 언제 필요합니까?
   Bapak/Ibu asisten manajer, kapan butuhnya?
   바빡/ 이부 아시ㅅ뗀 마나제르, 까빤   부뚜ㅎ냐?

✱ **C1. 문장**
Kalimat

🖉 **새로운 단어**

- 복사기
  Mesin fotokopi
  므신   포또꼬삐

- 물
  Air
  아이르

- 팩스 기계
  Mesin faks
  메신   팩ㅅ

- 관련되다; 관계있는; 연루되다
  Tersangkut
  뜨르상꼿

- 잉크
  Tinta
  띤따

- 왔다 갔다
  Bolak balik
  볼락 발릭

새로운 단어

- 코팅 기계
 Mesin laminating
 메신 라미나팅

- 프린터
 Printer
 프린터

- 전화기
 Telepon
 뜰레폰

- 부르다
 Memanggil
 므망길

- 부르다
 Panggil
 빵길

- 막히다
 Mampet
 맘뼷

10. 지금이에요. 바로.
 Sekarang. Secepatnya.
 스까랑. 스쯔빳냐.

11. 복사기 어떻게 쓰는지 아세요?
 Tahu bagaimana cara menggunakannya?
 따후 바가이마나 짜라 믕구나깐냐?

12. 복사기가 완전히 고장 났습니다.
 Mesin fotokopi rusak.
 므신 포또꼬피 루삭.

13. 수리 기사를 불렀습니다.
 Saya akan memanggil mekanik.
 사야 아깐 므망길 메까닉.

14. 택배 보낼 게 있는데요.
 Ada yang harus saya kirim melalui pos kilat
 아다 양 하루ㅅ 사야 끼림 믈랄루이 뽀ㅅ 낄랏.

15. 선불로 지불하겠습니다.
 Saya mau bayar di muka/di depan.
 사야 마우 바야ㄹ 디 무까/ 디 데빤.

16. 변기가 막혔어요.
 Toiletnya mampet/tersumbat.
 또일렛냐 맘뼷/ 뜨ㄹ숨밧.

17. 변기에 물이 넘치고 있어요.
 Air toiletnya tidak mau keluar/jalan.
 아이ㄹ 또일렛냐 띠닥 마우 끌루아ㄹ/잘란.

❋ C2. 회화
 Percakapan

1. 회사에서 이 씨의 첫 날
 Hari pertama Ibu Lee di perusahaan.
 하리 쁘ㄹ따마 이부 이 디 쁘루사하안.

 A: 실례합니다, 니나 씨.
  Permisi, Ibu Nina.
  쁘ㄹ미시, 이부 니나.

 N: 네.
  Ya.
  야.

A: 여기에 도시락을 두어도 될까요?
Disini apa boleh menyimpan bekal?
디시니 아빠 볼레ㅎ 믄임빤   브깔?

N: 아 네 네. 우리 냉장고 있어요. 저 따라 오세요.
Oh ya ya kita ada kulkas. Ikut saya.
오ㅎ 야 야 끼따 아다 꿀까ㅅ. 이꿋 사야.

여자 화장실에 화장지가 없네요.
Di WC wanita tidak ada tisu.
디 웨쯔 와니따 띠닥 아다 띠수.

A: 여보세요 여보세요 옆에 사람 있나요.
Halo halo ada orang di sebelah.
할로 할로 아다 오랑 디 스블라ㅎ.

B: 누구세요? 이 씨?
Siapa ya? Ibu Lee?
시아빠 야? 이부 이?

A: 네, 서기에 화상시 있나요?
Ya. Ada tisu disana?
야. 아다 띠수 디사나?

B: 아 잠시만요(찾음) 우리 화장지 다 쓴 것 같은데요. 근데 이 씨 만일 화장지 없으면 문제가 될까요? 거기서 호스 있잖아요.
Oh sebentar (mencari) kita sepertinya kehabisan tisu.
오ㅎ 스븐따르 (믄짜리) 끼따 스쁘르띠냐 끄하비산 띠수.
Tapi Ibu Lee ada masalah kalau tidak ada tisu? Kan ada selang di dalam sana.
따삐 이부 이 아다 마살라ㅎ 깔라우 띠닥 아다 띠수? 깐 아다 슬랑 디 달람 사나.

A: 맞아요, 그런데 제가 화장지 안 쓰는 게 익숙하지 않아서요. 아…이걸 어쩌죠
Benar, tetapi saya tidak terbiasa tanpa tisu.
브나르. 뜨따삐 사야 띠닥 뜨르비아사 딴빠 띠수.
Ohh…bagaimana ini?!
오ㅎㅎ…바가이마나 이니?!

2. 사무실 기계들
Mesin-mesin di kantor
므신- 므신 디 깐또르

 새로운 단어

- 연결
Sambungan
삼붕안

- 고장나다
Rusak
루삭

- 히터
Mesin pemanas
메신 페마나ㅅ

- 에어컨
AC
아세

- 저장하다
Menyimpan
믄임빤

- 저장
Simpan
심빤

- 저장된
Tersimpanan
뜨르심빠난

- 도시락
Bekal
베깔

- 휴지
Tisu
띠수

- 소모되다/떨어지다
Kehabisan
끄하비산

- 남지 않는 것
Habis
하비ㅅ

- 소모시기다
Menghabiskan
믕하비ㅅ깐

- ~없이
Tanpa
딴빠

새로운 단어

- 물론/틀림없이
  Tentu
  뜬뚜

- 코팅
  Laminating
  라미나띵

- 보여두다
  Tunjukan
  뚠주깐

- 보여주다
  Menunjukan
  므눈주깐

- 집게손가락으로 가리키다; 언급하다; 규정, 근거를 대며) 상기시키다, 언급하다
  Menunjuk
  므눈죽

- 걱정하다/염려하다
  Kuatir/Khawatir
  꾸아띠ㄹ/ 카와띠ㄹ

A: 팩스 어디에 있어요? 저는 이 문서를 팩스보내고 있는데요.
Dimana mesin faks? Saya ingin menge-faks surat ini.
디마나 므신 팩스? 사야 잉인 등으- 팩스 수랏 이니.

B: 아, 여기 복사기와 함께 되요. 당신은 사용방법을 알고 있나요?
Oh disini bersama mesin fotokopi? Anda tahu cara menggunakannnya?
올 디시니 브ㄹ사마 므신 포또꼬삐? 안다 따후 짜라 믕구나깐냐?

A: 아니요. 저에게 가리켜 줄 수 있나요?
Tidak juga. Bisa tunjukan pada saya?
띠닥 주가. 비사 뚠주깐 빠다 사야?

B: 아 당연하죠.
Oh Tentu tentu.
오ㅎ 뜬뚜 뜬뚜.

A: 그리고 음 저는 이것 코팅을 해야 해요. 여기에 코팅기계가 있나요?
Lalu hmm saya harus melaminating ini. Ada mesin laminating di sini?
랄루 음 사야 하루ㅅ 믈라미나띵 이니. 아다 므신 라미나띵 디 시니?

B: 있죠 있죠. 이따 제가 가리켜 줄게요. 걱정하지 말아요.
Ada…ada. Nanti saya tunjukan juga jangan kuatir.
아다… 아다. 난띠 사야 뚠주깐 주가 장안 꾸아띠ㄹ.

꼭 알아둘 POINT

각 회사는 스캐너와 프린터, 복사기 같은 물품을 가지고 있어야 한다. 이런 기기들은 사무실에 보유해야 한다. 인터넷은 이메일을 보내고 정보와 광고를 공유할 때 쓰인다. 그렇지만 한국에 비해서 인터넷 속도는 상대적으로 느리다. 나는 어떤 사무실은 이메일을 쓰지 않는다는 말을 들었다. 그 말은 인터넷 연결이 되어 있지 않다는 말이다. 주로 국제무역회사는 인터넷을 사용한다. 만약 사업이 지역 규모에 그친다면 인터넷 연결을 하지 않았을 경우가 많다.

연습문제

1. 여자 화장실에 화장지가 없네요.
   Di WC wanita tidak ada tisu.

   A: 여보세요 여보세요 옆에 사람 있나요.
   (1) _____

   B: 누구세요? 이 씨?
   (2) _____

   A: 네, 거기에 화장지 있나요?
   (3) _____

   B: 아 잠시만요(찾음) 우리 화장지 다 쓴 것 같은데요.
   근데 이 씨 만일 화장지 없으면 문제가 될까요? 거기서 호스 있잖아요.
   (4) _____

   A: 맞아요, 그런데 제가 화장지 안 쓰는 게 익숙하지 않아서요. 아…이걸 어쩌죠.
   (5) _____

Pilihan-pilihan
   a. Halo halo ada orang disebelah
   b. Benar, tetapi saya tidak terbiasa tanpa tisu. Ohh…bagaimana ini?!
   c. Ya. Ada tisu disana?
   d. Siapa ya? Ibu Lee?
   e. Oh sebentar (mencari) kita sepertinya kehabisan tisu.
Tapi Ibu Lee ada masalah kalau tidak ada tisu? Kan ada selang di dalam sana.

Bab 25

휴가
Liburan
리부란

✱ C1. 문장
Kalimat

새로운 단어

- 확정하다, 결정하다
  Menentukan
  므는뚜깐

- 이야기하다
  Membicarakan
  믐비짜라깐

- 작성하다
  Mengisi
  믕이시

- 방학
  Liburan
  리부란

- 제안하다
  Mengajukan
  믕아주깐

- 생각해 보다
  Pikir-pikir
  삐끼ㄹ—삐끼ㄹ

- 신청서
  Formulir
  포ㄹ물리ㄹ

- 좋아하다
  Suka
  수까

1. 여름휴가 일정은 잡았어요?
   Apakah Anda telah menentukan waktu liburan?
   아빠까ㅎ 안다 뜰라ㅎ 므는뚜깐 왁뚜 리부란?

2. 8월 22일부터 27일까지로 신청하려고 해요.
   Saya ingin mengajukan tanggal 22 sampai
   사야 잉인 믕아주깐 땅갈 두아뿔루ㅎ 두아(22) 삼빠이
   27 Agustus.
   두아뿔루ㅎ 뚜주ㅎ 아구ㅅ뚜ㅅ.

3. 휴가 날짜는 정하셨어요?
   Apakah saudara telah menentukan hari dan waktu liburan?
   아빠까ㅎ 사우다라 뜰라ㅎ 므는뚜깐 하리 단 왁뚜 리부란?

4. 아니에요. 아직 생각중입니다.
   Belum. Saya masih pikir-pikir.
   블룸. 사야 마시ㅎ 삐끼ㄹ—삐끼ㄹ.

5. 아내하고 의논해 봐야겠어요.
   Saya harus membicarakannya dengan istri saya.
   사야 하루ㅅ 믐비짜라깐냐 등안 이ㅅ뜨리 사야.

6. 이번 휴가에 어디 갈거에요?
   Liburan ini mau kemana?
   리부란 이니 마우 끄마나?

7. 그냥 집에서 쉬울겁니다.
   Hanya mau beristirahat di rumah.
   한야 마우 브리ㅅ띠라핫 디 루맣.

8. 여기 다른 부서원들이 제출한 휴가 신청서가 있으니까, 이거 보고 원하는 일정 체크하세요.
   Ini formulir liburan yang mana pegawai-pegawai lain sudah
   이니 포ㄹ물리ㄹ 리부란 양 마나 쁘가와이— 쁘가와이 라인 수다ㅎ
   mengisi, perhatikan baik-baik dan cek waktu yang Anda
   믕이시. 쁘ㄹ하띠깐 바익—바익 단 쩩 왁뚜 양 안다
   suka.
   수까.

9. 2주동안 휴가 신청해도 될까요?
   Boleh saya mengajukan untuk libur dua hari?
   볼레ㅎ 사야 음아주깐   운뚝 리부르 두아 하리?

10. 이번에 휴가 다 쓰려고 해요.
    Saya akan gunakan semua jatah liburan saya.
    사야 아깐 구나깐 스무아 자따ㅎ 리부란 사야.

✱ C2. 회화
Percakapan

1. 휴가에 대한 질문(1)
   Bertanya tentang liburan(1)
   브르따냐 뜬땅 리부란(1)

   A: 이번 이둘피트리 휴가 때 일정 있어요 김씨?
      Liburan Idul Fitri ini ada acara Bapak Kim?
      리부란 이둘 피뜨리 이니 아다 아짜라 바빡 김?

   B: 아 저는 한국에 갈 거에요.
      Oh, saya akan ke Korea.
      오ㅎ, 사야 아깐 끄 꼬레아.

   A: 와, 재밌겠는데요. 김씨 어디 출신이에요?
      Wah senang ya. Pak Kim asalnya darimana?
      와ㅎ 스낭 야. 빡 김 아살냐 다리마나?

   B: 인천이요. 전 인천 출신이에요. 어쨌든 잘 보내세요
      Incheon. Asal saya dari Incheon. Omong-omong selamat
      인천.   아살 사야 다리 안천.   오몽- 오몽 슬라맛
      bersilah turami ya.
      브르실라ㅎ 뚜라미 야.

2. 휴가에 대한 질문(2)
   Bertanya tentang liburan(2)
   브르따냐 뜬땅 리부란(2)

   A: 이번 크리스마스와 신정 휴가 때 일정 있어요 김씨?
      Liburan Natal dan tahun baru ini ada rencana Ibu Kim?
      리부란 나딸 단 따훈 바루 이니 아다 른짜나 이부 김?

   B: 네, 저는 발리와 롬복에 갈 거에요.
      Ya. Saya akan pergi ke Bali dan Lombok.
      야. 사야 아깐 쁘르기 그 발리 단 롬복.

   A: 와우, 누구랑요?
      Wah bersama siapa?
      와ㅎ 브르사마 시아빠?

새로운 단어

- 잘 보세요
  Perhatikan
  쁘르하띠깐

- 확인하다
  Mengecek
  믕으쩩

- 휴식을 취하다
  Beristirahat
  브르이ㅅ띠라핫

- 휴가 기간
  Jatah liburan
  자따ㅎ 리부란

- 여름 방학
  Liburan musim panas
  리부란 무심 빠나ㅅ

- 낯다
  Jatah
  자따ㅎ

- 기원
  Asal
  아살

새로운 단어

- 계절
  Musim
  무심

- 아는 사람
  Kenalan
  끄날란

- 필요하다
  Perlu
  쁘르루

B: 제 좋은 두 친구와요.
Dengan 2 teman baik saya.
등안　두아(2) 뜨만 바익 사야.

A: 비행기, 호텔 예약했어요? 왜냐하면 그 때는 휴가철이잖아요?
Sudah memesan pesawat, hotel karena waktu itu kan
수다ㅎ 므므산　쁘사왓.　호텔 까르나 왁뚜 이뚜 깐
musim liburan?
무심　리부란.

B: 아, 비행기 표는 이미 있고요, 발리와 롬복에 우리 아는 지인이 몇 명 있어요. 그래서 호텔을 예약할 필요가 없어요.
Oh untuk tiket pesawat sudah ada dan di Bali Lombok
오ㅎ 운뚝 띠껫 쁘사왁　수다ㅎ 아다 단　디 발리 롬복
kita ada beberapa kenalan jadi tidak perlu untuk
끼따 아다 브브라빠　끄날란　자디 띠닥　쁘르루 운뚝
memesan hotel.
므므산　호뗄.

꼭 알아둘 POINT

Lebaran (레바란)

　레바란은 이슬람 축제입니다. 라마단이 끝나면 바로 레바란입니다. 인도네시아에서 레바란은 매우 큰 축제 입니다. 이슬람 신자가 아니라도 이 날은 쉽니다. 왜냐하면 인도네시아에서는 대부분이 이슬람 신자이기 때문입니다. 공식적으로 이틀 동안 휴가가 있지만 사람들이 보통 1~2주 정도 휴가를 보냅니다. 그때 이슬람 사람들이 고향으로 내려가서 끄뚜팟, 굴라이, 렌당 등 전통 음식을 먹고 선물을 주고받으며 가족들과 즐거운 시간을 함께 보냅니다. 하지만 이제 젊은 사람들은 레바란때 해외여행을 갑니다. 보통 이때 회사에서 보너스를 받습니다.

Kolam Renang (수영장)

　인도네시아 수영장에 가면 신기한 점은 우선 수영모를 쓰지 않고도 수영을 할 수 있다는 점이다. 그리고 한국 수영장에는 라인이 설치 되어있지만 인도네시아 수영장은 라인이 설치되어 있지 않다.
　왜냐하면 인도네시아사람들은 수영장에서 운동만 하는 곳이 아니라 데이트, 비즈니스 업무 등 다양한 활동을 하기 때문이다. 그리고 수영장에서 다이빙을 할 수 있게 3미터 깊이까지 있는데 깊이 표시가 되어있지 않아서 어린이나 수영을 잘하지 못하는 사람들에게는 위험 할 수도 있다. 또 한국과 다르게 수영장에 있는 샤워시설은 프라이버시 보호를 위해서 공간이 따로 만들어져 있다. 그래서 가족끼리나 친구들끼리만 샤워가 가능하다.

📝 연습문제

A: 이번 크리스마스 휴가 때 일정 있어요 김 씨?

B: 네, 저는 발리와 롬복에 갈 거에요.

A: 와우, 누구랑요?

B: 제 남자친구랑 같이 갈거에요.

A: 비행기, 호텔 예약했어요? 왜냐하면 그 때는 휴가철이잖아요

B: 아, 비행기 표는 이미 있고요, 발리와 롬복에 우리 아는 지인이 몇 명있어요, 그래서 호텔을 예약할 필요가 없어요.

1. Ya. Saya akan pergi ke Bali dan Lombok.
2. Saya akan pergi dengan suami saya.
3. Oh untuk tiket pesawat sudah ada dan di Bali Lombok kita ada beberapa kenalan jadi tidak perlu untuk memesan hotel.
4. Liburan Natal ini ada rencana, Ibu Kim?
5. Sudah memesan pesawat, hotel karena waktu itu kan musim liburan.
6. Wah, bersama siapa?

Bab 26   보고서를 만들기
Membuat Laporan
음부앗   라뽀란

❋ C1. 문장
Kalimat

새로운 단어

- 제시간
  Tepat waktu
  뜨빳 왁뚜
- 연구
  Penelitian
  쁘늘리띠안
- 정확하다
  Teliti
  뜰리띠
- 경쟁자
  Pesaing
  쁘사잉
- 경쟁하다
  Bersaing
  브르사잉
- 지연하다
  Penundaan
  쁘눈다안
- 연기
  Tunda
  뚠다
- 지연하다
  Menunda
  므눈다
- 진수하다
  Peluncuran
  쁠룬쭈란

1. 얼마나 진행되었나요?
   Berapa lama prosesnya?
   베라빠 라마 쁘로세스냐?

2. 시간을 맞출 자신 있습니까?
   Bisakah diselesaikan tepat waktu?
   비사까ㅎ 디슬르사이깐 뜨빳 왁뚜?

3. 진행 과정에 문제가 있습니까?
   Apakah ada masalah dengan prosesnya?
   아빠까ㅎ 아다 마살라ㅎ 등안 쁘로세스냐?

4. 이번 분기 영업 실적 나왔습니까?
   Bagaimanakah hasil laporan bisnis bulan ini?
   바가이마나까ㅎ 하실 라뽀란 비스니스 불란 이니?

5. 시장 조사 결과가 나왔습니까?
   Apakah hasil penelitian pasar sudah selesai?
   아빠까ㅎ 하실 쁘늘리띠안 빠사르 수다ㅎ 슬르사이?

6. 요즘 경쟁사 동향은 어떻습니까?
   Apa yang pesaing kita lakukan akhir-akhir ini?
   아빠 양 쁘사잉 끼따 라꾸깐 아키르-아키르 이니?

7. 순조롭게 진행되고 있습니다.
   Semuanya berjalan lancar.
   스무아냐 브르잘란 란짜르.

8. 지연될 것 같습니다.
   Sepertinya akan ada sedikit penundaan.
   스쁘르띠냐 아깐 아다 스디낏 쁘눈다안.

9. 내년 2월까지 제품을 출시하기로 했습니다.
   Februari tahun depan akan ada peluncuran produk baru.
   뻽루아리 따훈 데빤 아깐 아다 쁠룬쭈란 쁘로둑 바루.

10. 실적이 개선될 여지가 있습니다.
    Sepertinya ada peningkatan.
    스쁘르띠냐 아다 쁘닝까딴.

11. 판매량이 13.5% 증가했습니다.
    Kuantitas penjualannya naik 13.5%.
    꾸안띠따ㅅ 쁜주알란냐   나익 띠가 블라ㅅ 꼬마 리마 뻬르센.

12. 네, 바로 준비하겠습니다.
    Baik. Akan saya persiapkan segera.
    바익. 아깐 사야 쁘르시앞깐 스그라.

13. 네, 말씀 드리겠습니다.
    Ya, akan saya terangkan.
    야, 아깐 사야 뜨랑깐.

14. 준비한 자료를 보면서 말씀 드리겠습니다.
    Saya ingin menjelaskan tentang materi yang sudah saya
    사야 잉인 믄줄라ㅅ깐   뜬땅   마떼리 양   수다ㅎ 사야
    persiapkan.
    쁘르시앞깐.

15. 먼저 프로젝트의 목적에 대해 설명하겠습니다.
    Pertama, saya akan jelaskan tujuan proyek ini.
    쁘르따마, 사야 아깐 즐라ㅅ깐 뚜주안 쁘로옉 이니.

16. 오늘 오후까지 출장보고서를 제출해야 됩니다.
    Siang ini laporan bisnis trip harus diserahkan.
    시앙   이니 라뽀란   비시니ㅅ 뜨립 하루ㅅ 디스라ㅎ깐.

17. 죄송합니다. 보완하도록 하겠습니다.
    Maaf. Saya akan membuat tambahan-tambahan yang
    마앞. 사야 아깐 음부앗   땀바한-   땀바한   양
    diperlukan.
    디쁘르루깐.

18. 출장가시기 전에 품의서를 올리도록 하겠습니다.
    Sebelum pergi dinas, saya akan menyerahkan surat
    스블룸   쁘르기 디나ㅅ, 사야 아깐 믄예라ㅎ깐   수랏
    permohonan.
    쁘르모호난.

19. 출장 다녀오신 후에 내년 계획서를 올리겠습니다.
    Setelah kembali dari bisnis trip tolong serahkan rencana
    스뜰라ㅎ 끔발리   다리 비시니ㅅ 뜨립 똘롱 스라ㅎ깐 른짜나
    tahun depan.
    따훈   데빤.

새로운 단어

- 출장계
  Permohonan untuk
  쁘르모호난   운뚝
  bisnis trip
  비시니ㅅ 뜨립

- 외출계
  Permohonan untuk
  쁘르모호난   운뚝
  pergi keluar
  쁘르기 끌루아르

- 비용보고서
  Laporan Pengeluaran
  라뽀란   쁭을루아란

- 출장보고서
  Laporan dinas kerja
  라뽀란   디나ㅅ 끄르자

- 제시하세요
  Terangkan
  뜨랑깐

- 제시하다
  Menerangkan
  므느랑깐

- 밝다
  Terang
  뜨랑

- 자세한 설명
  Keterangan
  끄뜨랑안

- 설명하세요
  Tolong jelaskan
  똘롱   즐라ㅅ깐

- 설명하다
  Menjelaskan
  믄즐라ㅅ깐

- 설명
  Penjelasan
  쁜즐라산

- 넘겨주다
  Menyerahkan
  믕으라ㅎ깐

Bab 26 보고서를 만들기 • 195

20. 확인해 주세요.
Tolong dipastikan/dilihat lagi.
똘롱 디빠ㅅ띠깐/ 디리핫 라기.

❋ C2. 회화
Percakapan

1. 출장보고서
Laporan Dinas Kerja
라뽀란 디나ㅅ 끄ㄹ자

A: 박 씨, 발리 출장 때 우리 지출 데이터 부탁해요.
Ibu Park tolong data pengeluaran kita sewaktu dinas
이부 박 똘롱 다따 뽕을루아란 끼따 스왁뚜 디나ㅅ
kerja di Bali.
끄ㄹ자 디 발리.

B: 네, 리아씨.
Baik, Ibu Lia.
바익. 이부 리아.

A: 그 이후에 발리에서 우리 조사결과도 만들어 주세요.
Tolong juga setelah itu buat hasil penelitian kita di Bali.
똘롱 주가 스뜰라ㅎ 이뚜 부앗 하실 쁘늘리띠안 끼따 디 발리.

B: 네, 리아씨.
Baik, Ibu Lia.
바익. 이부 리아.

A: 그리고 그 후에 전시회 참여했을 때 우리가 받았던 모든 명함 데이터 부탁해요.
Dan setelah itu tolong data semua kartu nama yang kita
단 스뜰라ㅎ 이뚜 똘롱 다따 스무아 까르뚜 나마 양 끼따
dapatkan sewaktu mengikuti pameran.
다빳깐 스왁뚜 믕이꾸띠 빠메란.

B: 준비하겠습니다. 리아 씨.
Siap. Ibu Lia.
시앞. 이부 리아.

2. 연말 보고서
Laporan Akhir Tahun
라뽀란 아키ㄹ 따훈

A: 왜 오늘 모두들 스트레스인 것처럼 보이지?
Mengapa semua orang terlihat stres hari ini?
믕아빠 스무아 오랑 뜨ㄹ리핫 스뜨레ㅅ 하리 이니?

새로운 단어

- 시장조사 보고서
  Laporan penelitian pasar
  라뽀란 쁘늘리띠안 빠사ㄹ

- 판매보고서
  Laporan Penjualan
  라뽀란 쁜주알란

- 연차보고서
  Laporan Tahunan
  라뽀란 따후난

- 분기별 보고서
  Laporan Triwulanan
  라뽀란 뜨리울라난

- 정해지다
  Dipastikan
  디빠ㅅ띠깐

- 지출
  Pengeluaran
  뽕을루아란

- 나가다
  Keluar
  끌루아ㄹ

- 자료
  Data
  다따

B: 아, 그거 왜냐면 연말이 거의 다 되어서 그래요. 준비되어야 할 보고서와 내년 계획 보고서도 많거든요. 한국도 그렇지 않나요 임 씨?
Oh itu karena hampir mendekati akhir tahun. Banyak
오ㅎ 이뚜 까르나 함삐르 믄드까띠 아키르 따훈. 반약
laporan yang harus dipersiapkan dan juga rencana untuk
라뽀란 양 하루ㅅ 디쁘ㄹ시앞깐 단 주가 른짜나 운뚝
tahun depan. Di Korea juga begitu kan Ibu Lim?
따훈 드빤. 디 꼬레아 주가 브기뚜 깐 이부 림?

A: 한국은 매일 모든 직원들이 스트레스인 것처럼 보여요.
Kalau di Korea semua pekerjanya terlihat stres setiap
깔라우 디 꼬레아 스무아 쁘끄ㄹ자냐 뜨ㄹ리핫 스뜨레스 스띠앞
hari.
하리.

B: 하하하
Hahaha
하하하

A: 맞아요, 그거 만약 스트레스 받은 것처럼 안 보이거나 혹은 심각해 보이지 않으면 나중에 그냥 놀고만 있다고 여기거든요.
Loh betul itu kalau tidak terlihat stres atau serius nanti
로ㅎ 브뚤 이뚜 깔라우 띠닥 뜨ㄹ리핫 스뜨레스 아따우 세리우ㅅ 난띠
dikira hanya main-main.
디끼라 한야 마인-마인.

B: 아 그렇군요. 당신의 스트레스 받은 얼굴을 보여줄 수 있나요?
Oh begitu ya. Bisa tunjukan wajah stres Anda?
오ㅎ 브기뚜 야. 비사 뚠주깐 와자ㅎ 스뜨레스 안다?

A: 이렇게요…. 제가 이 분야에서는 전문가에요. 하하하.
Seperti ini……. Saya ahlinya dalam ini. Hahaa.
스쁘ㄹ띠 이니…. 사야 아ㅎ리냐 달람 이니. 하하아.

B: 하하하, 정말 맞는데요. 정말 심각한 것처럼 보여요. 하하.
Hahaha..betul sekali kelihatan serius sekali haha.
하하하… 브뚤 스깔리 끌리하딴 세리우ㅅ 스깔리 하하.

 새로운 단어

- 사업제안서
  Rencana bisnis
  른짜나 비시니스

- 계획안
  Rencana Proyek
  른짜나 쁘로엑

- 사표
  Surat Pengunduran
  수랏 쁭운두란
  Diri
  디리

- 스트레스
  Stres
  스뜨레스

- 장난
  Main-main
  마인-마인

- ~을/를 줄 알다
  Dikira
  디끼라

- 예기치 않다
  Disangka
  디상가

- 전문
  Ahli
  아ㅎ리

- 진지하다
  Serius
  스리우스

Bab 26 보고서를 만들기 • 197

📝 연습문제

1. 출장 가시기 전에 계획안을 올리도록 하겠습니다.

   > Sebelum pergi dinas, saya akan menyerahkan _____.

   a. surat permohonan
   b. rencana proyek
   c. Surat pengunduran diri

2. 출장 다녀오신 후에 내년 계획서를 올리겠습니다.

   > Setelah kembali dari bisnis trip tolong serahkan _____.

   a. Rencana tahunan
   b. rencana harian
   c. rencana tahun depan

3. 먼저 프로젝트의 목적에 대해 설명하겠습니다.

   > Pertama, saya akan jelaskan _____ ini.

   a. tujuan proyek
   b. Tujuan penelitian
   c. Pergi pulang

4. 오늘 오후까지 출장보고서를 제출해야 됩니다.

   > Siang ini _____ harus diserahkan.

   a. Laporan keuangan
   b. laporan bisnis trip
   c. Laporan penjualan

5. 시장 조사 결과가 나왔습니까?

   > Apakah _____ sudah selesai?

   a. Target pasar
   b. Penelitian pasar
   c. Kuantitas penjualan

6. 판매량이 13.5% 증가했습니다

   _____ nya naik 13.5%.

   a. Jumlah penjualan
   b. Kuantitas pembelian
   c. Penjualan

7. 한국은 매일 모든 직원들이 스트레스인 것처럼 보여요

   Kalau di Korea semua pekerjanya terlihat _____ setiap hari.

   a. Bahagia
   b. sedih
   c. Stres

8. 네, 바로 준비하겠습니다.

   Baik. Akan saya persiapkan _____.

   a. Segera
   b. sekarang
   c. besok lusa

Bab 27

회의
Rapat
라빳

C1. 문장
Kalimat

새로운 단어

- 의제(목록)
  Agenda
  아겐다

- 회의
  Rapat
  라빳

- –에 대해, –에 관에
  Mengenai
  믕으나이

- 회의
  Rapat
  라빳

- 스케쥴
  Agenda
  아겐다

- 행사
  Bazaar/ Festival/
  Event/ Perayaan
  바자르/ 페ㅅ띠발/이벤

- 요약하다
  Meringkas
  므링까ㅅ

- 요약
  Ringkasan
  링까산

- 제시되다
  Diutarakan
  디우따라깐

- 설명하다
  Mengutarakan
  믕우따라깐

1. 오늘 회의 안건이 뭐예요?
   Agenda rapat hari ini apa?
   아겐다 라빳 하리 이니 아빠?

2. 오늘 안건은 신제품 홍보 행사에 대한 거예요.
   Agenda rapat hari ini mengenai even untuk promosi produk baru.
   아겐다 라빳 하리 이니 믕으나이 이벤트 운뚝 쁘로모시 쁘로둑
   바루.

3. 다 왔으면 이제 시작할까요?
   Semua sudah di sini. Ayo kita mulai rapatnya.
   스무아 수다ㅎ 디 시니. 아요 끼따 물라이 라빳냐.

4. 누가 회의록을 작성할 거지요?
   Siapa yang mau meringkas rapat.
   시아빠 양   마우 므링까ㅅ   라빳.

5. 새로운 아이디어가 있으면 말씀해 주십시오.
   Jika ada ide baru silahkan diutarakan.
   지깐 아다 이데 바루 실라ㅎ깐   디우따라깐.

6. 돌아가면서 한 사람씩 의견을 말해 보도록 하죠.
   Satu persatu utarakan pendapat Anda.
   사뚜 쁘르사뚜 우따라깐   쁜다빳   안다.

7. 제가 먼저 얘기해도 될까요?
   Bolehkah saya mulai bicara duluan?
   볼레ㅎ까ㅎ 사야 물라이 비짜라 둘루안?

8. 질문에 대해서 간단하게 답변 드리겠습니다.
   Saya akan menjelaskan secara singkat pertanyaan tersebut.
   사야 아깐 믄즐라ㅅ깐   스짜라 싱깟   쁘ㄹ딴야안   뜨르세붓.

9. 저도 같은 생각입니다.
   Saya juga berpikir begitu.
   사야 주가 브르삐끼ㄹ 브기뚜.

10. 전적으로 동의하는 바입니다.
    Saya setuju sekali.
    사야 스뚜주 스깔리.

11. 저도 오 과장님과 같은 의견인데요.
    Saya juga berpendapat sama dengan Bapak O.
    사야 주가 브르쁜다빳 사마 등안 바빡 오.

1. 회의(1)
   Rapat (1)
   라빳 사뚜(1)

   A: 모두들 앉으세요. 회의 곧 시작할 거에요.
      Silahkan duduk Bapak-bapak Ibu-Ibu. Rapat akan segera
      실라ㅎ깐 두둑 바빡– 바박 이부–이부. 라빳 아깐 스그라
      dimulai.
      디물라이.

      우리는 국내마케팅팀부터 시작해서 해외마케팅팀, 홍보팀 그 후에 재무팀 할께요.
      Kita mulai dari Tim Marketing Dalam Negri, Tim
      끼따 물라이 다리 팀 마르끄팅 달람 느그리. 팀
      Marketing Luar Negri, Tim Promosi, kemudian Tim
      마르끄팅 누아르 느그리. 팀 쁘로모시 끄무디안 팀
      Keuangan.
      끄우앙안.

      박수침
      Bertepuk tangan
      브르뜨뿍 땅안

2. 회의(2)
   Rapat(2)
   라빳 두아(2)

   A: 이 씨의 새 제품 프리젠테이션에 대한 당신의 의견은 어떤가요?
      Bagaimana pendapat Anda tentang presentasi produk
      바가이마나 쁜다빳 안다 뜬땅 쁘레센따시 쁘로둑
      baru Bapak Lee?
      바루 바빡 이?

   B: 저는 정말 동의합니다. 설명이 정말 명확해요. 이 제품은 중상층, 특히 여성층을 타겟으로 하고 있죠. 그렇죠 이 씨?
      Saya sangat setuju sekali. Paparannya sangat jelas.
      사야 상앗 스뚜주 스깔리. 빠빠란냐 상앗 즐라스.

 C2. 회화
Percakapan

새로운 단어

- 요약하다
  Meringkas
  므링까스

- 시작하다
  Mulai
  물라이

- 주장하다
  Berpendapat
  브르쁜다빳

- 주장
  Pendapat
  쁜다빳

- 외국×국내
  Luar negri ×
  루아르 느그리×
  dalam negri
  달람 느그리

- 발표
  Presentasi
  쁘레센따시

- 설명
  Paparan
  빠빠란

Bab 27 회의 • 201

새로운 단어

- 생각하다
  Berpikir
  브르삐끼르

- 동의하다
  Sependapat/setuju
  스쁜다빳/ 스뚜주

- 동의하지 않다
  Tidak setuju
  띠닥 스뚜주

- 층
  Kalangan
  깔랑안

- 중산층
  Kalangan menengah ke atas
  깔랑안 므능아ㅎ 끄 아따ㅅ

- 중하층
  Kalangan menengah ke bawah
  깔랑안 므능아ㅎ 끄 바와ㅎ

- 표정
  Ekspresi
  엑스쁘레시

- 표정하다
  Mengekspresikan
  믕엑스쁘레시깐

- 데모
  Demonstrasi
  데몬스뜨라시

- 항해하다
  Pelayaran
  쁠라야란

- 닿을 수 있는
  Terjangkau
  뜨르장까우

Produk ini ditujukan untuk kalangan menengah ke atas
쁘로둑 이니 디뚜주깐 운뚝 깔랑안 므능아ㅎ 끄 아따ㅅ
terutama untuk kaum wanita, begitu Pak Lee?
뜨루따마 운뚝 까움 와니따. 브기뚜 빡 이?

L: 네 맞습니다. '나의 삶 나의 스타일' 테마로 여성층은 우리 제품으로 그들 자신을 표현하는 데 자유로울 것입니다.
Ya betul dengan tema 'My life my style' sehingga kaum
야 브뚤 등안 떼마 '마이 라잎 마이 스따일' 스힝가 까움
wanita bebas mengekspresikan dirinya dengan produk
와니따 베바ㅅ 믕엑스쁘레시깐 디리냐 등안 쁘로둑
kita.
끼따.

A: 탁월해요, 매우 좋아요.
Pintar, bagus sekali.
삔따르, 바구ㅅ 스깔리.

G: 제가 이야기해도 될까요? 중하층은 어떻게 되나요? 기타 인도네시아 국민 대부분이 가난한 사람이지 않습니까?
Boleh saya bicara? Bagaimana dengan kalangan
볼레ㅎ 사야 비짜라? 바가이마나 등안 깔랑안
menengah ke bawah? Kan penduduk Indonesia lainnya
므능아ㅎ 끄 바와ㅎ? 깐 쁜두둑 인도네시아 라인냐
banyak juga yang miskin?
반약 주가 양 미ㅅ낀?

L: 그것 역시 저도 생각했습니다. 저는 우리는 중하층을 위한 캠페인을 만들 수 있다고 생각합니다, 우리는 그들이 더 살 수 있는 가격의 기타 우리 제품을 사용해서 서비스를 제공하는 거죠.
Itu juga sudah saya pikirkan. Saya pikir kita bisa
이뚜 주가 수다ㅎ 사야 삐끼르깐. 사야 삐끼르 끼따 비사
membuat kampanye untuk kalangan menengah ke
믐부앗 깜빤예 운뚝 깔랑안 므능아ㅎ 끄
bawah, kita beri pelayanan dengan menggunakan
바와ㅎ, 끼따 브리 쁠라야난 등안 믕구나깐
produk kita yang lain yang harganya lebih terjangkau
쁘로둑 끼따 양 라인 양 하르가냐 르비ㅎ 뜨르장까우
bagi mereka.
바기 므레까.

연습문제

1. 오늘 회의 안건이 뭐예요?

   _____ hari ini apa?

   a. Agenda rapat
   b. Topik rapat
   c. tujuan rapat

2. 오늘 안건은 신제품 홍보 행사에 대한 거예요.

   Agenda rapat hari ini mengenai even untuk _____.

   a. Pemasaran
   b. Penjualan
   c. promosi

3. 누가 회의록을 작성할 거지요?

   Siapa yang mau _____ rapat.

   a. Membuat
   b. meringkas
   c. memperkenalkan

4. 새로운 아이디어가 있으면 말씀해 주십시오.

   Jika ada _____ baru silahkan diutarakan.

   a. Ide
   b. tujuan
   c. pekerjaan

5. 돌아가면서 한 사람씩 의견을 말해 보도록 하죠.

   Satu persatu utarakan _____ anda.

   a. Permintaan
   b. pendapat
   c. pengertian

6. 질문에 대해서 간단하게 답변 드리겠습니다.

> Saya akan menjawab secara singkat _____ tersebut.

   a. Pertanyaan
   b. Pernyataan
   c. Permohonan

7. 저도 오 과장님과 같은 의견인데요.

> Saya juga _____ dengan Bapak O.

   a. Tidak setuju
   b. Setuju
   c. berpendapat sama

Bab 28 전화
Telepon
뜰레뽄

1. 마케팅부 김은정 부장님 부탁합니다.
   Tolong disambungkan ke Kepala Departemen Pemasaran
   똘롱   디삼불깐   끄 끄빨라 데빠ㄹ뜨멘   쁘마사란
   Jim Eun Jeong.
   짐 은 정.

2. 잠깐만 기다리세요. 연결해 드리겠습니다.
   Tolong ditunggu sebentar. Akan saya sambungkan.
   똘롱   디뚱구   스븐따ㄹ. 아깐 사야 삼붕깐.

3. 총무부 이 대리님 좀 바꿔 주시겠습니까?
   Bisa disambungkan ke asisten Kepala Departemen
   비사 디삼붕깐   끄 아시ㅅ뗀 끄빨라 데빠ㄹ떼멘
   pengurusan Bapak/Ibu Lee?
   쁭우루산   바빡/ 이부 이?

4. 팀장님 자리로 전화 돌려 드리겠습니다.
   Saya akan sambungkan ke Kepala.
   사야 아깐   삼붕깐   끄 끄빨라.

5. 내선번호 888번 부탁합니다.
   Tolong sambungkan ke ekstensionn 888.
   똘롱   삼붕깐   끄 엑스뗀시온   들라빤들라빤 들라빤.

6. 박영화씨 내선번호가 몇 번이지요?
   Berapa nomer ekstension Park Yeong Hwa?
   브라빠 노메르   엑스뗀시온   박 영   화?

7. 박영화씨는 내선번호 3427입니다.
   Nomer ekstension Park Yeong Hwa adalah
   노메르 엑스뗀시온   박   영   화   아달라ㅎ
   3427.
   띠가 음빳 두아 뚜주ㅎ (3427).

8. 죄송하지만 좀 천천히 말해 주실 수 있으세요?
   Maaf, bisakah Anda bicara lebih pelan?
   마앞, 비사까ㅎ 안다 비짜라 르비ㅎ 쁠란?

※ **C1. 문장**
Kalimat

 새로운 단어

- 전화하다
  Menelepon
  므놀레뽄

- 다시 전화하다
  Menelepon kembali
  므놀레뽄   끔발리

- 연결해 드리다
  Sambungkan
  삼붕깐

- 조교
  Asisten
  아시ㅅ뗀
  (di universitas)
  (디 우니베르따ㅅ)

- 확장/연장
  Ekstension/
  엑ㅅ뗀시온/
  Perpanjangan
  쁘ㄹ빤장안

- 천천히 × 빨리
  Pelan × cepat
  쁠란 × 쯔빳

새로운 단어

- 외출
  Tidak ada di tempat/
  띠닥   아다 디 뜸빳/
  sedang keluar
  스당   끌루아르

- 회의 중
  Sedang rapat
  스당   라빳

- 메모 넘치다
  Meninggalkan pesan
  므닝갈깐   쁘산

- 시끄럽다
  Bergemerisik
  브르그므리식

- 시끄러움
  Gemerisik
  그므리식

- 닫다 × 열다
  Tutup × buka
  뚜뚭 × 부까

- 사정
  Keperluan
  끄쁘르루안

- 메모하다/메모를 남겨
  주다
  Meninggalkan pesan
  므닝갈깐 쁘산

- 전해 주세요
  Sampaikan
  삼빠이깐

- 전하다
  Menyampaikan
  믄얌빠이깐

9. 전화가 지직거립니다.
   Suaranya bergemerisik.
   수아라냐   브르그므리식.

10. 전화 감이 좀 멀어요.
    Teleponnya terasa jauh sekali.
    뜰레뽄냐   뜨라사 자우ㅎ 스깔리.

11. 네, 전데요.
    Ya, Saya sendiri.
    야. 사야   슨디리.

12. 끊지 말고 기다리세요.
    Tolong jangan ditutup, tolong tunggu.
    똘롱   장안   디뚜뚭, 똘롱   뚱구.

13. 이 부장님 지금 자리에 안 계신데요.
    Bapak/Ibu Kepala Iee sekarang tidak ada ditempat.
    바빡/ 이부 끄빨라 이 스까랑   띠닥 아다 디뜸빳.

14. 실례지만 누구십니까?
    Maaf dengan siapa ya?
    마앞 등안   시아빠 야?

15. 죄송하지만 무슨 일이십니까?
    Maaf. Ada keperluan apa?
    마앞. 아다 끄쁘르루안 아빠?

16. 메시지 좀 남겨도 될까요?
    Boleh meninggalkan pesan?
    볼레ㅎ 므닝길깐   쁘산?

17. 오늘 오후3시에 다시 연락 드리겠다고 전해 주십시오.
    Tolong sampaikan kalau saya akan menelepon kembali jam
    똘롱   삼빠이깐   까라우 사야 아깐 므늘레뽄   끔발리   짐
    3 siang.
    띠가(3) 시앙.

18. 연락 기다리겠습니다.
    Ya akan kami hubungi.
    야 아깐 까미 후붕이.

✱ C2. 회화
       Percakapan

1. 잘못 연결
   Salah sambung
   살라ㅎ 삼붕

김 씨:	여보세요, 좋은 아침입니다 삼뿌르나 주식회사죠.
Bapak Kim:	Halo selamat pagi dengan PT. Sampoerna. 할로 슬라맛 빠기 등안 뻬떼 삼뿌르나.
직원:	삼뿌르나 회사요? 잘못 거셨습니다.
Pegawai:	PT. Sampoerna? Salah sambung Bapak. 뻬떼 삼뿌르나? 살라ㅎ 삼붕 바빡.
김 씨:	하지만 이거 021-557-3245 아닌가요?
Bapak Kim:	Tetapi ini 021- 557- 뜨따뻬 이니 꼬송 두아 사뚜(021) 리마 리마 뚜쭈ㅎ(557) 3245, kan? 띠가 두아 음빳 리마 (3245), 깐?
직원:	맞습니다. 하지만 그 회사는 이미 옮겼습니다.
Pegawai:	Benar Pak. Tetapi PT.nya sudah pindah. 브나르 빡. 뜨따뻬 뻬떼냐 수다ㅎ 삔다ㅎ.
김 씨:	아 네, 감사합니다
Bapak Kim:	Oh ya ya. Terimakasih. 오ㅎ 야 야. 뜨리마까시ㅎ.

2. 지점 번호를 알려 주세요.
Tolong nomer cabang.
똘롱   노메르   짜방.

김 씨:	여보세요, 삼뿌르나 회사죠 좋은 아침입니다.
Bapak Kim:	Halo dengan PT. Sampoerna selamat Pagi. 할로 등안 뻬떼 삼뿌르나 슬라맛 빠기.
안내원:	네, 여기는 삼뿌르나 회사입니다.
Resepsionis:	Ya, dengan PT. Sampoerna disini. 야, 등안 뻬떼. 삼뿌르나 디시니.
김 씨:	저는 인게 앙가위자야씨와 통화하고 싶습니다.
Bapak Kim:	Saya ingin berbicara dengan Ibu Inge 사야 잉인 브르비짜라 등안 이부 잉에 Anggawidjaya. 앙가윗자야.
안내원:	인게 앙가위자야씨요? 그 분은 어느 부서죠?
Resepsionis:	Ibu Inge Anggawidjaya? Beliau di bagian apa 이부 잉에 앙가윗자야? 블리아우 디 바기안 아빠 ya, Pak? 야, 빡?

새로운 단어

- 이동하다/이사하다
  Pindah
  삔다ㅎ
- 안부 전해
  Tolong sampaikan
  똘롱   삼빠이깐
- 연결이 나쁘다
  Sambungannya jelek
  삼붕안나   젤렉
- 전화를 잘못 하다
  Salah sambung
  살라ㅎ 삼붕
- 잠깐 기다리세요
  Tunggu sebentar
  뚱구   스븐따르

김 씨:	홍보부요.
Bapak Kim:	Di bagian promosi. 디 바기안 쁘로모시.
안내원:	네, 고객님. 고객님은 현재 공장검사부서로 전화를 거셨어요. 인게씨는 본사에 계십니다. 그 분의 번호는 021-987-9988이고 직통번호는 122입니다.
Resepsionis:	Waduh, Bapak. Bapak sekarang menelepon 와두ㅎ 바빡. 바빡 스까랑 므늘레뽄 bagian pabrik dan penelitian Pak. Ibu Inge 바기안 빠브릭 단 쁘늘리띠안 빡. 이부 잉에 berada di kantor pusat. Nomer beliau 브라다 디 깐또르 뿌삿. 노메르 블리아우 021-987-9988 extension 122. 꼬송 두아 사뚜(021) 슴빌란 들라빤 뚜주ㅎ(987) 슴빌란 슴빌란 들라빤 들라빤(9988) 엑ㅅ뗀션 사뚜 두아 두아(122).
김 씨:	감사합니다.
Bapak Kim:	Terima kasih, Bu. 뜨리마 까시ㅎ. 부.
안내원:	천만에요.
Resepsionis:	Sama-sama. 사마-사마.

3. 인게 씨가 자리에 안 계세요.
Ibu Inge tidak ada di tempat.
이부 잉에 띠닥 아다 디 뜸밧.

김 씨	(전화) 이거 받는 사람이 없네(혼잣말) 021-987-9988로 전화해 봐야겠다.
Bapak Kim:	(Menelepon) tidak ada yang mengangkat ini (므늘레뽄) 띠닥 아다 양 몽앙깟 이니 (bicara sendiri). (비짜라 슨디리). Saya coba telepon 021-987-9988. 사야 쪼바 뜰레뽄 블리아우 꼬송 두아 사뚜(021) 슴빌란 들라빤 뚜주ㅎ (987) 슴빌란 슴빌란 들라빤 들라빤(9988).
안내원:	여보세요, 좋은 아침입니다 여기는 삼뿌르나 회사입니다.
Resepsionis:	Halo Selamat Pagi dengan PT. Sampoerna 할로 슬라맛 바기 등안 뻬떼 삼뿌르나 di sini. 디 시니.

새로운 단어

- 아이구
  Waduh
  와두ㅎ

- 공장
  Pabrik
  빠브릭

- ~에 있다/존재하다
  Berada
  브라다

- 본사
  Kantor pusat
  깐또르 뿌삿

- 지점
  Kantor cabang
  깐또르 짜방

김 씨:	여보세요 홍보부에 있는 인게 앙가위자야씨와 연결해 줄 수 있나요?
Bapak Kim:	Halo bisa tolong disambungkan ke Ibu Inge
할로 비사 똘롱 디삼붕깐 끄 이부 잉에
Anggawidjaya bagian promosi.
앙가윗자야 바기안 브로모시.
안내원:	기다리세요.
고객님, 거기에는 전화받는 사람이 없는데요. 제가 그의 비서분과 연결해 볼께요. 어디서 전화주셨나요, 그리고 무슨 용건이시죠?
Resepsionis:	Ditunggu.
디뚱구.
Bapak, tidak ada yang mengangkat telepon di
바빡. 띠닥 아다 양 믕앙깟 뜰레뽄 디
sana. Saya coba hubungi sekretarisnya ya.
사나. 사야 쪼바 후붕이 스끄레따리스냐 야.
Bapak darimana dan ada keperluan apa?
바빡 다리마나 단 아다 끄쁘르루안 아빠?
김 씨:	아, 제 이름은 김현대입니다. 저는 하나은행에서 전화드리는 거고요. 저는 그 분과 미팅 약속 문제로 상의하고 싶습니다.
Bapak Kim:	Oh nama saya Kim Hyun Dae. Saya dari Hana
오ㅎ 나마 사야 김 현 대. 사야 다리 하나
Bank. Saya ingin membicarakan soal janji
뱅. 사야 잉인 믐비짜라깐 소알 잔지
meeting dengan beliau.
미팅 등안 블리아우.
안내원:	아, 이미 그 분과 약속이 있으시군요.
Resepsionis:	Oh sudah ada janji dengan beliau.
오ㅎ 수다ㅎ 아다 잔지 등안 블리아우.
김 씨:	아직이요. 우리는 그 분과 약속을 하기를 원합니다. 우리는 본사에 방문하고 싶어요.
Bapak Kim:	Belum Bu. Kami ingin membuat janji dengan
블룸 부. 까미 잉인 믐부앗 산시 등인
beliau. Kami ingin mengunjungi kantor pusat.
블리아우. 까미 잉인 믕운숭이 깐또르 뿌삿.
안내원:	알겠습니다 고객님. 제가 그 분의 보조분과 연결해 드릴까요?
Resepsionis:	Ok Bapak. Bapak mau saya hubungkan
오케이 바빡. 바빡 마우 사야 후붕깐

새로운 단어

- 비서
  Sekretaris
  스끄레따리스
- 문제
  Soal
  소알
- 약속
  Janji
  잔지
- 아직 × 벌써
  Belum × Sudah
  블룸 × 수다ㅎ

dengan asisten beliau?
등안 아시스뗀 블리아우?

김 씨: 네 좋아요.
Bapak Kim: Boleh.
볼레ㅎ.

안내원: 알겠습니다. 기다리세요
Resepsionis: Ok Pak. Ditunggu.
오케이 빡. 디뚱가.

4. 인게 씨 보조와
Dengan asisten Ibu Inge
등안   아시스뗀 이부 잉에

보조: 여보세요, 좋은 아침입니다. 여기는 삼뿌르나 회사 홍보부의 신디입니다.
Asisten: Halo Selamat Pagi PT. Sampoerna bagian
할로 슬라맛 빠기 뻬떼 삼뿌ㄹ나   바기안
promosi dengan Cindy disini.
쁘로모시 등안   신디 디시니.

김 씨: 여보세요, 좋은 아침입니다 신디. 소개할께요 제 이름은 하나은행의 김현대 입니다. 우리는 인게 앙가위자야씨와 미팅을 정하고 싶습니다. 언제 그 분께서 사무실로 돌아오시나요?
Bapak Kim: Halo selamat Pagi Ibu Cindy. Perkenalkan
할로 슬라맛   빠기 이부 신디. 쁘ㄹ꾸날깐
nama saya Kim Hyun Dae dari Hana Bank.
나마 사야 김 현 대 다리 하나 뱅.
Kami ingin membuat meeting dengan Ibu
까미 잉인 음부앗   미팅   등안 이부
Inge Anggawidjaya. Kapan beliau kembali ke
잉에 앙가윗자야. 까빤 블리아우 끔발리 끄
kantor ya?
깐또ㄹ 야?

보조: 아, 인게씨는 사무실에 계세요, 하지만 지금 회의중이십니다. 대략 점심식사 후에 다시 전화주실 수 있으세요?
Asisten: Oh Ibu Inge berada di kantor tetapi beliau
오ㅎ 이부 잉에 브라다 디 깐또ㄹ 뜨따삐 블리아우
sedang rapat sekarang. Kira-kira setelah
스당 라빳 스까랑. 끼라-끼라 스뜰라ㅎ
makan siang bisa menelepon kembali, Pak?
마깐 시앙 비사 므늘레뽄   끔발리, 빡?

새로운 단어

- 사무실
  Kantor
  깐또ㄹ
- 대략
  Kira-kira
  끼라-끼라
- 되돌리다
  Kembali
  끔발리

김 씨: 네 좋습니다.
Bapak Kim: Ya. Baiklah.
야. 바익라ㅎ.

5. 인게 씨와
Dengan Ibu Inge
등안   이부 잉에

김 씨: 여보세요 좋은 점심입니다.
Bapak Kim: Halo selamat siang.
할로 슬라맛   시앙.

인게 씨: 좋은 점심입니다, 여기는 삼뿌르나의 인게입니다.
Ibu Inge: Siang PT. Sampoerna dengan Ibu Inge disini.
시앙 뻬떼 삼뿌ㄹ나   등안   이부 잉에 디시니.

김 씨: 인게 씨. 좋은 점심입니다. 저는 하나은행의 김 현대입니다. 저는 협력 제안에 관하여 상의하고 싶습니다.
Bapak Kim: Ibu Inge. Selamat siang. Saya Bapak Kim
이부 이에. 슬라맛   시앙.   사야 바빡   김
Hyun Dae dari Hana Bank. Saya ingin
현   대 다리 하나 뱅.   사야 잉인
membicarakan mengenai proposal kerjasama.
음비짜라깐   믕으나이   쁘로뽀살   끄르자사마.

인게 씨: 아 네 맞습니다. 저는 귀하의 제안을 이미 읽었습니다. 흥미로워요. 저도 사실 그 사항에 관하여 더 깊이 상의하고 싶었습니다.
Ibu Inge: Oh ya betul-betul. Bapak Kim. Saya sudah
오ㅎ 야 브뚤- 브뚤.   바빡   김.   사야 수다ㅎ
membaca proposalnya Pak. Proposalnya
음바짜   쁘로뽀살냐   빡.   쁘로뽀살냐
menarik. Saya juga ingin membicarakan lebih
므나릭.   사야 주가 잉인   음비짜라깐   르비ㅎ
lanjut mengenai hal itu sebenarnya.
라줏 믕으나이 할 이뚜 스브나르냐.

김 씨: 아 좋습니다. 오늘 시간 있으세요?
Bapak Kim: Oh bagus. Apakah ibu ada waktu hari ini?
오ㅎ 바구ㅅ. 아빠까ㅎ 이부 아다 왁뚜   하리 이니?

인게 씨: 네 있습니다. 우리 사무실로 오시죠. 위치를 알고 계시나요?
Ibu Inge: Ya ada Pak. Silahkan datang ke kantor kita.
야 아다 빡.   시라ㅎ깐 다땅   끄 깐또ㄹ 끼따.

새로운 단어

- 제안서
  Proposal
  쁘로뽀살

- 계속하다
  Lanjut
  란줏

- 이어지는 부분
  Lanjutan
  란주딴

- 계속하다
  Melanjutkan
  믈란줏깐

- 지속되다
  Dilanjutkan
  디란줏깐

Apakah Bapak tahu tempatnya.
아빠까ㅎ 바빡 따후 뜸빳냐.

김 씨: 저는 자카르타에 막 왔습니다. 하지만 운전기사가 있어요.

Bapak Kim: Saya baru di Jakarta Bu. Tetapi saya ada supir.
사야 바루 디 자까르따 부. 뜨따삐 사야 아다 수삐르.

인게 씨: 제 보조가 여기로 향하는 가장 빠른 방법의 방향을 가르쳐 줄 수 있게 운전기사의 전화번호를 가르쳐 주세요.

Ibu Inge: Ok, beritahu saja nomer telepon supir Anda
오케이, 브리따후 사자 노메르 뜰레뽄 수삐르 안다
nanti biar asisten saya memberi pengarahan
난띠 비아르 아시스뗀 사야 믐브리 뽕아라한
cara tercepat menuju kemari.
짜라 뜨르쯔빳 므누주 끄마리.
Bapak sekarang lokasinya di mana?
바빡 스까랑 로까시냐 디 마나?

김 씨: 저는 지금 따만 앙그렉 쇼핑몰에 있습니다.

Bapak Kim: Saya sekarang di Mal Taman Angrek.
사야 스까랑 디 말 따만 앙그렉.

인게 씨: 와, 몰에요? 쇼핑하시는군요.

Ibu Inge: Wah, di Mal? Belanja shopping ya Pak.
와ㅎ, 디 말? 블란자 쇼핑 야 빡.

김 씨: 아니요, 인게 씨. 그냥 있는 거에요. 하하 좋습니다. 이게 제 운전기사 전화번호입니다. 0856-6677-3456 번거롭게 해드려서 죄송합니다.

Bapak Kim: Tidak, Ibu Inge…ada-ada saja. Haha
띠닥, 이부 잉에… 아다-아다 사자. 하하
Baik. Ini nomer telepon supir saya.
0856-6677-3456
바익. 이니 노메르 뜰레뽄 수삐르 사야. 꼬송 들라빤 리마 으남(0856) 으남 으남 뚜주ㅎ 뚜주ㅎ(6677) 띠가 음빳 리마 으남(3456)
Maaf merepotkan Ibu.
마앞 므레뽓깐 이부.

인게 씨: 아 괜찮습니다.
이따가 제 보조가 운전기사에게 전화할 거에요, 그리고 좀 더 자세하게는 우리는 인도네시아 대학교 근처에 있습니다.

새로운 단어

- 새롭다
  Baru
  바루

- 기사
  Supir/sopir
  수삐르/ 소삐르

- 지도
  Pengarahan
  뽕아라한

- 방향
  Arah
  아라ㅎ

- 지도
  Arahan
  아라한

- 바쁘게 하다
  Merepotkan
  므레뽓깐

- 바쁘다
  Repot/sibuk
  레뽓/씨북

Ibu Inge:	Oh tidak apa-apa Bapak. 오ㅎ 띠닥 아빠-아빠 바빡. Nanti asisten saya menelepon supir bapak dan 난띠 아시ㅅ뗀 사야 므늘레뽄 수삐ㄹ 바빡 단 untuk lebih jelasnya kami berada di sekitar 운뚝 르비ㅎ 즐라ㅅ냐 까미 브라다 디 스끼따ㄹ Universitas Indonesia Pak. 우니베ㄹ시따ㅅ 인도네시아 빡.
김 씨: Bapak Kim:	알겠습니다 좋아요. 감사합니다. Ok baik. Terima kasih Bu. 오케이 바익. 뜨리마 까시ㅎ 부.
인게 씨: Ibu Inge:	천만에요. Sama-sama. 사마-사마.

새로운 단어

- 분명하다
  Jelas
  쯜라ㅅ
- 감사하다/고맙다
  Terima kasih
  뜨리마 까시ㅎ

꼭 알아둘 POINT

　인도네시아 사람들은 조직활동을 많이 한다. 대부분의 사람들이 많은 모임이나 사회에 소속되길 원하기에 페이스북, 인스타그램 등과 같은 소셜네트워크 서비스(SNS)는 인도네시아 국민들의 마음에 특별한 공간을 차지하고 있다. 그래서 불행히도 근로자들이 근무시간에 사무실에서 SNS를 하면서도 죄책감을 느끼지 않는 현상이 발생한다. (물론 사장이 주변에 없을 때이다.)
　게다가 인도네시아에서 전화 시스템은 한국과 다르다. 인도네시아에서 핸드폰으로 전화를 하거나 문자를 보내기 위해서는 선불 카드를 구매해야 한다. 전화를 거는 것이 문자를 보내는 것보다 비싸므로 인도네시아 사람들은 전화보나 문자 보내는 것을 더 선호한다.
　하지만 근무시간에 사적인 통화를 하는 것은 금지되어 있다. 만약 하게 될 경우엔 잔소리를 들을 것을 각오해야 한다. 당신은 사무실에서 살금살금 빠져 나와 몇 초 만에 개인적인 통화를 마무리 지어야 한다. (다시, 이 데이터는 인도네시아에 사는 친구들을 인터뷰해서 얻은 것임을 밝힌다)

📝 연습문제

1. 전화하다
   a. Menelepon
   b. Sambungkan
   c. Sedang rapat

2. 다시 전화하다
   a. Menelepon kembali
   b. Sambungannya jelek
   c. Sedang rapat

3. 연결해 드린다
   a. Tunggu sebentar
   b. Sambungkan
   c. Meninggalkan pesan

4. 외출
   a. Tolong sampaikan
   b. Tidak ada di tempat
   c. Sambungkan

5. 회의 중
   a. Salah sambung
   b. Sedang rapat
   c. Menelepon

6. 메모 넘치다
   a. Meninggalkan pesan
   b. Tolong sampaikan
   c. Tunggu sebentar

7. 안부 전해
   a. Salah sambung
   b. Menyampaikan
   c. Menelepon

8. 연결이 나쁘다
   a. Salah sambung
   b. Sambungannya jelek
   c. Tunggu sebentar

9. 전화를 잘못하다
   a. Meninggalkan pesan
   b. Salah sambung
   c. Tunggu sebentar

10. 잠깐 기다리세요
    a. Tunggu sebentar
    b. Meninggalkan pesan
    c. Tidak ada di tempat

Bab 29

컴퓨터 문제
Masalah Komputer
마살라ㅎ 꼼쀼터

1. 제 컴퓨터가 바이러스에 걸린 것 같아요.
   Sepertinya komputerku terkena virus.
   스쁘ㄹ띠냐 꼼쀼터꾸 뜨르끄나 비루ㅅ.

2. 한글이 깨져서 보입니다.
   Sepertinya ketikan Koreanya tidak bisa.
   스쁘ㄹ띠냐 끄띠깐 꼬레아냐 띠닥 비사.

3. 겨우 완성했는데, 파일이 날아가 버렸어요.
   Sudah hampir selesai tapi filenya sudah hilang.
   수다ㅎ 함삐르 슬르사이 따삐 빠일나 수다ㅎ 힐랑.

4. 파일이 안 열립니다.
   Filenya tidak bisa dibuka.
   파일냐 띠닥 비사 디부까.

5. 인터넷이 안 돼요.
   Tidak ada sambungan internet.
   띠닥 아다 삼붕안 인터넷.

6. 잠깐 제가 봐줄게요.
   Sebentar saya lihat sebentar.
   스븐따르 사야 리핫 스븐따르.

7. 어제 홈페이지 방문자가 너무 많아서 홈페이지가 다운되었습니다.
   Karena kemarin begitu banyak pengunjung situs kita, maka
   까르나 끄마린 브기뚜 반약 쁭운중 시뚜ㅅ 끼따. 마까
   ada masalah pada situsnya.
   아다 마살라ㅎ 빠다 시뚜ㅅ냐.

8. 파일 용량이 너무 커서 이메일로 보낼 수가 없네요.
   Karena kapasitas filenya terlalu besar jadi tidak bisa dikirim
   까르나 까빠시따ㅅ 파일냐 뜨르랄루 브사르 자디 띠닥 비사 디끼림
   lewat email.
   르왓 에마일.

 C1. 문장
Kalimat

새로운 단어

- 당하다
  Terkena
  뜨르끄나

- 바이러스
  Virus
  비루ㅅ

- 잃다
  Hilang
  힐랑

- 연결한 부분
  Sambungan
  삼붕안

- 방문자
  Pengunjung
  쁭운중

- 방문하다
  Mengunjungi
  믕운중이

- 방문하나
  Berkunjung
  브르꾼중

- 방문
  Kunjungan
  꾼중안

새로운 단어

- 용량, 재능
  Kapasitas
  까빠시따ㅅ

- 명함
  Kartu nama
  까ㄹ뚜 나마

- 부르다
  Panggil
  빵길

- 쓰다
  Menulis
  므눌리ㅅ

- 쓰다/적다
  Tulis
  뚤리ㅅ

- 글
  Tulisan
  뚤리산

- 보고서
  Laporan
  라뽀란

✷ **C2. 회화**

　　Percakapan

9. 여기서 근무한지 오래돼는데 회사 이메일 주소가 아직도 없네요.
   Anda sudah bekerja disini lama tapi belum ada alamat emailnya.
   안다 수다ㅎ 브끄르자 디시니 라마 따삐 블룸 아다 알라맛 에마일냐.

10. 이메일 주소 좀 알려 주십시오.
    Tolong beritahu alamat email.
    똘롱 브리따후 알라맛 에마일.

11. 이메일로 연락하시면 됩니다.
    Boleh dihubungi lewat email.
    볼레ㅎ 디후붕이 레왓 에마일.

12. 명함에 제 이메일 주소가 나와 있습니다.
    Di kartu nama saya ada alamat email saya.
    디 까ㄹ뚜 나마 사야 아다 알라맛 에마일 사야.

13. 저희 회사 홈페이지 주소는 www.moon.co.kr입니다.
    Situs perusahaan kita adalah www.moon.co.kr.
    시뚜ㅅ 쁘루사하안 끼따 아달라ㅎ 웨웨웨 띠띡 문 띠띡 쯔오 띠띡 까에르.

1. 내 컴퓨터가 고장났어.
   Komputerku rusak.
   컴뿌떼르꾸 루삭.

   A: 어머, 내 컴퓨터가 왜 이러지? 그런데 나 이 보고서 써야하는데.
   Wah, komputerku kenapa ya? Padahal saya harus
   와ㅎ, 껌뿌데르꾸 끄나빠 야? 빠다할 사야 하루ㅅ
   menulis laporan ini.
   므눌리ㅅ 라뽀란 이니.

   E: 음, 기술부에 도니씨 불러. 그의 사무실 번호가 저 종이에 있지 않아?
   Hmm panggil Bapak Doni, bagian teknisi. Nomer
   음 빵길 바빡 도니, 바기안 떽니시. 노메르
   kantornya ada di kertas itu kan?
   깐또르냐 아다 디 끄르따ㅅ 이뚜 깐?

   A: 여보세요, 좋은 아침입니다 도니씨. 저는 재무부의 신입직원인 아장 우룩마야나입니다. 도니씨, 죄송해요 제 컴퓨터가 되질 않아요. 여기로 와 주실 수 있으세요? 네, 감사합니다.

Halo. Selamat Pagi bapak Doni. Ini Ajang Arukmayana
할로. 슬라맛 빠기 바빡 도니. 이니 아장 아룩마야나
pegawai baru bagian keuangan. Pak Doni, maaf
쁘가와이 바루 바기안 끄우앙안. 빡 도니. 마앞
komputer saya tidak bisa jalan nih. Bapak bisa ke sini?
껌뿌떼르 사야 띠닥 비사 잘란 니ㅎ. 바빡 비사 끄 시니?
Ya. Pak. Terimakasih.
야. 빡. 뜨리마까시ㅎ.

A: 컴퓨터가 갑자기 멈췄어요, 그런데 모든 케이블선은 그 자리에 여전히 있거든요.
Komputernya tiba-tiba mati, padahal semua kabelnya
껌뿌떼르냐 띠바-띠바 마띠, 빠다할 스무아 까벨냐
masih pada tempatnya.
마시ㅎ 빠다 뜸빳냐.

D: 제가 한번 볼께요. 음, 당신의 컴퓨터는 다른 컴퓨터로 교체되어야 할 것 같군요. 다른 컴퓨터로 교체하러 창고로 저 따리오세요. 데이터에 대해서는 걱정하지 마세요. 데이터는 안전해요.
Coba saya lihat. Hmm sepertinya komputer anda harus
쪼바 사야 리핫. 음 스쁘르띠냐 껌뿌떼르 안다 하루ㅅ
diganti dengan komputer lain. Boleh ikut saya ke
디간띠 등안 껌뿌떼르 라인. 볼레ㅎ 이꿋 사야 끄
gudang untuk mengganti dengan komputer yang lain.
구당 운뚝 믕간띠 등안 껌뿌떼르 양 라인.
Jangan takut mengenai datanya. Datanya aman kok.
장안 따꿋 믕으나이 다따냐. 다따냐 아만 꼭.

A: 알겠습니다 좋아요. 감사합니다.
Ok, Baik. Terima kasih Pak.
오케이, 바익. 뜨리마 까시ㅎ 빡.

2. 노트북
Laptop
렙똡

A: 마리오 씨, 우리 여기에 개인 노트북을 가져와도 되나요?
Bapak Mario bisakah kita bawa laptop pribadi disini?
바빡 마리오 비사까ㅎ 끼따 바와 렙똡 쁘리바디 디시니?

M: 아 가능해요 가능해요, 하세요. 케이블선 있죠?
Oh, boleh boleh silahkan. Ada kabelnya kan?
오ㅎ, 볼레ㅎ 볼레ㅎ 시라ㅎ간. 아다 까벨냐 깐?

새로운 단어

- 모니터가 뿌연
  Monitor buram
  모니또르 부람

- 확인하다
  Periksa
  쁘릭사

- 기술자
  Teknisi
  떽니시

- 재정
  Keuangan
  끄우앙안

- 돈
  Uang
  오앙

- 죽다
  Mati
  마띠

- 케이블/선
  Kabel
  까벨

- 지안
  Aman
  아만

- 개인
  Pribadi
  쁘리바디

Bab 29 컴퓨터 문제 • 217

새로운 단어

- 항상, 늘
  Selalu
  슬랄루

- 자주
  Sering
  스링

- 가끔
  Kadang-kadang
  까당-까당

- 가끔
  Jarang
  자랑

- 전혀
  Tidak pernah
  띠닥 쁘르나ㅎ

- 정책
  Kebijakan
  끄비자깐

- 현명하다
  Bijak
  비작

A: 네 있어요. 제 책상위에 케이블선 있어요. 되죠? 한국에서는 가끔 안되거든요.
Ya, ada. Ada kabel di meja saya. Boleh ya? Kalau di
야. 아다. 아다 까벨 디 메자 사야. 볼레ㅎ 야? 깔라우 디
Korea kadang-kadang tidak boleh.
꼬레아 까당- 까당 띠닥 볼레ㅎ.

M: 한국에서는 안돼요?
Kalau di Korea tidak boleh?
깔라우 디 꼬레아 띠닥 볼레ㅎ?

A: 동료들 반응과 회사 정책에 따라서 달라요. 하지만 보통 당신이 저처럼 신입직원이라면 좋은 것은 노트북을 가져오지 않는 거에요. 왜냐하면 제 생각으로는 개인 노트북으로는 단지 놀게 되거든요.
Tergantung kebijakan perusahaan serta reaksi rekan-
뜨르간뚱   끄비자깐   쁘루사하안   스르따 레악시 르깐-
rekan kerja, tetapi biasanya jika Anda pegawai baru
르깐 끄르자. 뜨따삐 비아사냐 지까 안다 쁘가와이 바루
seperti saya sebaiknya tidak membawa laptop karena
스쁘르띠 사야 스바익냐   띠닥 음바와   렙똡   까르나
bisa memberikan kesan saya hanya main-main dengan
비사 음브리깐   끄산 사야 한야 마인-마인 등안
laptop pribadi.
렙똡   쁘리바디.

📝 연습문제

1. 이메일 주소

2. 사이트 이름

3. 연락하다

4. 전제 이름

5. 연결이 안돼다

6. 연결이 좋지 않다

7. 용량

8. 모니터가 뿌연

9. 확인하다

10. 기술자

Memeriksa	Nama situs	Nama lengkap	Kapasitas
Tidak bisa disambungkan	Monitor buram	Teknisi	Sambungannya jelek
Kontak (mengkontak)	Alamat email	menghubungi	Alamat rumah

Bab 30

손님 활용하다
Menjamu tamu
문자무   따무

✦ **C1. 문장**
   Kalimat

1. 약속하고 오셨습니까?
   Apakah sudah ada janji?
   아빠까ㅎ 수다ㅎ 아다 잔지?

2. 심지원 대리님 뵈러 왔는데요.
   Ya, saya ke sini untuk menemui Asisten Kepala Sim Ji Won.
   야. 사야 끄 시니 운뚝 므느무이 아시ㅅ뗀 끄빨라 심 지 원.

3. 여기서 기다리시면 됩니다.
   Silahkan tunggu di sini.
   실라ㅎ깐 뚱구   디 시니.

4. 기다리시게 해서 죄송합니다.
   Maaf sudah membuat Anda menunggu.
   마앞 수다ㅎ 믐부앗   안다 므눙구.

5. 차가운 것 드릴까요, 따뜻한 것 드릴까요?
   Anda mau minuman yang dingin atau yang hangat?
   안다 아무 미누만   양   딩인 아따우 양   항앗?

6. 아 따뜻한것 주세요.
   Tolong yang hangat.
   똘롱   양   항앗.

7. 커피 한잔 드릴까요?
   Kopi?/Apakah Anda mau kopi?
   꼬피? 아빠까ㅎ 안다 마우 꼬피?

8. 시원한 거 드릴까요?
   Anda mau minuman yang segar?
   안다 마우 미누만   양   스가르?

9. 아무거나 주세요.
   Apa saja boleh.
   아빠 사자 볼레ㅎ.

새로운 단어

- 따뜻한 음료수
  Minuman hangat
  미누만   항앗
- 시원한 음료수
  Minuman dingin
  미누만   딩인
- 간식
  Camilan
  짜밀란
- 과자
  Makanan ringan
  마까난   링안
- 따뜻하다
  Hangat
  항앗
- 덥다 × 춥다
  Panas × dingin
  빠나ㅅ × 딩인
- 신선하다
  Segar
  스가르

1. 회사에 방문한 손님 접대
Menjamu tamu yang berkunjung di perusahaan
므자무 따무 양 브르꾼중 디 쁘루사하안

✽ C2. 회화
Percakapan

A: 백 씨 안녕하세요, 잘 지내세요? 발리에서 막 오셨죠?
Hei Pak Baek. Pak Baek bagaimana kabarnya Pak?
헤이 빡 백. 빡 백 바가이마나 까바르냐 빡?
Baru dari Bali, kan?
바루 다리 발리, 깐?

B: 맞습니다 데디 쥬내디 씨. 저는 발리에서 막 왔어요. 이거 당신을 위한 약간의 기념품입니다. 발리 콩이에요.
Betul Bapak Dedi Djunaedi. Saya baru dari Bali.
브뚤 바빡 데디 주내디. 사야 바루 다리 발리.
Ini ada sedikit oleh-oleh untuk Bapak. Kacang Bali.
이니 아다 스디낏 오레ㅎ-올레ㅎ 운뚝 바빡. 까짱 발리.

A: 외, 저 이거 좋아해요 콩. 이 콩 정말 유명해요.
Wah, saya suka ini kacang. Kacang ini terkenal sekali.
와ㅎ, 사야 수까 이니 까짱. 까짱 이니 뜨르끄날 스낄리.

S: 실례합니다. 데디 씨 무엇을 마시겠어요?
Permisi, Pak. Bapak Dedi ingin minum apa?
쁘르미시, 빡. 바빡 데디 잉인 미눔 아빠?

A: 백 씨는 무엇을 마시겠어요?
Pak Baek ingin minum apa?
빡 백 잉인 미눔 아빠?

B: 아무거나 괜찮아요.
Apa saja boleh.
아빠 사자 볼레ㅎ.

A: 에이, 우리 한국에서 가져온 음료수 있지 않아요?
Ei kita kan punya itu minuman dari Korea?
에이 끼따 깐 뿐야 이뚜 미누만 다리 꼬레아?

S: 저 초록색 상자요. 제가 준비할께요.
Yang kotak hijau itu Pak. Baik akan saya siapkan.
양 꼬딱 히자우 이뚜 빡. 바익 아깐 사야 시앞깐.

A: 네 해주세요.
Ya tolong ya.
애 똘롱 야.

새로운 단어

- 스낵, 군것질 류
  Jajanan pasar
  자자난 빠사르

- 맥주
  Bir
  비르

- 술
  Minuman keras
  미누만 끄라ㅅ

- 대접하다
  Menjamu
  므자무

- 대접
  Jamu
  자무

- 대접하다
  Menyambut
  므냠붓

- 선물
  Oleh-oleh
  올레ㅎ-올레ㅎ

- 기념품
  Suvernir
  수베르니르

새로운 단어

- 한가로운, 긴장이 풀린
  Santai
  산따이

- 시원한
  Segar
  세가르

- 해도자, 시도해보다, 노력하다
  Coba
  쪼바

- ~지요?
  Kan
  깐

- 강조어(의도를 강조하는 말)
  Kok
  꼭

- 간식
  Camilan
  짜밀란

- 동그라미
  Bundar
  본다르

- 원
  Bulat
  불랏

- 달다
  Manis
  마니스

- 쓰다
  Pahit
  빠힛

- 짜다
  Asin
  아신

- 맵다
  Pedas
  쁘다스

- 씨다
  Asam
  아삼

- 맛이 없는
  Tawar
  따와르

B: 그것은 뭐에요 데디 씨? 소주 아니에요? 아직 낮이잖아요.
Apa itu Pak Dedi? Bukan soju, kan? Kan masih siang.
아빠 이뚜 빡 데디? 부깐 소주, 깐? 깐 마시ㅎ 시앙.

A: 하하 아니에요, 보는 거 아니에요. ^^
Haha bukan..bukan kok. ^^
하하 부깐… 부깐 꼭.

2. 손님 접대
Menjamu tamu
믄자무 따무

A: 어서 들어오세요 김 씨, 이 왁씨, 여기 한국에서 온 귀한 손님들이세요.
Silahkan masuk Ibu Kim Bapak Lee ini adalah tamu-tamu kehormatan dari Korea.
실라ㅎ깐 마숙 이부 김 바빡 이 이니 아달라ㅎ 따무-따무 끄호르마딴 다리 꼬레아.

L: 데디 씨, 저는 버까시에 이미 5년 동안 살았어요.
Pak Dedi saya tinggal di Bekasi sudah 5 tahun lho.
빡 데디 사야 띵갈 디 브까시 수다ㅎ 리마 (5) 따훈 로ㅎ.

A: 아 네 죄송합니다 죄송합니다. 이 씨 김 씨, 앉으셔서 이 간단한 간식 좀 드셰요.
Oh ya maaf maaf. Pak Lee Ibu Kim silahkan duduk dan nikmati camilan sederhana ini?
오ㅎ 야 마앞 마앞. 빡 이 이부 김 시라ㅎ깐 두둑 단 닉마띠 짜밀란 스드르하나 이니?

K: 이거 뭐에요 초록색 동그란거요.
Ini apa kok bundar bundar hijau?
이니 아빠 꼭 분다르 분다르 히자우?

A: 이 씨에게 물어보세요, 그는 인도네시아 시장 간식 전문가에요.
Coba tanya Bapak Lee dia ini pakarnya jajanan pasar Indonesia.
쪼바 딴야 바빡 이 디아 이니 빠까르냐 자자난 빠사르 인도네시아.

L: 이거 끌레뽄이잖아요. 김 씨 드셔 보세요. 당신은 단 거 좋아하잖아요, 분명 좋아할 거에요.
Ini klepon kan. Coba saja Ibu Kim. Anda kan suka yang manis-manis pasti suka deh.
이니 끌레뽄 깐. 쪼바 사자 이부 김. 안다 깐 수까 양 마니스-마니스 빠스띠 수까 데ㅎ.

K: 알겠습니다 저 먹어볼께요. 와 역시 맛있어요. 정말 감사합니다 데디 씨.
Ok saya coba. Wah, enak juga. Terima kasih banyak Pak Dedi.
오케이 사야 쪼바. 와ㅎ, 에낙 주가. 뜨리마 까시ㅎ 반약 빡 데디.

꼭 알아둘 POINT

택시

택시는 인도네시아에서 어디서나 발견할 수 있습니다. 길거리에서 택시를 잡을 수도 있고 콜택시를 부를 수도 있으며 인터넷 앱으로도 택시 예약이 가능합니다. 최근에 인터넷 어플리케이션을 통해서만 예약이 가능한 화물 칸을 장착한 오토바이 택시도 나왔습니다.

연습문제

1. 따뜻한 음료수
2. 시원한 음료수
3. 간식
4. 과자
5. 스낵, 군것질 류
6. 맥주
7. 술
8. 한가로운, 긴장이 풀린
9. 시원한
10. 해도자, 시도해보다, 노력하다

Jajanan pasar	Makanan beracun	Minuman segar	Camilan
Makanan ringan	Minuman keras	Minuman hangat	Makanan hangat
Santai	Coba	Bir	Segar

Bab 31 월급
Gaji
가지

✤ **C1. 문장**
Kalimat

1. 월급날이 언제예요?
   Kapan hari gajiannya?
   까빤   하리 가지안냐?

2. 우리 회사는 월급 수령일이 매달 20일입니다.
   Kami menerima gaji setiap tanggal 20.
   까미   므느리마   가지 스띠앞 땅갈   두아 뿔루ㅎ(20).

3. 월급 받으면 보통 어디다 돈을 많이 쓰세요?
   Setelah menerima gaji, biasanya bagaimana Anda
   스뜰라ㅎ 므느리마   가지, 비아사냐 바가이마나 안다
   (menghabiskan/memakai) uang?
   (믕하비ㅅ깐/   므마까이) 우앙?

4. 문화생활하는데 많이 쓰는 편이에요.
   Saya berkecenderungan untuk menghabiskannya untuk
   사야 브르끄쩐드룽안   운뚝 믕하비ㅅ깐냐   운뚝
   keperluan sehari-hari.
   끄쁘르루안 스하리-하리.

5. 방금 월급 받았는데…거의 다 썼어요.
   Saya baru saja menerima gaji tetapi sudah hampir
   사야 바루 사자 므느리마   가지 뜨따삐 수다ㅎ 함삐르
   menggunakannya semua.
   믕구나깐냐   스무아.

6. 어디 많이 쓰는데요?
   Anda sering menggunakan untuk apa?
   안다 스링   믕구나깐   운뚝 아빠?

7. 여자친구한테 많이 썼어요.
   Saya sering memakai sebagian besar gajian saya untuk
   사야 스링   므마까이 스바기안 브사르 가지안 사야 운뚝
   pacar saya.
   빠짜르 사야.

새로운 단어

- 월급날
  Hari gajian
  하리 가지안

- 시간외 수당
  Uang lembur
  우앙 름부르

- 연금 수당
  Uang pension
  우앙 펜시온

- 지불금
  Upah
  우빠ㅎ

- 봉급날
  Gajian
  가지안

- 월급
  Gaji
  가지

- ~에 관심이 있다
  Berkecenderungan
  브르끄쩬드룽안

- ~에 관심이 있다
  Cenderung
  쩐드룽

- 필수품
  Keperluan sehari-hari
  끄쁘르루안 스하리-하리

8. 월급이 쥐꼬리만 해요.
Gaji saya sangat kecil.
가지 사야 상앗 끄찔.

1. 월급날
Hari gajian
하리 가지안

A: 조금 있으면 월급이에요 신난다 신난다…
Sebentar lagi gajian asyik asyik…
스븐따르 라기 가지안 아식 아식…

B: 하하 요하네스 씨 정말 기뻐보이는데요.
Haha kelihatan senang sekali Pak Yohanes.
하하 끌리하딴 스낭 스깔리 빡 여하네스.

A: 네 저 더 이상 신용카드 계속 사용하는 거 못 하겠어요.
Iya, saya sudah tidak bisa lagi terus menerus memakai
이야, 사야 수다ㅎ 띠닥 비사 라기 뜨루ㅅ 므느루ㅅ 므마까이
kartu kredit.
까르뚜 끄레딧.

B: 하하. 우리 월급날이 이번 목요일이지 않나요?
Hahaha. Hari gajian kita Kamis ini bukan?
하하하. 하리 가지안 끼따 까미ㅅ 이니 부깐?

A: 네 신 씨 월급으로 무엇을 할 계획이에요?
Ya rencananya akan diapakan gajiannya Pak Shin?
야 른짜나냐 아깐 디아빠깐 가지안냐 빡 신?

B: 저는 이 몇 달동안 저희 부모님께서 여기 저를 보러 인도네시아로 오는 티켓을 사드리기 위해서 돈을 저축하고 있어요.
Saya beberapa bulan ini menabung untuk membelikan
사야 브브라빠 불란 이니 므나붕 운뚝 믐블리깐
orang tua saya tiket ke Indonesia untuk melihat saya
오랑 뚜아 사야 띠껫 끄 인도네시아 운뚝 믈리핫 사야
disini.
디시니.

A: 아 저 정말 감동인데요.
Oh saya menjadi terharu sekali.
오ㅎ 사야 믄자디 뜨르하루 스깔리.

C2. 회화
Percakapan

새로운 단어

- 분할금, 불립금
Cicilan
찌찔란

- 월 초/월 중/월 말
Awal bulan/
아왈 불란/
tengah bulan/
뜽아ㅎ 불란/
akhir bulan
아키르 불란

- 즐겁다
Senang
스낭

- 행복하다
Bahagia
바하기아

- 슬프다
Sedih
스디ㅎ

- 부루퉁한
Cemberut
쯤브룻

- 힘들다
Capek/ Capai/ Letih/
짜뻭/ 짜빠이/ 르띠ㅎ/
lelah
렐라ㅎ

- 화
Marah
마라ㅎ

- 예금하다
Menabung
므나붕

- 예금
Tabungan
따붕안

- 감동
Terharu
뜨르하루

새로운 단어

- 입금하다/돈을 은행으로 보내다
  Kirim/transfer ke bank
  끼림/ 뜨란ㅅ퍼 끄 방

- 요청하다
  Meminta
  므민따

- 주다
  Memberikan
  음브리깐

- 명절
  Hari raya
  하리 라야

- 보너스
  Bonus
  보누ㅅ

- 지원금
  Tunjangan
  뚠장안

2. 월급날 그리고 명절 상여금
Hari gajian dan THR
하리 가지안 단 떼하레ㅎ

A: 요하네스 씨, 제가 질문해도 될까요?
Pak Yohanes, boleh saya bertanya?
빡 여하네ㅅ. 볼레ㅎ 사야 브르딴야?

B: 하세요 신 씨. 아무 질문이나 괜찮아요.
Silahkan, Pak Shin. Tanya apa saja boleh.
실라ㅎ깐. 빡 신. 딴야 아빠 사자 볼레ㅎ.

A: 저는 이둘 피트리 명절과 같은 명절에는 보통 보너스가 있다고 들었어요?
Saya dengar kalau hari raya seperti hari Raya Idul Fitri biasanya ada bonus ya?
사야 등아르 깔라우 하리 라야 스쁘르띠 하리 라야 이둘 피뜨리 비아사냐 아다 보누ㅅ 야?

B: 명절 상여금요, 아 항상 있어요. 신 씨가 비록 신입직원이어도 저는 분명 있다고 생각해요.
THR oh selalu ada meskipun Pak Shin pegawai baru saya kira pasti ada.
뜨하에르 오ㅎ 슬랄루 아다 메ㅅ끼뿐 빡 신 쁘가와이 바루 사야 끼라 빠ㅅ띠 아다.

A: 명절 상여금 그게 뭐에요?
THR itu apa?
뜨하에르 이뚜 아빠?

B: 명절 보조금이에요 신 씨.
Tunjangan Hari Raya Pak Shin.
뚠장안 하리 라야 빡 신.

꼭 알아둘 POINT

월급날은 주로 매달 25일에서 28일 사이이지만 매달 1일에 급료를 지급하는 회사도 있다. 대기업은 주로 4월에 보너스를 지급하고 그 금액은 일의 성격에 따라 다르다. 그것은 평소 월급의 4배까지도 될 수 있는 경우가 있다. 임금은 매년 근무 성과와 회사 방침에 따라 오르는데 보너스는 임금인상과도 관련이 있다. 그렇지만 안타깝게도 소기업에서 다른 상황이라 말해야겠다. 마케팅 부서에 있는 사람의 경우 보너스는 일년의 중간에 지급된다. 때때로 판매 목표치에 도달하지 못했을 경우 보너스가 없는 경우도 있다.

📝 연습문제

A: 조금 있으면 월급날이에요. 신난다 신난다.
B: 하하 요하네스 씨 정말 기뻐보이는데요.
A: 네, 저 더 이상 신용카드 계속 사용하는 거 못 하겠어요.
B: 하하. 우리 월급날이 이번 목요일이지 않나요?
A: 네, 신 씨 월급으로 무엇을 할 계획이에요?
B: 저는 이 몇 달동안 저희 부모님께서 여기 저를 보러 인도네시아로 오는 티켓을 사드리기 위해서 돈을 저축하고 있어요.
A: 아, 정말 감동인데요.

 a. Ya, Kalau boleh tahu akan digunakan untuk apa gajiannya, Pak Shin?
 b. Oh, sangat mengharukan sekali.
 c. Haha kelihatan senang sekali Pak Yohanes.
 d. Saya beberapa bulan ini menabung untuk membelikan orang tua saya tiket ke Indonesia untuk melihat saya di sini.
 e. Iya, saya sudah tidak bisa lagi terus menerus memakai kartu kredit.
 f. Hahaha. Hari gajian kita Kamis ini bukan?
 g. Sebentar lagi gajian asyik asyik…

Bab 32 감사 표시
Berterimakasih
브르뜨리마까시ㅎ

 C1. 문장
Kalimat

새로운 단어

- 한턱을 내다
  Mentraktir
  믄뜨락띠르

- 도와주다
  Menolong
  므놀롱

- 편하다
  Nyaman
  냐만

- 한턱 내다
  Mentraktir
  믄뜨락띠르

- 한턱
  Traktiran
  뜨락띠란

- 지나가다
  Menempuh
  므늠뿌ㅎ

- 즐기다
  Menikmati
  므닉마띠

- 즐거움
  Nikmat
  닉맛

- 기쁘게 하다
  Menyenangkan
  믄으낭깐

- 즐거운
  Senang
  스낭

- 즐기다
  Bersenang-senang
  브르스낭-스낭

1. 그 동안 불편한 점이 없으셨나 모르겠습니다.
   Jika ada yang kurang nyaman mohon (dimengerti/dimaafkan).
   지까 아다 양 꾸랑 냐만 모혼 (디믕으르띠/ 디마앞깐).

2. 여러 가지 많이 도와 주셔서 감사했습니다.
   Terima kasih karena telah banyak menolong kami.
   뜨리마 까시ㅎ 까르나 뜰라ㅎ 반약 므놀롱 까미.

3. 오늘 생일이시라면서요? 축하해요.
   Apakah hari ini hari ulang tahun Anda? Selamat.
   아빠까ㅎ 하리 이니 하리 울랑 따훈 안다? 슬라맛.

4. 고맙습니다. 오늘 제가 우리 부서 점심 살게요.
   Terima kasih. Hari ini saya akan mentraktir makan siang
   뜨리마 까시ㅎ. 하리 이니 사야 아깐 믄뜨락띠르 마깐 시앙
   semua karyawan dari departemen kita.
   스무아 까르야완 다리 데빠르뜨멘 끼따.

5. 결혼 축하합니다.
   Selamat menempuh hidup baru.
   슬라맛 므늠뿌ㅎ 히둡 바루.

6. 차장님, 승진을 축하드립니다.
   Bapak/Ibu Kepala Bagian, selamat atas promosinya.
   바빡/ 이부 끄빨라 바기안, 슬라맛 아따ㅅ 쁘로모시냐.

7. 고맙습니다. 여러분 덕분입니다.
   Terima kasih. Itu dikarenakan Anda sekalian.
   뜨리마 까시ㅎ. 이뚜 디까르나깐 안다 스깔리안.

8. 덕분에 좋은 시간 보냈습니다.
   Karena Anda, kita telah menikmati waktu yang
   까르나 안다, 끼따 뜰라ㅎ 므닉마띠 왁뚜 양
   menyenangkan.
   믄으낭깐.

1. 감사
   Berterimakasih (1)
   브ㄹ뜨리마까시ㅎ 사뚜(1)

   A: 정 씨, 자 우리 밖에서 식사해요, 자.
      Ibu Jeong, ayo kita makan di luar yuk.
      이부 정.   아여 끼따 마깐   디 루아르 육.

   B: 자, 언제요?
      Ayo. Kapan?
      아여. 까빤?

   A: 오늘 점심요. 제가 낼께요.
      Siang ini. Saya traktir.
      시앙 이니. 사야 뜨락띠르.

   B: 하지마요…왜요?
      Jangan…kenapa?
      장안…   끄나빠?

   A: 정 씨는 제게 자주 한국어를 가르쳐 주시잖아요. 그리고 한국 친구들에게 저를 소개시켜 주시고.
      Ibu Jeong sudah sering mengajar saya bahasa Korea dan
      이부 정   수달   스링   므앙아자르 사야 바하사 꼬레아 단
      mengenalkan saya pada teman-teman Korea.
      믕으날깐   사야 빠다 뜨만-뜨만   꼬레아.

   B: 똑같아요 띠아 씨. 전 당신을 가르치는 게 즐거워요. 그럼 커피나 사주세요.
      Sama saja Ibu Tia. Saya senang mengajar pada Anda.
      사미   사자 이부 띠아. 사야 스낭   믕아자르 빠다 안다.
      Kalau begitu kopinya saya ya.
      깔라우 브기뚜 꼬삐냐   사야 야.

2. 회의실에서 감사
   Berterimakasih di ruang rapat (2)
   브ㄹ뜨리마까시ㅎ 디 루앙   라빳 두아(2)

   A: 이거 한국의 기념품이에요. 열쇠고리, 휴대폰 고리, 옷 걸이에요.
      Ini oleh-oleh dari Korea, gantungan kunci, gantungan
      이니 올레ㅎ-올레ㅎ 다리 꼬레아, 간뚱안   꾼지,   간뚱안
      HP, gantungan pakaian…
      하뻬, 간뚱안   빠까이안…

   B: 어, 진짜로요.
      Eh yang benar saja.
      에ㅎ 양   브나르 사아.

C2. 회화
Percakapan

새로운 단어

- 즐겁다
  Menyenangkan/
  믄예낭깐/
  menggembirakan
  믕금비랑깐

- 생일
  Ulang tahun
  울랑 따훈

- 한턱을 내다
  Mentraktir
  믄뜨락띠르

- 도와주다
  Menolong
  므놀롱

- 편하다
  Nyaman
  냐만

- 가르치다
  Mengajar
  믕아자르

- 가르침을 받다
  Diajar
  디아자르

- 가르침
  Ajaran
  아자란

- 배우다/공부하다
  Belajar
  블라자르

- 선생/강사
  Pengajar
  쁭아자르

- 열쇠고리
  Gantungan kunci
  간뚱안   꾼찌

- 휴대폰고리
  Gantungan HP
  간뚱안   하뻬

- 옷걸이
  Gantungan pakaian
  간뚱안   빠까이안

새로운 단어

- 김
  Rumput laut kering
  룸뿟 라웃 끄링
- 커피
  Kopi
  꼬삐

A: 장난이에요 장난이에요. 이거 제주도에서 가져온 초콜릿하고 김 그리고 커피에요.
Bercanda bercanda. Ini ada coklat dari pulau Jeju,
브ᄅ짠다   브ᄅ짠다.   이니 아나 쪼끌랏 다리 뿔라우 제주.
rumput laut kering dan kopi.
룸뿟   라웃 끄링   단 꼬삐.

C: K-POP 좋아하시는 분. EXO. 소녀시대. 슈퍼주니어의 모양 있는 부채도 있어요.
Bagi yang suka K-Pop, ada kipas yang bergambar
바기 양   수까 께이 펲. 아다 끼빠ㅅ 양   브ᄅ감바르
SUJU, SNSD dan EXO.
수주.   에ㅅ엔에ㅅ데 단 엑소.

S: 와 원해요 원해요. 감사합니다.
Wah mau mau. Terima kasih ya.
와ㅎ 마우 마우. 뜨리마 까시ㅎ 야.

A&C: 감사합니다 들어오는 모든 전화를 받아주셔서요. 감사합니다.
Terima kasih juga sudah menangani semua telepon yang
뜨리마 까시ㅎ 주가 수다ㅎ 므낭아니   스무아 뜰레뽄   양
masuk. Terima kasih.
마숙.   뜨리마 까시ㅎ.

꼭 알아둘 POINT

부록 한글-인도네시아양국편람

목록	인도네시아
공식국명	인도네시아공화국
위치	아시아 동남부
면적	190만 4,569 km^2
수도	자카르타
민족	자바족(35%), 순다족(13.6%), 아체족, 바닥족, 발리족, 300여 종족
주요 도시	-자와섬: 자카르타, 수라바야, 반둥, 족자카르타, 스마랑 - 수마뜨라섬: 메단, 빨렘방, 빠당 - 깔리만탄: 뽄띠아낙 - 술라웨시섬: 마카사르 - 발리섬: 덴빠사르
인구	2억4,545만 2,739명
국기	메라ㅎ 뿌띠ㅎ(빨간 하얀)

기후	판차실라(Pancasila) 열대성 몬순기후, 고온 무풍 다습	
언어	바하사 인도네시아(1945)	
정치제도	국민대표기관인 국민협	
국가원수	대통령	
화폐 단위	루피아	
의회	양원제	
회계연도	1월 1일 ~ 12월 31일	
국민 소득	3,797 달라	
산업구조	서비스업(39.1%), 제조업(46%), 농업(14.9%)	
주요 수출품	석유 및 가스, 가전제품, 합판, 섬유	
주요 수입품	기계 장비, 화학제품, 식료품	
국화	쟈스민	
종교	이슬람교(86%)	
	개신교/기독교(6%)	
	가톨릭(3%)	
	힌구교(1.8%)	
	불교(2%)	
계절	일년 내내 23~35℃	
	건기	
	우기	
국경일	국가지정 공휴일: 도합 14일	
	1월1일: 신정	
	2월3일: 구정	
	2월15일: 모하메드 탄생일	
	3월5일: 힌두교 신년일	
	4월22일: 예수 승천일	
	5월17일: 석가 탄신일	
	6월2일: 예수 부활절	
	6월29일: 모하메트 성지순례 출발일	
	8월30,31일: 르바란	
	11월6일: 이슬람 희생제	
	11월27일: 이슬람 신년일	
	12월25일: 크리스 마스	

📝 연습문제

A: 제가 휴가때 들어오는 모든 전화를 받아주셔서 대단히 감사합니다.
B: 괜찮아요. 그거 저의 책임이에요. 이것 인도네시아의 기념품이에요.
A: 아주 예쁘네요. 이것은 바틱 인가요?
B: 네, 맞아요. 이것은 바틱입에요. 노란색을 좋아하죠?
A: 대단히 감사해요, 이나씨.

1. Ya, Betul. Ini batik. Kamu kan suka warna kuning?! ^^
2. Tidak apa-apa. Itu sudah merupakan kewajiban saya. Ini saya ada oleh-oleh dari Indonesia.
3. Terimakasih banyak, Ibu Ina.
4. Cantik sekali. Ini batik ya?
5. Terima kasih banyak sudah menangani semua telepon yang masuk pada waktu saya cuti.

부록

연습문제_정답

연습문제 1

1. A 2. B 3. C 4. A 5. B

연습문제 2

(1) Kelebihan (2) Kekurangan
(3) Sangat bertanggung jawab
(4) Perusahaan (5) Fast food

연습문제 3

이 질문들이 정확한 대답이 없습니다. 경험의 따라 다릅니다. 하지만 예를 들어

1. Jam masuk kerja di Korea jam 8 pagi.
   Jam masuk kerja di kantor saya jam 9 pagi.
2. Jam pulang kerja di Seoul jam 6 sore.
   Jam pulang kerja di kantor saya jam 9 malam.
3. Jam waktu makan siang di Korea jam 12 siang.
4. Mencari kerja di Indonesia tidak mudah.
5. Ya, bekerja di Jakarta sering lembur.
   Tidak, bekerja di Jakarta tidak harus lembur.

연습문제 4

1. Apa kabar?
2. Tidak
3. Lembur
4. Istirahat
5. Akhir minggu

연습문제 5

5-1
1. Selamat datang
2. Senang bertemu dengan Anda
3. Jamuan makan malam/ makan malam.
4. Bukan apa-apa
5. Pertama kali

5-2
1. Berapa orang?
2. Ya, bisa
3. Anda ingin pesan masakan apa?
4. Ya, baik
5. Terima kasih kembali.

연습문제 6

1. Young Min, jam berapa kamu pulang kerja?
2. Perusahaan kami pulang kerja jam 6 sore.
3. Maaf. Saya datang terlambat karena ketinggalan subway.
4. Saya pergi ke Korea mengunjungi keluarga saya
5. Apakah semua baik-baik di Korea?

연습문제 7

1. Kalau ini selesai, saya pulang.
2. Saya harus melaporkan hasil dinas ke Korea Minggu lalu.
3. Selamat bekerja.
4. Selamat bersenang-senang.
5. Lain kali saya traktir makan malam ya.

연습문제 8

1. A   2. B   3. C   4. A   5. A

연습문제 9

1. Anda sibuk?   2. Ya, tapi hampir selesai.

3. Ceritanya panjang　　4. Boleh?
5. Terima kasih

연습문제 10

1. A　　2. A　　3. B　　4. B

연습문제 11

1. A　　2. A　　3. A　　4. A　　5. A

연습문제 12

1. Surat permintaan produk
2. Terima kasih
3. Harga kisaran
4. Daftar harga
5. Harga yang paling rendah

연습문제 13

1. Harganya tinggi
2. Cukup rasional
3. Pasar
4. Cukup rendah
5. Persaingan sangat kompetitif
6. Sebenarnya
7. Harga murah/Cuma-cuma
8. Daya saing
9. Berhasil/sukses
10. Jumlah yang dipesan
11. Kualitas baik
12. Perubahan
13. Harga terendah
14. Mengajak
15. Tamu

연습문제 14

1. Memesan
2. Menyediakan
3. Dalam negeri, domestik
4. Memberi saran
5. Memberi diskon
6. Membatalkan pesanan
7. Situasi, kondisi
8. Pasar dalam negeri
9. Membatalkan pesanan
10. Memberi saran

연습문제 15

1. A   2. B   3. C   4. C   5. A

연습문제 16

1. Komisi
2. Penyedia/pemasok
3. Sebenarnya
4. Kegiatan perdagangan
5. Pemasaran
6. Merekrut, memperkerjakan
7. Iklan
8. Koran dan penyiaran
9. Peraturan, ketentuan
10. Perdagangan Internasional

연습문제 17

1. Membayar
2. Menyetujui, meminta
3. Surat kredit
4. Memberikan garansi
5. Mengalah
6. Meminta
7. Pasar keuangan
8. Menyarankan, merekomendasikan

9. Cicilan
10. Secara resmi

연습문제 18

| 1. B | 2. C | 3. A | 4. B | 5. A |
| 6. B | 7. C | 8. C | 9. A | 10. B |

연습문제 19

1. Kondisi, syarat
2. Secara teratur
3. Perusahaan pengiriman
4. Memberi izin
5. Kerusakan
6. Pengiriman langsung
7. Biaya tambahan
8. Penyedia, pemasok
9. Sumber produk
10. Biaya pemakaian gudang
11. Jadwal pelayaran
12. Termasuk
13. Bea cukai
14. Biaya prosedur
15. Jumlah pengiriman

연습문제 20

1. C	2. A	3. C	4. A	5. B
6. B	7. B	8. B	9. A	10. A
11. C	12. C	13. B	14. B	15. A

연습문제 21

| 1. B | 2. A | 3. C | 4. A | 5. A |
| 6. A | 7. C | 8. A | | |

연습문제 22

1. A 2. A 3. C 4. C 5. A
6. A 7. C 8. B 9. A 10. A

연습문제 23

1. A 2. B 3. C 4. A 5. A
6. B 7. B 8. C 9. B 10. C

연습문제 24

1. A 2. D 3. C 4. E 5. B

연습문제 25

1. 4 2. 1 3. 6 4. 2 5. 5
6. 3

연습문제 26

1. B 2. C 3. A 4. B 5. B
6. A 7. C 8. A

연습문제 27

1. A 2. C 3. B 4. A 5. B
6. A 7. C

연습문제 28

1. A 2. A 3. B 4. B 5. B
6. A 7. B 8. B 9. B 10. A

연습문제 29

1. Alamat email
2. Nama situs
3. Menghubungi
4. Nama lengkap
5. Tidak bisa disambungkan
6. Sambungannya jelek
7. Kapasitas
8. Monitor buram
9. Memeriksa
10. Teknisi

연습문제 30

1. Minuman hangat
2. Minuman segar
3. Camilan
4. Makanan ringan
5. Jajanan pasar
6. Bir
7. Minuman keras
8. Santai
9. Segar
10. Coba

연습문제 31

1. G   2. C   3. E   4. F   5. A
6. D   7. B

연습문제 32

1. 5   2. 2   3. 4   4. 1   5. 3